品读武汉红色场馆

PINDU WUHAN HONGSE CHANGGUAN

武汉市政协文化文史和学习委员会 编
武汉出版集团公司

宋俭　陈国方　主编

武汉出版社
WUHAN PUBLISHING HOUSE

（鄂）新登字08号

图书在版编目（CIP）数据

品读武汉红色场馆 / 武汉市政协文化文史和学习委员会, 武汉出版集团公司编;
宋俭, 陈国方主编. — 武汉 : 武汉出版社, 2024.4

ISBN 978-7-5582-6413-9

Ⅰ.①品… Ⅱ.①武… ②武… ③宋… Ⅲ.①革命史－史料－武汉 Ⅳ.①K296.31

中国国家版本馆CIP数据核字（2023）第232334号

品读武汉红色场馆

编　　者 : 武汉市政协文化文史和学习委员会
　　　　　武汉出版集团公司
主　　编 : 宋　俭　陈国方
责任编辑 : 管一凡　黄　澄
封面设计 : 沈立夫
装帧设计 : 刘　蕾
出　　版 : 武汉出版社
社　　址 : 武汉市江岸区兴业路136号　　　邮　　编 : 430014
电　　话 : (027) 85606403　　　85600625
http://www.whcbs.com　　　E-mail: whcbszbs@163.com
印　　刷 : 武汉精一佳印刷有限公司　　　经　　销 : 新华书店
开　　本 : 787 mm×1092 mm　　　1/16
印　　张 : 20.5　　　字　　数 : 320千字
版　　次 : 2024年4月第1版　　　2024年4月第1次印刷
定　　价 : 128.00元

本书编委会

名誉主任　杨　智

主　　任　彭富春

副 主 任　陈跃庆　吴志振　张明权　郑水平

　　　　　　杨相卫　马仁钊　朱向梅　陈国方

主　　编　宋　俭　陈国方

副 主 编　朱伟峰　丁星火

执行主编　周　迪　赵天鹭

序　言

杨 智

　　红色，是中国共产党、中华人民共和国最鲜亮的底色。我们所站立的960多万平方公里的广袤大地，是凝聚着红色往事、镌刻着红色记忆的土地。在这片土地上，红色资源星罗棋布，红色地标处处串联，记录着中国共产党带领中国人民从苦难走向辉煌的伟大征程，赓续着红色血脉、传承着红色基因。习近平总书记在庆祝中国共产党成立100周年大会上的讲话中指出："我们要用历史映照现实、远观未来，从中国共产党的百年奋斗中看清楚过去我们为什么能够成功、弄明白未来我们怎样才能继续成功，从而在新的征程上更加坚定、更加自觉地牢记初心使命、开创美好未来。"

　　武汉，是当之无愧的红色沃土、英雄之地。2020年3月10日，习近平总书记赴武汉考察疫情防控工作，他饱含深情地说："武汉不愧为英雄的城市，武汉人民不愧为英雄的人民，必将通过打赢这次抗击新冠肺炎疫情斗争再次被载入史册！"总书记为什么使用"再次"二字？那是因为，在风云跌宕的革命战争时期，武汉已显示英雄本色，在历史上留下了浓墨重彩的一笔。

　　十月革命一声炮响，为中国送来了马克思列宁主义。苦苦探索国家、民族出路的中国先进分子，终于看到了照亮前进道路的光芒。1920年春，私立武汉中学开学，成为培养革命骨干的摇篮。是年秋，董必武、陈潭秋等组建武汉共产党早期组织，武汉成为继上海之后第二个成立共产党早期组织的城市。1923年，武汉共产党组织领导开展了京汉铁路工人罢工，将中国第一次工人运动的高潮推向顶峰。革命的星火，在武汉点燃。

在轰轰烈烈的大革命浪潮下，北伐军攻克武昌，武汉成为革命的心脏地区，中国共产党领导人和中央机关云集江城。一时间，革命高潮迭起。毛泽东创办武昌中央农民运动讲习所，完成了《湖南农民运动考察报告》等经典著作；刘少奇等深入工人运动一线，使武汉成为全国工人运动的指挥中心；瞿秋白等以汉口辅义里为宣传阵地，大造革命舆论，吹响了"红色号角"；中共五大产生了党的历史上第一个中央监察委员会，明确规定"党部的指导原则为民主集中制"。国共合作破裂后，"赤都"风声鹤唳。生死存亡之际，中共中央在武汉紧急召开八七会议，完成了中国革命的重大历史转折。毛泽东在会议上提出了"政权是由枪杆子中取得的"这一著名论断。会后，秋收起义、黄麻起义、广州起义、百色起义等一系列武装斗争渐次展开。白色恐怖下，向警予坚持留在武汉继续从事革命活动，被捕后宁死不屈；夏明翰在刑场上写下气贯长虹的就义诗……革命理想高于天，理想信念之光照亮了革命的前途，新的革命高潮在武汉酝酿。

七七事变后，抗日烽火燃遍神州大地，国共两党由对抗走向联合。南京沦陷后，武汉成为抗战初期全国抗日的中心。沉寂已久的江城，再度被革命的激情点燃，重新焕发出大革命时期的风采。周恩来、董必武、叶剑英等中共领导人奔赴武汉，成立八路军武汉办事处和中共中央长江局，领导南方各省抗日工作；在汉口筹备新四军军部，组建新四军东进抗日；积极宣传党的抗日主张，推动全民族抗战的实现。在共产党人的努力下，国民政府军事委员会政治部第三厅延揽了一大批社会文化名流任职，成为国统区抗日民族统一战线的战斗堡垒；党创办的第一份面向全国公开发行的报纸——《新华日报》在武汉出版，不断刊发鼓舞人心的战斗檄文；广大爱国文艺工作者在党的领导下成立中华全国文艺界抗敌协会，以笔为枪书写了文化抗战的传奇故事。在保卫武汉的战斗中，无数英雄奋勇杀敌，血洒疆场。苏联空军志愿队飞行员与中国空军一道守护武汉的天空，上百名勇士埋骨他乡；一代名舰中山舰在海空鏖战中战至最后一刻，沉没金口江底。武汉会战后，新四军第五师长期孤悬敌后作战，有力牵制了日军主力，成为华中战场的中流砥柱。

解放战争时期，刘邓大军千里跃进大别山，转战中原地区，曾于武汉近郊的新洲县三店镇设立临时指挥部。短短的三天两夜，隐秘在坨坑村徐王湾的王氏宗祠，见证了人民解放军由战略防御转入战略进攻的历史转折。珞珈山畔，武汉大学老斋舍石阶上的斑斑血迹，连同体育馆旁的六一惨案纪念亭，无声地刻写下武大进步师生的爱国热忱，控诉着国民党反动派的累累罪行。人间正道是沧桑，1949 年 5 月武汉解放，英雄之城终于回到了人民的手中。

武汉，铭记了中国共产党带领人民争取民族独立和人民解放的光辉篇章。武汉是一座英雄城市，它的发展历程同中国共产党历史上的许多重要事件和英雄人物经纬交织。在新冠肺炎疫情的危急时刻，英雄们再次挺身而出，武汉成为伟大抗疫斗争的精神坐标。这就是武汉，饱受战争洗礼而浴火重生，身处惊涛骇浪仍傲立潮头。大江大湖陶冶了它的坚韧和仗义，赋予了它危难时刻挺身而出的勇气，红色文化和英雄气质已然化为源远流长的城市基因。

武汉拥有丰富的党史资源和光荣的革命传统，一砖一瓦都充满了红色记忆和红色精神。武汉现有 145 处包括红色场馆在内的重要红色革命遗存，它们蕴含的厚重历史与革命传统，是弘扬党在各个历史时期所形成的伟大革命精神的生动教材。为贯彻落实习近平总书记提出的"要把红色资源利用好、把红色传统发扬好、把红色基因传承好"的要求，武汉市近年来在挖掘整合、保护利用红色资源方面不懈探索，通过提档升级红色阵地、开展红色旅游体验、举办红色课堂等方式，将用活用好红色资源与全面推进城市治理现代化深度融合。

革命博物馆、纪念馆、党史馆、烈士陵园等是党和国家宝贵的红色基因库。守护好这些"红色家底"，让红色资源真正"红"起来、持续"火"起来，保护城市文脉，传承城市精神品格，既是武汉这座城市的义务和职责，也是每一位武汉市民的共同心愿。"十四五"期间，红色资源的保护、传承和利用将作为武汉留存红色印记、打造城市文化名片、增强人民精神力量的重要举措和构建城市精神文明的有力支撑。

值此建党百年之际，武汉市政协组织编写出版了《品读武汉红色场馆》一书，集场馆推介、史实讲述和思想感悟于一体，让遍布于城市各处的红色场馆资源以及它们背后的历史故事以鲜活、生动的形式跃然纸上。希望通过此书，能够有效提高武汉红色场馆的认知度，增强广大市民对城市革命文化的认同感和归属感。

回望来时路，"赶考"再出发。奋力打造新时代英雄城市，是实现中华民族伟大复兴中国梦之武汉新篇章。武汉是峥嵘百年党史的见证者和书写者，留存在红色场馆中的红色精神，必将为新时代实现武汉高质量发展凝聚最广泛的思想共识和价值认同，增强我们开拓前进的勇气和力量！

2021 年 7 月

（作者系武汉市政协主席）

星火初燃

　　十月革命后，以董必武、陈潭秋等为代表的一批先进知识分子，高举马克思主义的伟大旗帜，在武汉成立了中国共产党的早期组织，走在了全国共产主义运动的前列。1920年3月创办的武汉中学，是武汉共产党早期组织开展革命活动的重要基地，培养了一大批优秀的革命人才。

　　中国共产党成立后，建立工会、发动工人运动成为党的中心任务。在林育南、项英、林祥谦、施洋等人的领导下，武汉成为工人运动最为活跃的地区之一。1923年2月爆发的京汉铁路工人罢工，是党领导的第一次工人运动高潮的最高峰。它虽以失败而告终，却进一步唤起了人民的革命意志，扩大了党的群众影响，指引中国革命走向最终的胜利。

培养革命骨干的摇篮

——武汉中学

　　蛇山北麓、黄鹤楼之侧有一条街叫粮道街，得名于清代曾设在此处的粮道署。这里历史上就是兴教办学之地，明代有勺庭书院，清代有江汉书院。粮道街上的武汉中学，是以这座英雄城市命名的一所中学。走进校园，满眼都是夺目的红色楼宇。操场一角，几间小小的青瓦白墙红柱房子，在现代化校园中不张不扬。这里正是老一辈无产阶级革命家、中共一大代表董必武等人于 1920 年创办的私立武汉中学校旧址所在地。

董必武典当皮袍办学校

　　董必武在 1963 年所写的《私立武汉中学简记》一文中说："私立武汉中学设在武昌，是几个抱有革命宗旨的人创议办起来的一所中学，我是创议人之一。"

　　青年时代的董必武从投身辛亥革命到参加反袁护法斗争，亲自品尝了中

目　录

★ 砥柱中流

私立武汉中学校旧址纪念馆

国旧民主主义革命失败的滋味。五四运动前后，他在上海霞飞路渔阳里居住了一年多时间，不仅受到五四运动的洗礼，还结识了仅一街之隔的中国早期马克思主义者李汉俊。他们几乎天天见面，热烈讨论匡时济世之良策。董必武开始认识到，中国革命要想取得成功，必须像俄国那样实行阶级革命，"走十月革命的道路"。

就这样，董必武自觉地转变为共产主义者，决心"从头来"。他认为中国要实行革命，必先唤醒和组织群众。如何着手呢？他们商议的结果是"目前能够做的是办报纸和办学校两件事"，准备在学生和民众中开展马克思主义的"启蒙运动"，为救国救民干出一番新的事业，走出一条革命的新路。

董必武回到武汉后，马上与黄安（今红安）同乡好友张国恩着手筹办报社，但由于经费募集不足，办报计划未成。接着，董必武和张国恩就积极倡办学校。他们先后联络了罗田的江文波、黄安的倪季端、沔阳的刘鼎三、汉川的李绂三、汉口的刘质如、蒲圻的雷大同等同学好友，于1920年3月创办了武汉中学，当时称"私立武汉中学校"。校址选在湖北省教育会西北角涵三宫街南面小巷内，也是前清支郡师范甲丙堂旧址。校内有教室三间，办公室一大间，风雨操场一个，还有大小几个院子，有可供学生食宿用的两排房间，教室内还剩存一些桌椅。房子虽僻陋，但整修以后可以用几年。开办经费在创办人中募集，为了提供个人分担的20元开办费，数九寒天，董必武毫不吝惜地典当了家里最值钱的一件御寒皮袍，这成为一个世纪以来广为传颂的佳话。1922年，董必武又利用军事活动中募集到的六七百元经费，将武胜门外的彭杨公祠改建为武汉中学二部。应当说，武汉中学是董必武亲手创建的，没有董必武便没有武汉中学。

在董必武的主导下，武汉中学的革命色彩十分明显：允许男女生合校；

武汉中学旧址

成立学生会和班会，提倡学生自治；采用白话文教学；倡导学生在课外阅读报纸书刊，关心国内外大事，通过恽代英的利群书社为学生购买《共产党宣言》《新青年》《湘江评论》等进步读物。

曾任湖北省政协副主席的谢甫生于1921—1924年在私立武汉中学校读书。他曾回忆称，董必武承担了两个班的国文课，陈潭秋、李汉俊、恽代英等人都在学校授课。担任社会科学教员的李汉俊讲经济学，会分析资本主义的性质、特征，他还会编写政治问答读本，并解答"什么是苏联的新经济政策"等问题。正是在武汉中学的学习，提高了谢甫生的政治觉悟，由此走上了革命道路。

建立武汉地区最早的党、团组织

私立武汉中学是一所新型学校，它是武汉乃至湖北地区马克思主义的宣传地、中国共产党和中国社会主义青年团在湖北的发源地。董必武在《私立武汉中学简记》中说："1920年秋，武汉中学成立已经历了一个学期，湖北的共产主义研究小组由我和陈潭秋、张国恩（几个月后他就不干了）等组织起来，社会主义革命的思想传播，在武汉中学内很少受到阻碍。中国社会主义青年团（当时叫SY）在湖北也是由武汉中学学生开始发展组织。"

1920年夏天，陈独秀、李汉俊等在上海建立中国共产党的早期组织后，李汉俊就立刻写信给董必武，建议他在武汉建立共产党的早期组织。董必武立刻约陈潭秋等积极酝酿建党。后来，李汉俊直接回武汉同董必武面商此事，董必武表示"决定参加，并负责筹组党的湖北支部"。

经过反复商讨，1920年8月，董必武、陈潭秋、刘伯垂、张国恩、包惠僧、郑凯卿、赵子健7人在武昌抚院街董必武、张国恩的律师事务所召开会议，正式宣告武汉共产党早期组织成立，秘密机关设在武昌多公祠5号，挂"刘芬（即刘伯垂）律师事务所"的牌子作掩护。不久，董必武等人又成立半公开性质的马克思主义学说研究会，作为党进行公开活动的一种组织形式。湖北著名的一批先进知识分子，如黄负生、刘子通、施洋等，都是研究会的骨干。

武汉共产党早期组织开会地点一直在武汉中学教导处。由武汉中学教师陈潭秋、黄负生、刘子通等人担任主编的《武汉星期评论》实际成为武汉共产党早期组织的机关刊物。加之武汉共产党早期组织 7 名成员中有 3 人在武汉中学工作，所以当年武汉中学实际上成为湖北共产党早期组织秘密活动的主要据点。

武汉共产党早期组织还领导建立起社会主义青年团（简称"SY"），将其作为党组织的预备学校，开展青年工作和学生运动。1920 年 11 月 7 日，董必武、陈潭秋、包惠僧等人发起，在武汉中学召开武昌社会主义青年团第一次会议。包惠僧作为武汉共产党早期组织的代表宣读团的简章："名称——武昌社会主义青年团。宗旨——研究社会主义，实践社会主义的理想。团的会议预定每星期举行一次。不论任何人，经我团团员一人介绍，就可以加入我社会主义青年团。社会主义青年团的驻地暂设于武昌。"

董必武在这次会议上发表了热情洋溢的讲话。他说："自从政治战争停止以来，科学领域里就出现了许多重大的变化。新思想正在向我们扑面涌来。我们该怎么对待呢？我们自然要投身到正在酝酿之中的新运动中去。参加这场运动，是中国知识分子的天职。我们应当去向现存的旧社会……的各种不合理现象进行斗争。"他号召进步青年克服困难，"从细微小事做起"，去"建树起伟大的功绩"。他最后引用国际歌的歌词说："不要把我们看得分文不值。"这是我们见到的董必武成为一位坚定的马克思主义者之后最早的一次讲话。他的讲话，大大鼓舞了与会革命青年的斗志。后来，社会主义青年团组织发展到武汉地区许多大中学校，吸引了一大批先进知识青年。

在党的创建时期，董必武和陈潭秋等紧密结合，奠定了湖北地区党组织的坚实基础，并在此基础上为党组织的发展奋斗不息。

这里走出了三位中共一大代表

一船红天下，万众跟党走。小小红船承载千钧，见证了中国共产党的诞生，开启了中国共产党跨世纪的航程。

参加中共第一次全国代表大会的代表有：上海的李达、李汉俊，北京的张国焘、刘仁静，长沙的毛泽东、何叔衡，武汉的董必武、陈潭秋，济南的王尽美、邓恩铭，广州的陈公博，旅日的周佛海；包惠僧受陈独秀派遣，出席了会议。共产国际的代表马林和尼克尔斯基也出席了会议。董必武是受到李汉俊的信邀后，与陈潭秋一起被大家共同推举赴会的。在这次大会上，他们成为中国共产党组织成立的发起人、见证人。

"进步青年"陈潭秋1919年毕业于国立武昌高等师范学院（武汉大学前身），在五四运动期间表现积极，经黄冈老乡倪季端介绍结识董必武。因志同道合，一见如故，他们结下了革命友谊。1919年秋，23岁的陈潭秋应董必武的聘请到武汉中学担任英文教师和班主任。他们彼此信任，相互支持。

李汉俊、董必武、陈潭秋（从左到右）——武汉中学走出的中共一大代表

从此，他们就"有意识地学习俄国革命，以武汉中学为据点进行宣传和组织工作"。

李汉俊出生于湖北潜江一个清贫的知识分子家庭。1904年，年仅14岁的李汉俊东渡日本求学，他通晓日、德、英、法四国语言，留日期间开始接受和信仰马克思主义，十分勤奋地学习马克思主义原著。李汉俊对马克思主义在中国的传播起了十分重要的作用。1918年自日本东京帝国大学毕业回国后，李汉俊以饱满的热情和旺盛精力，在《新青年》《劳动界》《共产党》《星期评论》等刊物上发表译文和文章90余篇，影响了包括毛泽东、刘少奇、周恩来、董必武等人在内的整整一代革命青年。1971年，85岁高龄的董必武回忆李汉俊时说，"五四运动时，各种思潮都表现出来""各种主义在头脑里打仗。李汉俊来了，把头绪理出来了""他是我的马克思主义老师"。由于李汉俊也在武汉中学授过课、做过演讲，因此可以说，从武汉中学走出了三位中共一大代表。

"朴诚勇毅"的红色基因永葆在线

1920年3月，武汉中学正式开学时，董必武亲笔在学校正厅的北墙上题写了一副对联：右为"金石长不朽"，左为"丹青本无双"，横批"朴诚勇毅"。为了以革命精神培养训练学生，董必武提出以这四个字作为校训。

私立武汉中学从1920年创办到1928年被国民党桂系军阀封闭，虽然只有短短的8年时间，但在学校党、团组织的领导下，在"朴诚勇毅"校训的浸润下，学校师生积极学习和宣传马克思主义，参加党、团组织，声援并参加工人运动、农民运动、学生运动、妇女运动等运动，都非常活跃，涌现了一大批优秀人才。

1927年11月，黄麻起义爆发，起义的火种是从武汉中学播撒的。首先，

"朴诚勇毅"四字校训和董必武铜像

黄麻地区的马列主义是从武汉中学传入的。董必武在武汉中学任教期间，曾于1921—1923年先后3次回黄安传播马克思主义，宣传党的主张。武汉中学学生，特别是黄安、麻城籍学生每逢寒暑假回乡时，董必武都要求他们深入城乡作宣传，还亲自教授他们接近群众、发动群众的具体方法。黄安青年党员张行静在武汉中学读书时，从董必武那里获得一本中国最早翻译出版的《共产党宣言》。他如获至宝，反复研读，写下了万余字的读书笔记。1926年毕业时，张行静将《共产党宣言》带回了黄安，传递给了家乡的父老乡亲。这本《共产党宣言》历经沧桑，见证了黄麻革命，见证了中国共产党人的壮志豪情，作为国家一级革命文物，至今仍珍藏在红安县博物馆。

其次，黄麻地区党组织是在武汉中学建立的。武汉中学开学后，黄安、麻城、黄陂籍的一批学生先后进入学校学习，或当校工，董必武先后在这些

今天的武汉中学

学生中发展了一批党员。1923 年冬，武汉中学第一期学生将要毕业，学生中的党、团员要回到家乡去。鉴于黄安尚未建立党组织，董必武便在武汉中学建立党的黄安工作组，随即派学生回黄安发展党员，建立并逐步扩大党组织。1924 年，董必武又在武汉中学建立了党的麻城工作组。1925 年寒假，学生们受董必武派遣，回麻城创建了中共麻城特别支部委员会。

再次，黄麻起义的领导骨干大多是在武汉中学读书时走上革命道路的。黄麻起义总指挥部 10 名领导人中，就有 5 位毕业于武汉中学，其中潘忠汝在黄麻起义时任总指挥。黄麻起义的骨干分子之一、后来成长为共和国中将的詹才芳回忆道："自中国共产党成立后，黄安、麻城两县逐渐有了共产党的影响和活动，最初在那里传播马列主义思想的是一些进步青年。其中有许多是在董必武、陈潭秋等同志的教育与影响下加入共产党的。我因家境贫困，不堪忍受为地主当长工的生活，于 1924 年到武汉谋生。我每天为人从长江挑水，过着艰难的生活。不久，我找到董必武同志，他把我安排在武汉中学当校工。从此，我开始了自己半工半读的生活，并在董必武老师的引导下走上了革命的道路。"

马克思主义从武汉中学传入，党组织在武汉中学活动，领导骨干由武汉中学培养，正是烈火黄麻，星火武中。用生命和鲜血铸写的"万众一心，紧跟党走，朴诚勇毅，不胜不休"的红安精神，熔铸成党的宝贵精神财富。武汉中学是红安精神的孕育地，"朴诚勇毅"是红安精神的核心内容之一。

如今的武汉中学，始终秉承"朴诚勇毅"的校训，高举"人格教育"的旗帜，在继承学校光荣传统的同时，积极吸纳时代精神，守正出新，在开放与融合中创新学校文化，不断提升办学的质量与水平，成为武昌粮道街上一道靓丽的风景。

（作者：刘中华）

见证中国第一次工人运动高潮

——武汉二七纪念馆

1921 年中国共产党成立后，党的中心工作是领导和组织工人运动。1922 年 1 月至 1923 年 2 月，中国工人运动掀起了第一次高潮。连接华北、华中的交通大动脉——京汉铁路，是中国共产党早期开展工人运动的重要依托，铁路工人是中国共产党发动的重要力量，京汉铁路工人罢工则是中国工人运动第一次高潮的最高峰。地处武汉市江岸区解放大道的武汉二七纪念馆，向我们静静诉说着当年京汉铁路工人罢工的蓬勃兴起与悲壮历程。

京汉铁路总工会成立

将工人组织起来，成立工会，以罢工争取政治、经济等权利，是中国共产党开展工人运动的主要做法。1921 年 5 月至 1923 年 2 月，在中国共产党领导下，北起北京长辛店，南至汉口江岸，京汉铁路沿线各站区相继建立起

武汉二七纪念馆

工会。中国共产党将各地分散的铁路工会联合起来，建立全国统一的铁路工会组织，契合了中国共产党领导工人运动、壮大工人阶级力量的目标和方向。早在 1921 年 11 月，中国共产党即在《中国共产党中央局通告》中明确提出"以全力组织全国铁道工会"。成立京汉铁路总工会，是实施这一计划的重要部署。

这一时期的京汉铁路沿线，是直系军阀吴佩孚的地盘。对于中国共产党领导的工人运动，吴佩孚的态度有一个明显的变化过程。他曾一度高谈"劳工神圣"，采取宽松的劳工政策。1922 年 7 月至 10 月，李大钊 3 次赴洛阳与吴佩孚会谈，争取他对工人运动的支持。同年吴佩孚发出"劳动立法，保护劳工"的通电。

吴佩孚"保护劳工"的姿态，让中国共产党及京汉铁路工人一度饱含希望，放松了警惕。于是，京汉铁路总工会的筹备工作完全以公开方式进行。

走向京汉铁路总工会成立大会会场的代表、来宾和工人群众

1922年4月至1923年1月，中国共产党先后3次召开京汉铁路总工会筹备会。第三次筹备会上总工会筹委会决定：1923年2月1日举行京汉铁路总工会成立大会，总工会设在全路中心郑州，成立大会亦在郑州举行。筹委会随即在各大报刊公布开会宗旨和地点，刊登大幅广告，邀请各团体赴郑州参加总工会成立大会。

当各地代表陆续抵达郑州时，吴佩孚的态度却发生一百八十度转弯。京汉铁路的运营收入是吴佩孚军费的主要来源之一。忌惮于铁路工人的团结和联合会威胁到自身利益，他下令对京汉铁路总工会成立大会"预为防范，设法制止"。1923年1月28日，郑州警察局局长黄殿辰率武警到总工会宣布吴佩孚命令，禁止召开成立大会。总工会委员长杨德甫及凌楚藩、史文彬、李振瀛、李焕章5位代表赴洛阳与吴佩孚交涉。吴佩孚对代表们的据理力争冷笑以对，实际早已决心镇压工人运动。

此时，全国抵达郑州的代表已达 500 多人。总工会决定仍按原计划召开成立大会，中共中央派出张国焘、陈潭秋、罗章龙、包惠僧、林育南等出席。2 月 1 日当天，吴佩孚派军警在郑州全城戒严，查封了大会会场——郑州普乐园戏院。上午 10 点，各地代表和群众在项英、林祥谦、施洋等的带领下，冲破军警阻拦，砸门进入会场。京汉铁路总工会在军警层层包围的会场中宣布成立。大会选举杨德甫为总工会委员长，凌楚藩、史文彬为副委员长，项英为总干事。下午 4 时，成立大会在军警高压威胁下被迫宣布散会，各地代表被勒令离开郑州。

京汉铁路工人罢工

北洋军阀武力阻挠京汉铁路总工会成立大会，成为京汉铁路工人罢工的导火线。1923 年 2 月 1 日当晚，总工会执行委员会召开秘密会议。会议一致决定：举行京汉铁路总同盟政治大罢工，提出"为争自由而战，为争人权而战"的口号；成立总工会和分工会两级罢工委员会；总工会临时总办公处转移至汉口江岸，会同湖北全省工团联合会，组成罢工指挥中心，成员有陈潭秋、包惠僧、林育南、许白昊、项英、施洋、杨德甫、陈天、林祥谦。

2 月 2 日，京汉铁路总工会发布《特别紧要启事》，郑重宣布 2 月 4 日正午起，京汉铁路全体人员一律罢工。也是从这一天起，京汉铁路全线开始了紧张的罢工准备。2 月 3 日，京汉铁路江岸分工会将工人纠察队扩大为纠察团，团长为罗海澄，副团长为曾玉良、姜肇基。同日晚，京汉铁路总工会发布《罢工宣言》。《特别紧要启事》和《罢工宣言》中，均列明了实行罢工的五项最低限度的条件：（一）要求由交通部撤革京汉路局长赵继贤和南段处长冯沄，要求吴（佩孚）、靳（云鹗）及豫省当局撤革查办黄殿辰。（二）

要求路局赔偿开成立大会之损失费六千元。（三）所有当日在郑州被军警扣留之一切牌额礼物，要求郑州地方长官用军队奏乐送还总工会郑州会所。所有占领郑州分会之军队立即撤退。郑州分会匾额重新挂起。一切会中损失，由郑州分会开单索偿，并由郑州地方官道歉。（四）要求每星期休息，并照发工资。（五）要求阴历年放假一星期，亦照发工资。

汉口江岸的京汉铁路总工会临时总办公处（今京汉铁路总工会旧址），张国焘、李震瀛、陈潭秋、林育南、项英、杨德甫、施洋、林祥谦等都曾在这里开会，起草宣言、电稿及宣传作品，筹备和指挥罢工。在中共武汉区委帮助下，京汉铁路总工会还在这里创办了报道罢工消息的油印小报《罢工月刊》，1923年2月5日出版了第1号（二七惨案后停止）。

按照总工会罢工委员会的布置，京汉铁路南段江岸、中段郑州、北段长辛店分别于2月4日9点、10点、11点宣布罢工。2月4日，在汉口江岸，京汉铁路总工会罢工委员会江岸分工会委员长林祥谦于上午9点下达罢工命令。江岸机厂（现江岸车辆厂）锅炉工黄正兴接到命令，双手紧握3管汽笛拉杆，奋力拉响了指挥罢工的汽笛。顿时工人熄炉灭火，关闸刹车，停电停水。正午12时，全路客车、货车、军车全部停驶，车站、桥梁、道棚、工厂一律停工。3小时内，2万工人一致实行全路总同盟罢工，长达1200余公里的京汉铁路全线瘫痪。这就是震惊中外的京汉铁路工人罢工！

罢工开始当天，京汉铁路总工会发出《紧要通告》，制定罢工临时规约，提出罢工期内，一切遵从总工会命令；同时发出《警告本路司员》《敬告旅客》等文件和传单。长辛店铁路工会和郑州铁路工会也发布了《罢工宣言》。京汉铁路工人罢工爆发后，得到社会各界的同情和声援。中国劳动组合书记部、全国铁路总工会筹委会、湖北全省工团联合会等先后通电或发表宣言进行援助。2月6日，湖北全省工团联合会、新闻界、学生界在江岸召开"声援京汉铁路工人罢工慰问大会"，会后举行了声势浩大的示威游行。

武汉二七纪念馆门前浮雕反映的京汉铁路工人罢工场景

这次罢工斗争，是中国工人阶级在中国共产党领导下进行的一次伟大政治斗争，充分体现了中国工人阶级高度的组织性、纪律性和顽强的战斗精神。罢工工人面对军阀的武力威逼，不屈不挠，将中国第一次工人运动高潮推向了顶峰。

二七惨案

京汉铁路全线罢工及社会各界的声援，不仅在政治、经济等方面沉重打击了帝国主义和北洋军阀，更让他们感到极为震惊。帝国主义国家以公使团的名义，借口"财产遭受严重损失"，向北洋政府提出所谓"严重警告"，要求吴佩孚使用武力镇压罢工。1923年2月6日下午，吴佩孚决定对工人进行血腥镇压。当天，京汉铁路总工会观察敌人动静，已经预感到情况异常、会有重大事情发生，立即发出《致全国各铁路工友书》，呼吁各地铁路支援罢工。

林祥谦就义油画

2月7日，在帝国主义的支持下，吴佩孚调动军警2万多人，经过密谋策划，在京汉铁路全线对手无寸铁的工人进行了空前的逮捕和屠杀。在汉口江岸，下午5点多钟，军阀张厚生在吴佩孚授意下率领两个营的军队，分3路包围京汉铁路总工会，枪击罢工工人。工人纠察团手持木棒、铁棍奋起还击，浴血奋战，终因寡不敌众，损失惨重。江岸机厂工人、纠察团副团长曾玉良等32人当场死于军警的乱枪和马刀之下，200多人受伤。军阀挨门挨户搜捕罢工工人，林祥谦等60多人不幸被捕。

在与军阀的斗争中，共产党员和广大工人群众表现出了英勇顽强的斗争精神。2月7日当晚，军警将林祥谦绑在江岸车站前的电线杆上，威逼他下令复工。林祥谦断然拒绝："上工要总工会的命令。我们是头可断，工不可上！"随后林祥谦被活活砍死，壮烈牺牲。项英率领工人纠察团百余人，试图营救林祥谦而不得，遭受军阀乱枪扫射，损失惨重。共产党员、京汉铁路总工会与湖北全省工团联合会法律顾问施洋，当天也在武汉的居所被逮捕，

2月15日被杀害于洪山脚下。长辛店和郑州亦有罢工工人或被打死，或被捕而惨遭酷刑致死。这就是震惊中外的二七惨案，前后共计52人壮烈牺牲，数百人受伤，被开除流亡在外的达1000余人，工人的鲜血染红了京汉铁路。

惨案发生后，中国共产党发表《为吴佩孚惨杀京汉路工告工人阶级与国民》，号召全国人民和工人阶级团结起来，打倒压迫和残害工人的军阀，为自由而奋斗。共产国际和赤色职工国际也都发表宣言，支持中国工人阶级的斗争。同时，中共地下党组织紧急组织善后工作，营救被捕人员，抚恤死伤者家属，串联失散工人，继续开展斗争。为了保存实力，避免更大牺牲，2月8日，张国焘、杨德甫、项英等在汉口长清里103号秘密开会，张国焘以中共中央和劳动组合书记部全权代表的名义，决定"通告工人复工"。9日，京汉铁路总工会发出紧急通知，要求工人"忍痛复工"。

"二七"精神印记江城

江岸区解放大道2499号，是武汉二七纪念馆所在地。1956年，为了纪念"二七"革命斗争，铁道部、湖北省及武汉市决定，在烈士英勇斗争最为惨烈的地方——江岸，修建纪念馆。1960年2月，武汉二七纪念馆正式对外开放。1985年，由于展馆窄小，武汉二七纪念馆进行了重建，1986年，胡耀邦为新馆题写馆名。1987年2月7日，纪念馆新馆正式开放。

新馆占地总面积27500平方米，两层主楼占地3671平方米。陈列厅设在2楼，面积1200平方米，共3个展厅7部分内容：铁路工人血泪筑成京汉路，铁路工人运动蓬勃兴起，京汉铁路总工会成立与斗争，京汉铁路全线大罢工，震惊中外的二七惨案，"二七"革命斗争的历史地位和深远影响，弘扬"二七"传统继承"二七"精神。整个场馆详细展现了京汉铁路工人罢工的全过程。在陈列厅众多的文物中，最引人注目的是3件国家一级文物：京汉铁路告成铁碑、江岸京汉铁路工会会员证徽章、林祥谦烈士怀表。

铸铁纪念碑于 1905 年京汉铁路建成时，竖立在黄河大桥南岸，是帝国主义掠夺中国筑路权和清政府腐败无能、丧权辱国的见证。江岸京汉铁路工会会员证徽章，是当年京汉铁路工人自己设计的。徽章外圆刻有"江岸京汉铁路工会会员证"，正中图案火焰缭绕地球、大鹏飞轮奔驰，内圆刻"劳工神圣"。特别的造型寓意为自由、民主而战的"二七"革命精神。怀表是林祥谦生前从事工人运动的见证，依靠这块怀表，林祥谦准确下达了罢工命令。1960 年，林祥谦夫人陈桂贞将怀表捐赠给武汉二七纪念馆。

此外，林祥谦、施洋、林育南等烈士的遗物，"劳工神圣"的牌匾，罢工时锅炉工黄正兴拉响的汽笛，林祥谦、施洋英勇就义的场景复原等等，这些都再现了当年京汉铁路工人罢工的一幕幕细节场景。陈列厅最后，"不朽丰碑""开路先锋""当好先行""勇担使命"的布展，"毛泽东"号机车、"东风（DF）11"内燃机车以及和谐号、复兴号等火车模型，展示了"二七"精神指引下铁路工人在社会主义革命、建设、改革事业中所作的贡献，以及中国铁路事业从艰辛起步到高速发展的历程。

江岸京汉铁路工会会员证徽章（上）、林祥谦烈士怀表（下）

纪念馆院内，二七烈士纪念碑高高矗立。纪念碑最初于 1958 年修建于二七路，1997 年迁建于此。主碑高 23.27 米，正面镶嵌高 12

二七烈士纪念碑

米、宽 1.5 米的汉白玉大理石，镌刻着毛泽东 1958 年 9 月 16 日亲笔题写的碑名——"二七烈士纪念碑"。碑顶端设有锻铜材质的大鹏飞轮造型，取自江岸京汉铁路工会会员证徽章图案。基座为工字钢造型，寓意工人阶级。基座正面是锻铜的汽笛浮雕，汽笛下方倾斜而立的长方形花岗岩刻有醒目的一组数字——"1923.2.4"，意指近百年前的罢工时刻。主碑两侧的弧形雕塑群，以艺术形式再现京汉铁路工人罢工的场景，林祥谦、施洋、项英、林育南等烈士的形象浮现其中。苍松翠柏环抱纪念碑，更增添了几分庄严肃穆。

距离武汉二七纪念馆仅 1.3 公里的解放大道 2185 号，是京汉铁路总工会旧址。原址位于解放大道 1437 号，1995 年因道路拓宽，整体迁移至现址。这是一座旧式砖木结构的普通院落式民房，外墙青砖、内墙木板，长 23.8 米，宽 12.7 米，占地面积 302 平方米；房间 10 间，中间有一天井，门檐屋脊青

京汉铁路总工会旧址

砖黑瓦，厚重的木门后面是老式的木头插栓。这里是京汉铁路总工会领导人的秘密办公处，也是京汉铁路工人罢工的指挥部。1980 年 8 月，该处按原貌修缮，1981 年 2 月 7 日正式对外开放。如今，旧址设有"京汉铁路总工会秘密办公地陈列"。

京汉铁路工人罢工在中国革命和中国工人运动史上占有重要地位。烈士们英勇无畏的牺牲精神和革命气概，激励着中国人民的革命斗志。京汉铁路工人罢工的失败、二七惨案的发生，更引导着中国革命在挫折中走向胜利。中国革命成功的基本经验——党的领导、统一战线、武装斗争，正是这次血的教训，让中国共产党人深刻认识到同盟者和武装斗争的重要性。作为重要红色基因的"二七"革命传统，是我们不忘初心、接续奋进的不竭动力。

（作者：李从娜）

"律师应仗人间义，身殉名存烈士俦"

——施洋烈士陵园

施洋烈士陵园位于武汉市武昌区洪山南麓，方圆 28 亩，它地处武珞路繁华地段，南望石牌岭，北枕东湖风景区，东邻武汉大学，西接黄鹤楼。陵园始建于 1953 年，经 1997 年扩建，现由烈士牌坊、瞻仰广场、纪念碑、烈士墓和纪念馆等部分组成。施洋烈士陵园是为纪念参与领导京汉铁路工人罢工的工人运动领袖、律师、共产党员施洋烈士而修建的，是全国重点烈士纪念建筑物保护单位和革命传统教育基地，省级文物保护单位，全国 30 条红色旅游精品线景点之一。

劳工代言人

施洋于 1889 年出生于湖北省竹山县一个家境贫寒的书香世家。他 9 岁随父读书，18 岁考入郧阳府立农业学堂，学蚕科，后转入郧阳农业中学。

施洋烈士陵园全景图

1914年，施洋考入湖北警察学校，后入湖北法政学校专门学习法律。毕业后，施洋在武昌从事律师职业。加入律师公会后不久，他便被选为副会长。

1919年五四运动爆发后，武昌学生支持北京学生的反帝爱国运动，举行示威游行和罢课，遭到军警镇压。施洋以律师身份全力开展救援活动，连夜起草宣言传单，倡议罢市。同年6月，武昌商民在积善堂开会响应，施洋到会演讲，发起组建湖北各界联合会并担任副会长。8月，他率代表团赴京请愿，后与在京各地代表协商发起组建全国各界联合会。11月，全国各界联合会在上海宣告成立，施洋被选为联合会评议部部长。

1920年春，施洋由沪返汉，发起组织"平民教育社"，并与黄负生、刘子通等人创办《武汉星期评论》。同年秋，参加武汉马克思学说研究会。中国共产党成立后，上海成立了中国劳动组合书记部，施洋负责武汉分部工作。1922年6月，经许白昊、项英介绍，武汉党组织批准，施洋加入中国共产党。他在入党时立下誓言："我愿为工人运动、为共产主义事业献出一切乃至牺牲宝贵生命。"最终，他以对劳苦大众的忠诚和大无畏的牺牲精神，证明了自己的誓言。

作为律师，施洋仗义执言，同情劳工，在业内很有名望，先后被28个工人团体聘请为法律顾问。工人们"视之如明星，倚之如保姆"，亲切地称他为"劳工律师"。作为工人运动领导人和劳工代言人，施洋参与领导了汉口人力车夫罢工、汉阳铁厂工人罢工、粤汉铁路武长段工人罢工、汉口英美烟厂工人罢工、京汉铁路工人罢工等10多次罢工斗争。

"你们杀了一个施洋，还有千万个施洋"

1923年2月1日，京汉铁路总工会成立大会在郑州召开，施洋以湖北全省工团联合会、京汉铁路总工会法律顾问的身份参加了大会的指导工作。军阀吴佩孚撕破"保护劳工"的面具，派出大批军警包围会场。与会代表在施洋等共产党员的带领下，冲破阻拦涌入会场。当晚，总工会在异地秘密开会，决定举行京汉全线总同盟罢工，总工会由郑州迁往汉口江岸办公，施洋、林祥谦被指定为江岸区罢工总负责人。

施洋像

次日，汉口江岸分工会召开动员大会，施洋在会上发表演说，号召工人代表勇敢地投入到反对军阀的斗争中来，为自由和人权而战。4日上午，随着总工会一声令下，1200多公里的京汉铁路全线顿时瘫痪。随后，罢工工人遭到血腥镇压，这就是震惊中外的二七惨案。江岸分工会委员长林祥谦壮烈牺牲。当晚，施洋回到家中不久，十几名便衣警察就将他逮捕，押解至武昌陆军审判处。由于施洋在工人当中有巨大的号召力，又有丰富的斗争经验，吴佩孚认定"不杀施洋，工潮难平"，于是，他向湖北督军萧耀南下达了秘密杀害施洋的电令。

2月15日，在武昌洪山脚下刑场，施洋面对敌人慷慨陈词："我不怕人，不怕事，不怕死，堂堂正正做人，反对强暴！我只希望中国的劳动者早些起来，把军阀、官僚、资本家食肉寝皮！你们杀了一个施洋，还有千万个施洋！"他连中3弹，依然身挺如故，振臂高呼："劳工万岁！"鲜血尽洒在大地上。这位名震江城的劳工领袖，年仅34岁的"劳工律师"，就这样为工人阶级、为中国革命、为共产主义理想，献出了自己宝贵的生命！

施洋一心为民，全心全意为劳苦大众服务，组织领导罢工时不顾个人安危，身先士卒、冲锋在前，赢得了广大工人群众的拥护和爱戴。他有着一颗真挚和强烈的爱国之心，在敌人押送他的过程中，也不忘向军警宣传爱国救亡的革命道理。

他有着甘愿为共产主义事业抛头颅、洒热血、牺牲一切的革命精神，他曾对妻子说："作为一个革命者，如果不和反动统治阶级面对面打几个回合，他们是不会自动垮台的，革命事业也不会成功。斗争总是要流血的，这没有什么可怕，不过这些人为什么要流血？要一代一代地讲下去，让下一代都能继承烈士的遗志，争取革命最后的胜利。"

工人阶级斗争精神永垂不朽

施洋壮烈牺牲后，全国各工团、学生联合会、律师公会、各界联合会及其他人民团体纷纷发表通电或宣言，对二七惨案殉难烈士表示沉痛哀悼。北京、长沙、广州等地民众，举行了大规模的追悼会。1923年7月，中共湖北党组织和湖北全省工团联合会决定将施洋烈士安葬在武昌城外的洪山脚

《民国日报·觉悟》"施洋纪念号"

下。在严重的白色恐怖环境下，汉口人力车夫利用盂兰盆会的机会，在各码头设祭，数千车夫跪地痛哭，并扶灵位游行，场面极为悲壮。前往洪山施洋墓凭吊者，亦是络绎不绝。

1924年，为纪念施洋殉难一周年，林育南主编出版《施洋先生纪念录》一书。同年，上海《民国日报·觉悟》刊发"施洋纪念号"。1927年，武汉群众同国民革命军数十万人举行"二七"四周年纪念活动。纪念活动分两部分，一是在洪山施洋烈士墓召开纪念施洋暨二七先烈牺牲四周年大会；二是在江岸为"二七"牺牲烈士纪念碑举行奠基仪式。湖北各界二七惨案纪念大会筹备处还编印出版林育南主编的《"二七"四周年纪念特刊》。

1932年2月，中华苏维埃共和国临时中央政府机关报《红色中华》为纪念"二七"九周年，特设"二七"增刊，刊发项英的《"二七"事略》，再现了1923年京汉铁路工人罢工场景，热情颂扬了施洋、林祥谦与"二七"英烈的革命精神。1933年，周恩来在纪念"二七"十周年时撰写《今年的"二七"纪念与中国工人阶级的中心任务》一文，指出"二七"烈士的英勇斗争是"中国大革命前的启明运动""灿烂了大革命的光荣历史"。

1939年2月，延安职工在东门外抗大三大队大礼堂举行纪念"二七"十六周年大会，与会者有抗大职工大队、印刷工厂工友1000余人。毛泽东、王明出席纪念会并发表演讲。演讲完毕，全场高呼口号，表示一定要以"二七"奋斗的精神坚持抗战，反对一切妥协投降的汉奸。

苍松翠柏慰英灵

1953 年，湖北省和武汉市人民政府在武昌洪山修建施洋烈士陵园，施洋烈士遗体由山脚迁至山腰，建立起巍然挺拔的"施洋烈士纪念碑"和烈士半身塑像。塑像头戴中式小帽，上身着中式便衣，双目睽睽，器宇轩昂。1997 年，武汉市、武昌区人民政府在原有基础上，拓展广场、陵道，维修烈士墓、碑，兴建牌坊、纪念馆，增添绿色植被，将陵园整修一新。2014 年，陵园管理处对纪念馆又进行重新改造、提档升级，通过现代化的声、光、电等技术手段还原历史场面。

施洋烈士陵园主体由 3 部分组成。入口处首先映入眼帘的是高 10 米、宽 16 米，由冲天柱托起流云、斗拱、绿色琉璃瓦的牌坊，耸立在独具特色的花岗岩台阶上，寓意烈士的壮志情怀和献身精神。拾级而上，1200 平方米的瞻仰广场为镂花白石护栏包围。广场正中屹立着一座 4.4 米高的施洋烈士雕像，基座上刻有董必武同志 1957 年为缅怀施洋烈士的亲笔题诗："二七工仇血史留，吴萧贻臭万千秋；律师应仗人间义，身殉名存烈士传。"

植根于大地之上的将军红塑像，气势磅礴，象征着施洋烈士大义凛然、视死如归的革命英雄气概。雕像一侧建有长 8 米、高 1.1 米的铸铜浮雕，真实再现了铁路工友们英勇斗争的历史画面。浮雕背后是直通纪念碑的 81 级台阶，这 81 级台阶平均分布了 3 层，每层都有 27 级台阶，寓意"二七"大罢工（即京汉铁路工人罢工）。纪念碑高 10.8 米，碑身中间镶刻着"施洋烈士纪念碑" 7 个鎏金大字，左侧刻有施洋同志生平事略，右侧刻有京汉铁路工人罢工经过。

施洋烈士纪念馆

　　山峦幽静之处便是施洋烈士墓，墓冢庄严肃穆，半球形的烈士墓简洁庄重、匠心独运，墓旁参天古树，令人肃然起敬。陵园东边是壮观典雅、富有时代气息的施洋烈士纪念馆；西边为银杏林，给整个陵园增添了秀丽景色。整个纪念建筑物依山而建，气势恢宏，饱含着后人对先烈的景仰。台阶、塑像、墓道、纪念碑和四季常青的翠柏苍松，都显示着其庄严、肃穆之感。

　　陵园与50多所在鄂院校、部队等单位签订了共建协议，每年接待前来凭吊先烈、进行革命传统教育的社会各界人士超过30万人次，成为一处重要的爱国主义教育与精神文明建设阵地。

（作者：段施雯）

浩气长存颂项英

——熊廷弼公园项英塑像

　　武汉市江夏区纸坊街东南面，一条郁郁苍苍的山脉绵延起伏，极似一条正在小憩的青龙，这就是青龙山。青龙山下有一条静谧的林荫道，炎炎夏日，林荫道内微风习习，清凉如水。两旁青松夹道，修竹秀挺，鸣虫轻吟，一派安宁肃穆。沿着平坦的道路往山上走，半山腰，一座威严站立的铜像映入眼帘，这就是中国共产党和工农红军的早期领导人之一、新四军的创建者和主要领导者、抗战名将项英将军雕像。挺直的脊梁，朴素的棉大衣，项英两眼炯炯有神地凝望着远方。这是 1990 年由著名雕塑家刘开渠创作的项英铜像，碑座上镌刻着杨尚昆同志的题词——项英同志浩气长存。

　　党的百年华诞之际，项英铜像前摆满各色花篮，前来祭奠的人们肃立在将军面前，满怀崇敬地追念他波澜壮阔、可歌可泣的一生，缅怀这位为中国人民的解放事业、为共产主义理想奉献了宝贵生命的革命先烈。

纺织工人　被褐怀玉

项英祖籍湖北省武昌县（今武汉市江夏区）舒安乡项家村，其祖父以养花闻名，遂举家迁往武昌城内。项英原名项德隆，1898 年 5 月出生于武昌县巡道岭街 24 号（今武昌区粮道街 273 号）。项英 7 岁进入武昌育才小学读书，10 岁那年，在县里掌管钱粮账户的父亲项天卫不幸染病去世。15 岁时，项英从私立日新学校毕业，因为家境贫寒，只得放弃升学，进入武昌模范大工厂（纺织厂）当了一名学徒。每天劳累工作之余，他都要坚持读书学习两小时，这使得他比当时的普通工人能更快、更多地了解新思想。熬过 3 年学徒期，项英留在纺织厂当了一名工人，每天工作 10 个小时以上。项英耿直刚毅、嫉恶如仇，对于工厂的黑暗、工人的痛苦有着深切的感受。

十月革命的胜利唤醒了中国被压迫的人民。1919 年，董必武、陈潭秋等具有初步共产主义思想的知识分子在武汉开设了工人夜校，传播马克思列宁主义，宣传反帝反封建思想，这些思想点燃了项英心中革命的种子。他开始在自己工作的工厂开展工人运动，身边很快聚集了几十名工人。

项英铜像

武昌模范大工厂工作条件十分恶劣，工人劳动强度大，工资却很微薄。有些工头欺压工人，对工人百般刁难，稍有不满就克扣薪酬。1920 年 4 月，市场上棉布畅销，纺织机器日夜开工，工人日夜劳作，薪酬却没有增加。机器停摆，会直接影响资本家的利益，项英觉得这是罢工的大好时机，迅速发动工人进行罢工，轰鸣的厂房突然安静下来。面对突如其来的罢工运动，为了不让损失继续扩大，资本家被迫答应工人的条件，并开除了欺压工人的工头。这是武汉纺织工人的第一次罢工斗争，也是项英第一次亲自组织罢工，项英勇于斗争的精神和善于领导的才能初次展露出来。

1921 年 7 月 23 日，中国共产党第一次全国代表大会在上海召开，党的一大把发展工人运动作为当时的中心任务。中国劳动组合书记部成立后，出版机关报《劳动周刊》。作为《劳动周刊》的忠实读者，此时的项英内心充满对革命、对共产主义的向往。同年 10 月，中共中央委派一大代表包惠僧赴武汉主持党务，同时决定在京汉铁路长辛店、郑州、江岸 3 个总段分别组织工人俱乐部，武汉党组织和中国劳动组合书记部武汉分部急需一位文书和联络工作人员。

项英一直渴望参加到更广泛的工人运动中去，他从同学李书渠那里了解情况后，主动给包惠僧写了一封信，希望与他面谈有关工人运动的问题。包惠僧从来信中感受到这位工人的不同凡响，两人第一次会谈长达两个半小时。项英说："自从读了《劳动周刊》，知道中国工人也要组织起来，也有工人自己的团队，我愿意从这方面来努力。"包惠僧觉得这个穿着黑棉布衣服、看似乡下人的小伙子有着充沛的精力和远大的抱负。第二次会谈后，包惠僧确信项英正是中国劳动组合书记部武汉分部需要的人才。

1921 年底，作为文书，项英与包惠僧等人一起，开始筹备京汉铁路江岸工人俱乐部。江岸居住着 3000 多名铁路工人，有"福建帮""广东帮""安徽帮"等，"帮口"之间的矛盾严重影响了工人内部的团结。党组织把改造"帮口"、团结工人的任务交给了项英。项英对此充满信心，他深入各"帮口"，宣传革命道理，消除"帮口"之间的成见。他充满激情地说，天下劳工都是一家人，只有团结起来，才有力量与资本家作斗争，才能求得翻身解放。他还将这些思想化作文章，在《劳动周刊》上发表。

1922年1月22日，江岸工人俱乐部在刘家庙成立，江岸各厂处的工匠一个不落地加入了俱乐部，成为京汉铁路工人中最为坚强的一股力量。包惠僧对项英的工作十分满意，称他"在京汉铁路郑州以南各站各厂费了很大的努力，起了很大的作用……发挥了他发动群众与组织群众的天才"。

项英的工作得到了工人的信任和党组织的赞誉。同年4月，在武昌胭脂山下李汉俊家中，项英光荣地加入中国共产党，成为湖北最早的产业工人党员。当时，武汉地区总共只有十几名党员。包惠僧高兴地看到，自己几个月前才认识的这个年轻人，已经成了一名坚定的共产党人。

工人运动　披肝沥胆

加入中国共产党后，项英更加忘我地工作，江岸工人俱乐部成员增加到3000多人，成为京汉铁路最大的工人团体。1922年6月1日，工人俱乐部组织了第一次罢工斗争，矛头直指铁路"活阎王"、总查票程炎，迫使厂方不得不答应工人俱乐部提出的全部条件，并开除了程炎。随后，江岸工人俱乐部改为江岸铁路工会，项英任书记。

1922年7月16日至23日，中国共产党在上海召开第二次全国代表大会，从工人运动中脱颖而出的项英代表武汉地区参加了中共二大。项英参与了党纲、党章以及一系列重要决议的讨论，这使他对党、对共产主义有了进一步的认识。会议通过的《关于"工会运动与共产党"的决议案》，规定了发展工人运动的各项原则和方针政策，使项英进一步认清了中国工人运动的现状，对他以后从事工人运动有着重要意义。从上海回到武汉后，项英向中共武汉区委传达了中共二大精神。之后，中共武汉区委将 20 多个工人俱乐部联合起来，正式成立武汉工团联合会，这是全国建立最早、最大的地方总工会。

8 月，项英成功领导了江岸铁路工会针对京汉铁路南段工务处段长、比利时人陆登士及厂长邵步云的罢工斗争。在钢铁厂中，炼钢炉、炼铁炉昼夜不停地工作，如果停火一星期，炼钢炉、炼铁炉就有报废的危险。项英抓住这个关键，领导汉阳钢铁厂工人举行罢工，与厂方对峙到第 5 天，资本家被迫答应了工人提出的全部条件。两次罢工斗争胜利后，武汉地区的工会如雨后春笋般建立起来。

紧接着，项英与林育南、许白昊等领导汉口英美烟厂工人对英国资本家进行了更大规模的罢工斗争。项英号召工人"团结得像铁一样，同资本家作斗争"，随后组织 3000 多名工人举行了声势浩大的示威游行活动。面对厂方诡计多端、表面答应实际拒不兑现的行为，工人们同仇敌忾，英勇斗争。湖北全省工团联合会致信烟厂资本家，警告其"迅速允许工人之要求条件，否则决以敌对地位，号召我国人断绝通商关系，禁绝贵厂纸烟之目的"。英国资本家最终不得不妥协，罢工斗争取得了彻底的胜利。

项英在罢工斗争中机智勇敢、不畏牺牲，越是危险越冲在前面。在 1923 年 2 月 1 日爆发的京汉铁路总工会成立斗争中，他率领数千工人代表冲过了吴佩孚军队的警戒线，在枪林弹雨之中与敌人周旋。2 月 7 日下午，在江岸总工会，项英率领工人纠察团团员赤手空拳与配有机枪、大刀的吴佩孚军警展开生死搏斗，又亲率纠察团团员 100 多人，冒着枪林弹雨冲进车站营救工友，与军警展开殊死斗争，历经九死一生，才摆脱敌人的追杀。

项英、周恩来与叶挺

从参加江岸工人俱乐部的筹备到京汉铁路工人罢工，仅一年多的时间，项英在风起云涌的工人运动中参与组织、领导了一次又一次罢工斗争，取得了一个又一个胜利。项英在工人运动中的突出表现，使他迅速成为武汉工人运动的主要领袖之一。

1923年6月12日，中国共产党在广州举行第三次全国代表大会，项英和来自全国各地及莫斯科的近40名代表出席了会议。时年25岁的他由于杰出的领导才能和坚定的共产主义信仰，当选为中央执行委员会委员。这时，项英加入中国共产党才刚刚一年零两个月。京汉铁路工人罢工后，项英奉命到上海领导工人运动，直到1926年回到武汉，他一直战斗在工人运动第一线。

生命陨落　浩气长存

1928年7月，项英出席了在莫斯科召开的中国共产党第六次全国代表大会，项英等 7 人当选为中央政治局常务委员会委员，并与周恩来等 5 人组成主席团，出席了共产国际六大，项英当选为共产国际监察委员会委员，一跃成为党中央的核心领导成员之一。

1931 年 1 月 15 日，中共苏区中央局成立，项英、任弼时、毛泽东、周恩来等人为苏区中央局常委，周恩来担任书记。接着成立苏区军委，项英任主席，朱德、毛泽东任副主席。因为周恩来、毛泽东在中共中央各有重要工作，苏区日常工作主要由项英主持。1933 年 6 月 30 日，项英以中央革命军事委员会代主席的名义发布了《关于决定八一为中国工农红军成立纪念日》的命令，确定 1927 年八一南昌起义之日为红军成立纪念日。

1934 年 10 月，第五次反"围剿"斗争失败，中央红军主力 8 万余人离开中央苏区，开始了艰苦卓绝的长征。项英负责留守苏区，牵制国民党军队。他与陈毅将留守部队化整为零，历经艰难到达赣粤边根据地中心——信丰县油山，开展游击战。1935 年 5 月，国民党军队以 50 倍的兵力，对赣粤边游击区进行全面"清剿"。项英、陈毅和游击队员们在崇山峻岭中与敌人周旋，苦战了 3 年。正是由于他们的存在，苏区人民始终知道共产党还在，红军还在。

随着抗日战争的全面爆发，党中央决定将南方 8 省的红军和游击队统一整编为国民革命军陆军新编第四军，与国民党联合抗日。项英和曾山仅用 3 个月时间，就把分散在南方 8 省 14 个地区的红军和游击队共 10300 余人集中整编，完成了改编新四军的历史使命。正如陈毅所说，项副军长"以其历史地位在全党的威信，使南方八省游击队造成铁的力量。以后跟叶军长合作，使改编成功，这是本军成立的关键"。

抗日战争进入相持阶段以后，皖南新四军军部直属部队等 9000 余人在叶挺、项英的率领下向北转移。1941 年 1 月 6 日，部队到达皖南泾县茂林地区，遭到国民党 7 个师约 8 万兵力的突然袭击。新四军英勇抗击，激战 7 天 7 夜，

项英故里

弹尽粮绝，除 2000 余人分散突围外，大部分壮烈牺牲。军长叶挺被国民党扣留，项英、周子昆突围后隐藏于深山之中，几天后在泾县蜜蜂洞惨遭副官刘厚总枪杀。一代英杰没有死于敌人的枪林弹雨，却死于身边人的暗算！

　　1998 年，在纪念项英诞辰 100 周年座谈会上，时任中央军委副主席、国务委员兼国防部部长的迟浩田同志代表党中央和中央军委发表讲话，对项英的一生做了全面的评价。他指出："项英同志是杰出的无产阶级革命家，工人运动的著名活动家，党和红军早期的领导人之一，新四军的创建人和主要领导人之一""是抗日战争的名将之一"。

在江夏区舒安街项家村，有一座项英生平陈列室，不大的 3 间瓦房里，陈列着项英将军的生平事迹，包括他当学徒时所在的工厂照片，以及他撰写的革命文章，为游击战争编写的作战歌谣，与周恩来、叶挺、陈毅等领导人的合影等，史料翔实丰富，表达了家乡人民对这位革命英烈的深切哀思与缅怀。

（作者：刘桂英）

赤都风华

1924 年 1 月，国共两党实现反帝反封建的革命联合，轰轰烈烈的大革命拉开帷幕。1926 年 10 月，北伐军攻克武昌。叶挺独立团所向披靡、战功赫赫，为国民革命军第四军赢得了"铁军"的美誉。1927 年初，随着国民政府、中共中央机关陆续迁汉，武汉成为大革命的中心，被人们称为"赤都"。

当时，毛泽东、周恩来、刘少奇、瞿秋白、蔡和森等党的主要政治家、思想家、理论家聚集江城。他们心系工农群众，在波澜壮阔的革命实践中发展革命理论，将革命不断推向新的高潮。在蒋介石、汪精卫背叛革命的危急时刻，中共五大、八七会议在武汉先后召开，纠正了党内的右倾错误思想，开启了由大革命走向土地革命的重大历史转折。

在严重的白色恐怖之下，武汉地区的党组织屡遭破坏。以向警予、夏明翰等为代表的共产党人，在极其险恶的环境中坚持斗争、视死如归，展现了大无畏的革命精神和坚定的理想信念。

贺胜桥上的丰碑

—— 贺胜桥北伐阵亡将士陵园

从武昌南门出发，沿着 107 国道一路向南，不足两个小时的车程，就可抵达一个名叫贺胜桥的地方。这里人烟辐辏、市井繁华，商铺并列道边，一砖一瓦透出的都是浓浓的人间烟火。走进一条小路，穿过一片民房，透过斑驳的树荫，就会看到一座高高矗立的灰色方碑。它沧桑的面容、凝然的神态，会立刻让你从山恬水静的世界，回到那血雨腥风的战场。90 多年前，正是发生在贺胜桥的一场激战，成为北伐的推进器。北伐军迅速叩开了武昌城门，改变了中国革命的形势。

北伐出师

北伐战争是中国国民党和广州国民政府继承孙中山先生遗志，派遣国民革命军从广东出师讨伐北洋军阀的革命战争。1924 年第一次国共合作实现

贺胜桥北伐阵亡将士陵园

后，经过两年的斗争，广东革命政权得到了极大的巩固，至1926年初，广州国民政府实现了两广的统一，工农革命运动持续高涨，广州国民政府实力大增，为出师北伐奠定了坚实的基础。与此同时，北方冯玉祥的国民军日益趋向革命，正与直系、奉系军阀交战，对南方革命形势的发展起到了配合作用。

1926年2月，中共中央在北京举行特别会议，明确指出党在目前的主要任务是积极主张北伐，积极推动广东革命势力向北发展，向吴佩孚军队盘踞的地区进军，实现国家统一，结束军阀割据的混乱局面。同时，既可以通过北伐发动农民起来参加革命，扩大革命同盟者，又可以巩固广东革命根据地。于是，中国共产党以北伐军政治思想工作为重点，选派优秀党员到各军开展政治工作。在全国人民的迫切要求和中国共产党的影响与推动下，广

广州人民举行集会，欢送国民革命军北伐

州国民政府决定出师北伐。

北洋军阀经过多年混战，此时基本上形成了三大派力量：一是直系军阀吴佩孚，控制着湖南、湖北、河南3省及陕西东部、河北南部和京汉铁路，拥有兵力约20万人；二是从直系军阀中独立出来的孙传芳，控制着江苏、浙江、安徽、江西、福建5省，号称"五省联军总司令"，拥有兵力20万人；三是奉系军阀张作霖，据有东北三省及河北、山东一带，并控制着津浦路北段，总兵力约35万人。他们看似实力强大，实则外强中干，内部矛盾重重。广州国民政府断定北洋军阀的统治已不能持久，统一大业指日可待，决定在国民军未被消灭、吴佩孚的势力未至十分强大之时，动员兵力8万人，筹足2个月军饷500万元，于3个月内占领武汉。

1926 年 6 月 4 日，国民党中央执行委员会正式通过出师北伐案；5 日，国民政府任命蒋介石为国民革命军总司令。7 月 1 日，北伐动员令正式颁布；4 日，国民党中央通过国民革命军北伐宣言；9 日，国民革命军北伐誓师大会举行，会后各部队相继出发，北伐战争正式开始。当时，国民革命军共 8 个军，约 10 万人，总司令蒋介石，总参谋长李济深、次长白崇禧，政治部主任邓演达、副主任郭沫若。

在苏联军事顾问的帮助下，北伐军根据敌我双方军事力量对比和军阀之间的矛盾，制定了集中兵力、各个击破的战略方针：首先消灭吴佩孚军，然后歼灭孙传芳军，最后消灭张作霖军。"先定三湘，规复武汉，进而与我友军国民军会师，以期统一中国，复兴民族。"

激战贺胜桥

就在国民革命军总司令部紧锣密鼓组编军队时，湖南战事已经爆发。1926 年 5 月 20 日，北伐军向吴佩孚盘踞的湖南、湖北进军。第四军张发奎师所属叶挺独立团先期出发，拉开了北伐战争的序幕。独立团只用 5 天就进占湖南攸县，抵达安仁、渌田一带。第四军陈铭枢部与张发奎部分别由高州和琼崖两地开拔援湘。8 月 18 日，总攻开始，北伐军很快突破了吴佩孚军的汨罗江防线，进占岳州。

汀泗桥镇是咸宁"南大门"，也是通往武汉的必经要隘。为阻止北伐军向北挺进，吴佩孚在汀泗桥一带集中了 2 万兵力。8 月 25 日，叶挺独立团在蒲圻（今湖北省赤壁市）中伙铺截击了向汀泗桥退却的孙建业部第二团，俘获团长以下官兵 400 多人，首立战功。26 日上午，汀泗桥战役正式打响，激战一天，无所进展。当晚，北伐军调整策略，全线夜袭，突破了敌人高地。叶挺率部绕后，吴军腹背受击。27 日清晨，北伐军全线进攻，经过两个小

北伐军攻克武昌，武汉军民举行联欢大会

时的激战，吴军阵地塔脑山、石鼓岭相继被北伐军占领。吴军防线被破，向咸宁城关贺胜桥方向撤退。

贺胜桥东部为丘陵岗地，西部为平原湖区，地势险要，易守难攻，历来为兵家必争之地。贺胜桥是吴佩孚据守武汉的最后一道防线，吴佩孚在此做了周密的布防：第一道防线在杨林塘至王本立一线；第二道防线在桃林铺至孟家山一线；第三道防线在贺胜桥至烟斗山余花坪一线。各山头都构筑了环形工事，企图就此止住北伐军前进的步伐。吴佩孚亲自到贺胜桥督战。

根据敌军的防御工事，北伐军制订了新的攻击计划。8 月 29 日傍晚，攻击部队由咸宁向横沟桥推进，遭敌警戒部队阻击。30 日拂晓，独立团向铁路沿线左右两侧进击，经过几番激战，占领黄石桥、大路寥、北路学校一带敌军据点。攻击部队随即向吴军第一道防线主阵地猛攻，第四军叶挺独立团、第七军第二旅协同猛攻，直捣敌阵，第四、第七两军从左右两侧夹击敌军，突破铁路沿线敌军阵地。吴佩孚怒不可遏，急令卫队临阵督战，第四、第七军将士临危不惧，前仆后继，胜利攻破敌军第一道防线。30日上午9时，在第四、第七军的猛攻下，吴佩孚第二道防线瓦解。吴佩孚亲率督战队列于贺胜桥上，严令官兵死战。他命令机枪手扫射溃退官兵，溃兵随即调转枪口向督战队开火，敌军内部互相厮杀，乱作一团。30日上午10时许，第四军成功占领贺胜桥，打开了通往武昌城的南大门。吴佩孚见兵败如山倒，仓皇驱车逃跑。贺胜桥大捷使北洋军阀闻风丧胆，8月31日，北伐军乘胜进军武昌。10月10日，吴军刘玉春部困守30余日后，弹尽援绝，开城投降。

贺胜桥之役，北伐军俘获吴佩孚部军官159人、士兵2386人，缴获大炮20门、机枪9挺、步枪1847支；国民革命军牺牲官兵140人，受伤357人。叶挺独立团英勇杀敌、战功卓著，为第四军赢得了"铁军"的美誉。

中国共产党人在北伐中

北伐战争是第一次国共合作时期发动的一场反帝反封建的革命战争，虽然不是由中国共产党直接领导的，但共产党人在军队政治工作以及发动工农群众方面作出了巨大的贡献。一方面，在北伐军中，一大批共产党员或担任各级党代表、政治处处长，或担任基层指挥员、战斗员。据记载，1926年12月底，北伐军中担任政治工作的共产党员约1500人。共产党人在军队政治工作方面作出巨大贡献，使北伐军远离旧军习气，纪律严明、英勇善战，成为一支富有战斗力的革命队伍，对北伐的胜利起了重要作用。由中国共产党直接领导的、以共产党员为骨干的叶挺独立团在北伐战争中冲锋陷阵，无坚不摧，一大批共产党员在战斗中受伤或壮烈牺牲。

行军途中的北伐军战士

　　另一方面，中国共产党从政治宣传和工农运动方面积极支持北伐，组织和武装了大批农民自卫军、工人纠察队，用以策应和支援北伐军的军事行动。大战前，董必武等共产党员四处收集敌军情报，派人送到叶挺团部；以葛达、叶禹钟为首的中共保福祠支部的共产党员，组织率领农民自卫军协助北伐军构筑工事、侦察敌情、传送情报，为北伐军引路并阻击敌人的突击队，为北伐军攻占武昌城作出了贡献。

　　最后，北伐战争是在中国共产党提出的"反对帝国主义，反对军阀"的口号下进行的。北伐战争的胜利沉重打击了帝国主义和北洋军阀在中国的统治，特别是北伐军在湖北战场的胜利，使中国政治军事形势发生了整体变化，地方割据势力纷纷向国民革命军伸出橄榄枝。贺胜桥战役的胜利更是让北伐军得以迅速兵叩武昌，实现了"先定三湘，规复武汉"的既定目标。

青山有幸埋忠骨

　　贺胜桥的硝烟消散了将近 100 年。今天的贺胜桥车流如水，土鸡汤闻名遐迩。游客闻香而来，品尝和平年代的美味佳肴。当年的炮火声、喊杀声消融在历史深处；罐山郁郁葱葱，茂盛的树林下已找不到一丝血与火的痕迹。然而，青山有幸埋忠骨。那些为驱逐黑暗、迎来光明，把宝贵的生命留在贺胜桥的先烈们长眠在青山绿水之间，永远受到后人的敬仰。

　　1929 年 10 月，当时的国民政府在掩埋烈士遗骨的地方修建了贺胜桥北伐阵亡将士陵园。陵园位于武汉与咸宁两市交界处，西近京广铁路，东临

国民革命军第四军北伐阵亡将士墓

107 国道，周围是村湾民居。整个陵园略呈不规则长方形，地势西南低、东北高，四周用块石混凝土建成围墙，北宽南窄，长约 285 米，宽约 25 米，面积约 6335 平方米。陵园左右两侧，高大的香樟树浓荫密布，整齐的松树并列两旁，气氛庄严肃穆。沿着宽阔的台阶而上，依次是纪念墓、纪念亭和纪念碑。

国民革命军第四军北伐阵亡将士纪念碑

纪念墓位于陵园南端，坐北向南，呈长方形，墓顶呈弧形，墓正面有四望柱，由三个半弧形连接。墓长 8 米、宽 7 米、高 1.8 米，上书"民国十八年十月，国民革命军第四军北伐阵亡将士墓"。纪念碑位于陵园最北端，由基座、护栏、碑身三部分组成，碑基为花岗岩条石砌筑，长 7 米、宽 5.6 米、厚 0.2 米；碑身通高 6.1 米，边宽 0.6—1.2 米，立于基座中部，顶端呈菱形。由时任国民党中央政治会议主席、立法院院长胡汉民亲笔题词。纪念墓后面为纪念亭，为六角攒尖式，钢筋水泥结构，亭高 6.75 米，基座直径 4.2 米，用花岗岩长条石砌成两层台阶，亭柱饰有花瓣纹。

新中国成立后，武汉市和江夏区（原武昌县）人民政府多次对陵园进行全面维修和周围环境整治。2017年，江夏区人民政府把修缮陵园列入当年的"十件实事"，区民政局组织专班对陵园进行整体修缮和升级，增加了展示厅，运用现代科技手段，重现了贺胜桥战役辉煌的历史。贺胜桥战役展示厅图文并茂，展示了国民革命军突破重重防线、夺取贺胜桥战役胜利的全过程，向后人讲述着那个英勇悲壮的故事。展示厅内，叶挺将军的铜雕像英姿飒爽，他左手握着望远镜，右手中握着的大刀杵地，精神抖擞，目光炯炯地望着远处。

1992年12月，贺胜桥北伐阵亡将士陵园入选湖北省第三批文物保护单位名单；2019年10月7日，陵园成功入选第八批全国重点文物保护单位名单。

（作者：刘桂英）

铁血濯丹心 水杉昭英烈

——北伐独立团烈士陵园

漫步在繁华的街道口商圈，感受着时尚的都市气息，很少有人知道，就在这片闹市的街区中，隐藏着一方静谧之处，那就是位于武昌街道口洪山南麓、武珞路 361 号的北伐独立团烈士陵园。安静肃穆的陵园依山向阳，绿树葱茏，与洪山宝塔交相辉映。了解陵园，要先从一支英雄的部队讲起。

一支英雄的部队

大革命时期，有这样一支英雄的部队——国民革命军第四军独立团。独立团是由中国共产党直接领导的一支革命武装，以共产党员、共青团员为骨干，共产党员叶挺任团长，因此又被称为叶挺独立团（以下简称"独立团"）。叶挺独立团的创建，与中国共产党早期对军事斗争的探索密切相关。1924

独立团烈士陵园

年国共合作后，共产党参与创办黄埔军校，"开始懂得军事的重要"。同年11月，时任中共两广区委委员长兼军事部部长的周恩来征得孙中山同意，组建"建国陆海军大元帅府铁甲车队"（以下简称"铁甲车队"）。这是中国共产党直接领导的首支正规武装，也是独立团的前身。"铁甲车队所有人员的配备与调动，都是中共两广区委决定的；铁甲车队的工作与活动等问题，也是直接请示区委陈延年和周恩来等同志解决的。"

　　1925年11月21日，在周恩来指导下，以铁甲车队为基础，以黄埔军校学生为骨干，在广东肇庆组建国民革命军第四军第十二师第三十四团，团部设在肇庆阅江楼。1926年1月，第三十四团奉命改番号为国民革命军第四军独立团。独立团内部建立中共支部，团部、直属队和3个营均建立党小组。

秉承黄埔军校严格的军事训练和救国救民的政治思想，叶挺独立团从组建伊始便表现出英勇的战斗力。

1926年5月1日，早于誓师北伐两个月，独立团被任命为"北伐先遣队"，由肇庆、新会分头出发，先期开启北伐征程。此时全团官兵有2100人。独立团奋勇杀敌，在湖南前线，首战渌田，长驱醴陵，攻克平江；8月底，在湖北前线，连克汀泗桥、贺胜桥，打开武汉南大门，直逼武昌城下；在随后9至10月间的攻占武昌城之役中，独立团继续发挥出先遣部队和主力部队的作用，为北伐军攻克武昌立下汗马功劳。

汀泗桥战役缴获的敌方枪支

国民革命军占领武昌后，独立团扩编为国民革命军第十一军第二十五师。在随后的革命岁月中，以独立团为骨干的部队继续谱写着辉煌。大革命失败后，他们参加南昌起义、秋收起义、广州起义，是红四军、红一军团的骨干部队；作为主力，他们参加了中央红军的历次重大战役，是中央红军长征路上的开路先锋。独立团，是后来中国陆军四大王牌师之一——第一二七师的前身，朱德元帅曾评价说，叶挺独立团是中国人民解放军和研究军史的"老根"。

参加攻克武昌城之役

武昌，是北洋军阀在南方地区的重要营垒。武昌城之役，对整个北伐战争战略意义重大。高耸的城墙、坚固的工事，加之吴佩孚增调部队重兵死守，使攻打武昌城并非易事。事实证明，北伐军及独立团的确遭遇了"硬骨头"。

最初，独立团仅参与攻城。前两次攻城失利后，1926年9月5日北伐军第3次攻城。蒋介石任命李宗仁为攻城司令，命令"武昌限于四十八小时内攻下"，以独立团和第三十六团等为攻城主力部队。独立团第一营在营长、共产党员曹渊的带领下担任"奋勇队"，任务为突破通湘门、宾阳门。全营战士群情振奋，斗志倍增，纷纷留下遗书以示决心。这在日后国民革命军和武汉百姓中留下佳话："古有抬棺出阵的故事，今有留书攻城的壮举。"他们冒着枪林弹雨，登云梯、爬高墙，与数十倍于己的敌人展开肉搏战。然而这一次攻城依然失利，敌军居高临下，以猛烈的火力扫射，一营官兵轮番强攻，伤亡惨重。

攻城时独立团将士表现出"牺牲自我、普救天下"的革命精神，"虽受敌猛烈扫射，但各官兵奋不顾身，均争先登城。待敌之机枪、手榴弹及迫击炮等一齐并发，登城官兵完全击毙。各官兵虽再接再厉，仍多死于敌人手榴弹、机关枪之下"。曹渊牺牲之前，曾手书字条给团长叶挺："团长：天已露晓，登城无望。职营伤亡将尽，现仅十余人，但革命军人有进无退，如何处理，请指示。"

《叶挺同志参战报告》对此亦有详细记录："九月五日独团奉命为攻城

北伐军进入武汉

部队，以第一营为奋勇队，拟以竹梯攀登城垣，天未明全营迫近城下，受敌猛烈射击，加之以手榴弹及大炮之威力，不二十分钟全营几为敌覆灭，第二营加上亦受大害，至天明乃不得不撤退。……现城尚未攻破，阵亡官兵均曝尸城下，无法收取，亦云惨矣。"第七军军长、攻城总指挥李宗仁，数十年后仍清楚地记得："四军独立团虽潜至城脚，挂梯数具，官兵相继攀登。然敌方机枪弹如雨下，登城官兵悉数被击毙，无一幸免，牺牲的惨烈达至极点。"

独立团"革命军人有进无退"的勇敢精神和战斗作风不仅名扬千古、彪炳青史，更激励着北伐将士继续奋勇攻城。三次攻城不利，北伐军转而围困封锁武昌城。1926年9月14日，北伐军总司令部正式发布封锁武昌令，独立团负责围困通湘门一带。9月26日起，独立团以铁甲车推进至通湘门，掩护工兵作业，以掘地道的方式攻城。10月1日，武昌城通湘门外，独立团歼灭企图突围的敌军1000余人。

20余天的围城扭转了战局。10月10日，北伐军对武昌城发起总攻。独立团最先架起云梯攻入通湘门，分三路向蛇山攻击，歼灭大量敌人，俘敌470余人，并与敌余部展开巷战。继15年前辛亥首义之后，千年古城武昌再度传来振奋人心的消息：经过1个多月的激烈战斗，独立团终于登上了武昌城，创造了北伐战争史上最为辉煌的战绩。自此，连同9月6日、7日攻下的汉阳、汉口，武汉三镇均被北伐军占领。

以独立团为主力部队的北伐军攻克武汉，俘虏直系军阀官兵万余人，打垮了吴佩孚的势力，推动了两湖地区的革命运动。随着1927年1月1日国民政府迁都武汉，武汉一度成为国民革命的中心和国共合作的重要政治舞台，被誉为革命的"红都"。

英烈之陵，精神不死

北伐独立团烈士陵园，初为国民革命军第四军独立团攻城阵亡官兵烈士墓，1927年初由叶挺主持修建。北伐期间，独立团有380余名官兵英勇牺牲，仅武昌战役就有曹渊等191名官兵阵亡。攻克武昌后，经叶挺提议，国民革命军总政治部同意，为攻打武昌城阵亡的官兵修建合葬墓。1927年1月，北伐军第四军举行追悼北伐阵亡将士大会。同月，独立团攻打武昌城阵亡官兵烈士墓在武昌的洪山南麓建成。

新中国成立后，北伐独立团烈士陵园先后多次维修和扩建。1954年，曾对烈士墓进行维修。1980年，烈士墓正式扩建为北伐独立团烈士陵园，陵园坐北朝南，呈长方形，面积扩大到8000平方米，新修陵道长300米。1986年，陵园修建牌坊和纪念碑。1987年，在纪念碑后、烈士墓前，曹渊半身铜像竖立起来。2016年，为纪念北伐战争90周年，陵园将东南角原办公住房改建为叶挺独立团武昌纪念馆。

如今的北伐独立团烈士陵园占地面积已有12000平方米，由牌坊、纪念碑、曹渊半身铜像、烈士墓和叶挺独立团武昌纪念馆等组成。走进陵园，迎面首先看到的是牌坊。牌坊四柱三门，高 10 米、宽 15 米，钢筋水泥结构。牌坊正上方，邓小平亲笔题写的"独立团烈士陵园"高悬在具有民国建筑风格的蓝色琉璃瓦下面。

穿过牌坊，郁郁葱葱的常青树如同披甲武士，分列陵园道路两旁。沿着陵道走到陵园正中心，矗立着高 12 米、宽 2.7 米的白色烈士纪念碑。纪念碑正面镌刻着徐向前元帅 1985 年题写的"北伐战争中牺牲的革命先烈永垂不朽"。碑座上刻有大理石碑记，对独立团组建的基本情况、北伐期间的一系列战功，尤其是对其在武昌战役中的英勇表现等一一进行了介绍。

绕过纪念碑，沿着陵道往里走，看到的便是独立团一营营长曹渊烈士的半身铜像。这位黄埔军校一期出身、在北伐期间立下汗马功勋的共产党员，武昌之役英勇牺牲时年仅 24 岁。曹渊烈士的半身铜像面容刚毅、英姿威武，安放在像座上。像座正南面是徐向前元帅 1985 年元月亲笔题写的"曹渊烈士纪念碑"，像座正北面铭刻着曹渊烈士的生平事略。

继续沿陵道走向陵园深处，是 191 位阵亡官兵的合葬墓（以下简称"烈士墓"）。烈士墓上镶有石碑，碑基上刻有大理石碑记，碑额上镌刻"精神不死"，正中刻有"国民革命军第四军独立团北伐攻城阵亡官兵诸烈士墓"，并附有铭文："先烈之血！""主义之花！""无产阶级的牺牲者！""诸烈士的血铸成了铁军的荣誉！"石碑左侧刻有独立团 191 位牺牲官兵的名字，即"武昌城之役阵亡官长姓名"；右侧镌刻著名历史学家、华中师范大学严昌洪教授于 2011 年 11 月为陵园所写的《国民革命军第四军独立团北伐攻城阵亡官兵诸烈士墓记》。烈士墓的四周种植着 191 棵伟岸挺拔的水杉，象征 191 位烈士的英灵，寄托着人民群众对英烈的缅怀与崇敬。

返回陵园大门，右手边一座民国风格的二层小楼，是为纪念北伐 90 周

北伐独立团烈士纪念碑

年而新建的展览馆——叶挺独立团武昌纪念馆，对民众免费开放。纪念馆如同一座历史宝库，向我们再现了独立团由创建到成长为人民解放军英雄部队的曲折经过，从北伐战争期间"打倒军阀、除列强"的光辉战斗历程，到武昌攻城战役中视死如归、奋勇杀敌的英勇表现，再到保卫武汉、参加中国共产党领导的武装起义的奋斗征程。

　　"璀璨将星"是对独立团官兵群像的最佳概括，他们或英勇牺牲于革命战争年代，或走进共和国、成为战功赫赫的将军。展墙上一首《叶挺独立团团歌》表现了独立团的革命精神。值得一提的是，纪念馆还用一张张老照片展示了武汉城区（以武昌为主，兼及汉口、汉阳）的历史旧貌和市井生活，让我们从中感受到近代以来的武汉城市史。

　　作为知名红色革命纪念场馆，北伐独立团烈士陵园早在 1956 年 11 月即被列为湖北省文物保护单位，1989 年被批准为武汉市重点烈士纪念建筑保护单位，1995 年 3 月被列为湖北省爱国主义教育基地。

　　铁血濯丹心，水杉昭英烈。静谧方寸之间，英烈已逝，但其精神丰碑永垂不朽！

（作者：李从娜）

第一次国共合作的历史见证

——武汉国民政府旧址纪念馆

位于武汉市汉口中山大道（708号）六渡桥下首、民众乐园旁的南洋大楼，曾是大革命时期国共合作的中央政府——武汉国民政府的所在地。南洋大楼是由南洋兄弟烟草公司的创办人、爱国华侨和实业家简照南与简玉阶兄弟投资建造的。大楼于1917年兴建，1921年建成，主楼5层，附楼4层。主楼建筑面积4747平方米，占地面积885平方米；附楼建筑面积1306平方米，占地面积326.5平方米。大楼外观对称布局，气势雄伟，是当年为数不多的设有电梯的楼房。大楼的外墙为36—60厘米厚的砖墙，正面为洗麻石粉面，楼顶建有回廊、圆顶、拱门、钟楼和阳台，富有欧式建筑风格。大楼的一、二层为营业场所，二层以上为客房；楼内设有舞厅和电影场，装修和设备极尽豪华，是武汉重要的历史文化建筑。

南洋大楼外景

几番博弈：迁都武汉

随着北伐的胜利进军，国民政府迁都之事也被提上日程。国民政府最终迁都武汉，是国民党左派和共产党人同蒋介石集团展开多次斗争的结果。

1924 年召开的国民党一大，正式确立了国共第一次合作。1925 年，国民政府在广州成立。1926 年 7 月，国民革命军开展了轰轰烈烈的北伐战争。9 月，当北伐军攻克汉阳、汉口，正在武昌激战的时候，蒋介石就提出迁都武汉。10 月，国民党中央各省区联席会议在广州举行，决定国民政府继续暂驻广州。

在此之后，蒋介石多次致电张静江、谭延闿，继续主张、敦促国民党中央党部移至武昌。在蒋介石的一再请求下，1926 年 11 月 16 日，国民政府派出宋庆龄、孙科、徐谦、宋子文、陈友仁及苏联顾问鲍罗廷等 60 余人前往武汉进行考察。11 月 26 日，国民党中央政治会议临时会议作出迁都武汉的正式决定。随后，迁都事宜有条不紊地开展。12 月 4 日至 8 日，宋庆龄、鲍罗廷等在庐山牯岭与蒋介石举行军政会议，商讨军事、外交、财政、党务及政府迁都事宜。会上，对迁都问题各方达成共识，皆认为应速准备。5 日，广州的国民政府及国民党中央党部停止办公，国民党中央委员、国民政府委员分批出发前往武汉。

国民政府迁都武汉最早由蒋介石提出。然而，此时的他为了控制国民政府，实现独裁，自恃已经军权在握，一反此前的主张，截留第二批北上路经南昌的国民党中央委员和政府委员，并于 1927 年 1 月 3 日在南昌召集中央政治会议第六次临时会议，决定国民党中央党部和国民政府暂驻南昌，待 3 月 1 日在南昌召开国民党二届三中全会决定地址后，再行迁移，引发迁都之争。消息一出，全国哗然。武汉临时联席会议召开大会，坚持迁都武汉；南昌方面则决定成立政治会议武汉分会，指定了 13 名委员，以取消武汉临时联席会议"执行最高职权"的地位。

1 月 15 日，武汉临时联席会议就此展开了激烈讨论，最后决定"临时联席会议暂时继续进行"，放弃对是否成立政治分会进行表决。同日，正在武汉的蒋介石在回应各界代表提出的国民党中央党部、国民政府速来武汉的要求时，以"需向中央转达"相搪塞。在蒋介石回赣之后，双方经过几番博弈，最终在 2 月 8 日，南昌中央政治会议决定国民党中央党部、国民政府迁移武汉。但是，原驻南昌方面的人员并没有立即启程，武汉临时联席会议也继续开会。2 月 12 日，南昌中央政治会议决定：国民政府驻武昌，国民党中央党部驻汉口。至此，这场迁都之争以武汉方面的胜利告终，国民政府正式迁都武汉。

南洋大楼成为革命中心

1926 年 12 月，国民政府外交部、财政部、交通部和司法部的部长，部分国民政府委员以及工作人员已经抵达武汉，国民政府主要的行政机关完成了迁移。但是，国民党中央党部、国民政府的其他主要官员尚在途中，而国民党中央党部和国民政府又已宣布在广州停止办公。为了维持国民政府的运行，鲍罗廷提议成立中国国民党中央执行委员、国民政府委员临时联席会议，以徐谦为主席，鲍罗廷为总顾问，作为过渡形式，行使中央最高职权。12 月下旬，联席会议决定将办公地点迁至汉口南洋大楼。经过紧张筹备，联席会议宣布从 1927 年 1 月 1 日开始正式在南洋大楼办公。南洋大楼登上了全国政治舞台，在中国的近现代史上留下了光辉灿烂的一页。

南洋大楼主楼的一楼为国民革命军总政治部和《革命军日报》编辑部，邓演达和郭沫若为政治部正、副主任；二楼是卫兵室及居室；三楼是武汉临时联席会议会议室、秘书处；四楼是劳工部、实业部、教育部；五楼是国民政府副官处、海外国民党中央执委会秘书处。附楼则为国民政府工作人员宿舍。当年，国共两党的重要领导人汪精卫、徐谦、宋庆龄、孙科、宋子文、邓演达、陈友仁、毛泽东、董必武、吴玉章、何香凝、唐生智、詹大悲等均在这里活动过。

　　1927 年 3 月 10 日至 17 日，国民党二届三中全会在南洋大楼三楼大厅召开，出席大会的代表共 33 人，共产党人和国民党左派占绝大多数。改选后的 9 名中央常务委员中有共产党员谭平山、吴玉章 2 人。国民政府在原有的外交、财政、交通、司法 4 部之外增设农政、劳工、实业、教育 4 部，经宋庆龄提议，又增设卫生部。决定谭平山为农政部部长，苏兆征为劳工部部长，孔祥熙为实业部部长，顾孟余为教育部部长，刘瑞恒为卫生部部长，推选邓演达为总政治部主任。会议坚持了孙中山"联俄、联共、扶助农工"的三大政策，限制了蒋介石的军事独裁，提高了党权，支持了工农运动，是一次共产党人和国民党左派对以蒋介石为首的国民党右派斗争取得重要成果

1927 年 3 月国民党二届三中全会召开

的会议。

在这次全会上，经过宋庆龄、邓演达、何香凝等国民党左派及共产党人的努力，通过了《统一革命势力决议案》《统一党的领导机关决议案》《军事委员会组织大纲》等议案，和《对全体党员的训令》《对全国民众宣言》等文件。重申孙中山的三大政策和坚持国共合作的革命原则，强调要提高党权，发扬民主、实行集体领导，防止党内投机腐化与个人独裁军事专政之倾向。并采取一系列措施限制蒋介石的个人独裁，实际上罢免了他的国民党中央常务委员会主席和军事委员会主席职务，挫败了他在南昌另立中央的企图。这些政策，有利于壮大革命力量，推动反帝反封建的国民革命的蓬勃发展。

风云际会：成功收回汉口、九江英租界

武汉国民政府是由中国共产党参加并领导的，以国民党左派为主的，国共合作的联合政权。国民政府在汉期间，在内政外交上颇有建树，共作出200多项重要决议，内容涉及整顿交通、金融，处理劳资纠纷，惩治土豪劣绅等。其中最重要、最有影响的，是领导中国人民收回汉口、九江英租界，一洗中国人民近百年的屈辱，显示了中国人民的伟大力量。

1927年1月3日下午3时许，武汉中央军事政治学校宣传队队员来到汉口英租界附近的江汉关门前广场，向民众进行演讲，秩序井然。英租界当局如临大敌，急调大批武装水兵登陆，于沙包前置电网、架机关枪，取作战姿势，放枪威吓、驱逐民众，并用刺刀在人丛中乱杀，史称一三惨案。

一三惨案的发生成为武汉人民收回英租界的导火索。1月6日，九江亦发生英兵枪杀中国工人的惨案。扬子江畔、浔阳江头的血案坚定了中国人民收回英租界的决心。武汉各界纷纷要求收回英租界，国民政府也派出外交部部长陈友仁与英国进行谈判。2月19日至20日，陈友仁代表国民政府同英

群众冲进英租界

使馆参赞阿马利分别签署了《收回汉口英租界之协定》《收回九江英租界之协定》，正式收回租界。这是中国人民第一次依靠自己的力量收回外国租界，开创了近代以来中华民族外交史上的新纪元，也进一步促进了要求废除不平等条约、收回外国租界的民族主义思想的广泛传播，推动了中国人民反帝反封建斗争的发展。汉口、九江英租界的收回，不仅给了英帝国主义以沉重的打击，也给美、日、法等其他帝国主义列强带来极大的震慑。

喧嚣之后，依旧安详

1927年7月15日，汪精卫公开背叛革命，导致第一次国共合作彻底破裂。宁汉合流后，武汉国民政府从形式上宣告结束。

自1926年12月在武汉成立临时联席会议开始，至宁汉合流止，武汉国民政府只存在了9个月的时间。在此期间，国民党内部不同派别之间斗争激烈。最终在中国共产党人与国民党左派人士的共同努力下，才建立了由共产党在一定程度上领导的，无产阶级在一定程度上参加的，工人、农民、城市小资产阶级、民族资产阶级以及一部分地主阶级联合的，带有一定程度的新的民主色彩的政权。武汉国民政府所开展的革命活动，总体上是在坚持"联俄、联共、扶助农工"三大政策和在国共合作的形式下进行的。正因如此，武汉的革命运动才得以蓬勃发展，全国的反帝反封建斗争才取得了重大胜利。

武汉国民政府结束后，南洋大楼仍归南洋兄弟烟草公司汉口分公司所有。抗日战争武汉沦陷后，南洋烟厂搬迁到重庆营业，南洋大楼和汉口分公司在硚口仁寿路的厂房均被日军占用，直至抗战胜利后才得以收回。武汉解放后，南洋兄弟烟草公司汉口分公司由武汉市人民政府接管。原在南洋大楼的生产经营业务迁至硚口烟厂，改名为"武汉卷烟厂"，南洋大楼成为烟厂职工宿舍。1983年，在市委、市政府、市人大、市政协的支持下，武汉卷烟厂搬迁了楼内108家住户，并投入500万元对旧址进行了全面维修。1988年1月，武汉市文物管理部门在南阳大楼三楼复原了国民党二届三中全会会场和武汉国民政府部分办公用房，举办武汉国民政府史迹陈列展览，1989年正式对外开放。1996年11月20日，武汉国民政府旧址被国务院公布为国家重点文物保护单位。1997年，市委、市政府将武汉国民政府旧址管理所更名为武汉国民政府旧址纪念馆。2016年9月入选首批中国20世纪建筑遗产名录。

武汉国民政府是在北伐战争的胜利发展中，在中国人民反对帝国主义和封建军阀的大革命洪流中建立起来的。它在中国近现代史、中共党史上占有极其重要的地位。武汉国民政府旧址是第一次国共合作的历史见证，也是大革命时期惊心动魄的政治斗争的缩影，虽历时短暂，但它所承载的政治风云，影响了这座城市和整个国家，并为后人留下了宝贵的精神财富。

（作者：胡显 许丹）

"国之瑰宝"在武汉

——宋庆龄汉口旧居纪念馆

在汉口沿江大道的黎黄陂路路口，有一座杏黄色外表的 4 层塔楼。小楼的圆拱形大门正上方悬挂着一块黑色牌匾，上面写着 10 个苍劲有力的大字：宋庆龄汉口旧居纪念馆。这座小楼始建于 1896 年，最初是一家专为俄茶商交易而开设的银行——华俄道胜银行。大革命时期，这幢建筑成为武汉国民政府财政部所在地，后又成为民国中央银行武汉分行。1926 年 12 月 10 日，宋庆龄到达武汉，随即住进了这幢小楼的二楼，并在此生活、工作了 8 个月。

女中豪杰：参与组建武汉国民政府

宋庆龄是伟大的革命先行者孙中山的亲密战友和得力助手，被周恩来称为"国之瑰宝"。宋庆龄最初是作为秘书走到孙中山身边的，相同的教育背

宋庆龄汉口旧居纪念馆外景

景和革命信念使他们携手。从 1913 年 9 月到 1925 年 3 月 12 日孙中山去世，在长达 12 年的时间里，宋庆龄参与孙中山的全部生活，包括政治生活以及思想体系的建构和完善。因此，宋庆龄能够比他人更多、更全面地体会孙中山的所思所想。孙中山逝世后，宋庆龄投身于其未竟的事业。1926 年 1 月，宋庆龄作为广东省代表参加国民党第二次全国代表大会，会上被选为中央执行委员会委员。

同年 11 月，随着北伐军占领武昌，国民革命重心由珠江流域转移到长江流域，国民党中央政治会议临时会议正式决定迁都武汉。宋庆龄和孙科、徐谦、宋子文、陈友仁、顾孟余、鲍罗廷等 60 余人作为先遣人员，离开广州前往武汉，为迁都做调查和具体部署。12 月 13 日，国民党中央执行委员和国民政府委员在武汉召开紧急会议，决定在国民政府迁到武汉以前，由宋庆龄、陈友仁、吴玉章、徐谦、蒋作宾以及鲍罗廷等组成中国国民党中央执行委员、国民政府委员临时联席会议，作为迁都前的临时党政最高权力机关，决定各项重要工作。此后，宋庆龄每日都到临时联席会议所在地——汉口南洋大楼办公，为革命兢兢业业地工作。

1927 年 3 月 7 日，在国民党二届三中全会预备会上，宋庆龄、谭延闿、徐谦、孙科、顾孟余被选为全会的 5 人主席团。3 月 10 日，在国民党二届三中全会上，宋庆龄又被选为国民党中央政治委员会委员和国民政府委员。3 月 18 日，国民党中央政治会议决定国民政府新增加 5 个部，宋庆龄被任命为卫生部部长。3 月 20 日，宋庆龄和谭延闿、宋子文、徐谦、孙科、陈友仁、经亨颐、彭泽民、吴玉章等出席在武昌举行的国民政府委员宣誓就职典礼。

从淡然相处到鸿沟难逾：与蒋介石的矛盾斗争

宋庆龄在武汉国民政府工作期间，始终遵循孙中山的遗志，高举"联俄、联共、扶助农工"三大政策的旗帜，对蒋介石的态度经历了从开始的出于公心而礼貌相待，到因为迁都问题和解聘苏联顾问而存有异议，再到四一二反革命政变后公然敌对的转变。

宋庆龄与蒋介石因为孙中山的关系而相识，在公事上能够和平相处。两人矛盾明朗化是在迁都问题上。起初，蒋介石提议和支持国民政府迁都武汉。当他得知宋庆龄等人为迁都要从广州到武汉考察时，颇带期盼之意。1926 年 12 月 4 日，宋庆龄、徐谦、鲍罗廷等先遣人员与蒋介石、邓演达等人同赴庐山牯岭，举行军政会议。会议结束后，宋庆龄先行离开，蒋介石亲自送其至九江。蒋介石态度十分殷勤，宋庆龄与之相处则十分平和。

武汉临时联席会议的成立，成为武汉与南昌之间矛盾的起点，也埋下了蒋宋不睦的种子。1926 年 12 月 13 日，当得知自己在刚刚成立的临时党政最高权力机关——武汉临时联席会议上没有位置时，蒋介石十分郁闷暴躁。他自恃军权在握，转而主张迁都南昌，并截留第二批北上路经南昌的中央委员和政府委员。1927 年 1 月 5 日，蒋介石向武汉方面发电文：留在南昌的国民党中央政治委员召开第六次临时会议，决定中央与政府暂时留在南昌，二届三中全会后再决定去向；并令成立政治会议武汉分会，组织湖北省政府。这实际上取消了武汉联席会议执行最高职权的地位。对此，宋庆龄和陈友仁、蒋作宾联名致电蒋介石、张静江、谭延闿，告知联席会议第十一次会议决定：不宜变更中央政治会议关于国民政府迁都武汉的决定，没有同意南昌方面作出的决定。

1927 年 2 月中旬，迫于各方的压力，蒋介石同意迁都武汉，但同时他提出两个条件：发给扣下的军费、解聘苏联顾问鲍罗廷。对于后一条，宋庆龄无法接受。她认为鲍罗廷是孙中山请来的顾问，其他人没有资格驱逐他。而蒋介石对鲍罗廷则痛恨切齿，必欲去之。因此，他们之间又一次出现矛盾。

1927 年 3 月 24 日，北伐军克复南京。蒋介石准备另立中央，想借助宋庆龄的社会声望，于是多次采取规劝或警告的方式，督促宋庆龄到上海。宋庆龄看穿了蒋介石的用意，皆不予理睬。

1927 年 4 月 12 日，蒋介石撕下了革命的假面具，制造了震惊中外的四一二反革命政变，捕杀大量中共党员和革命群众。17 日，宋庆龄主持召开国民党中央常务委员会第七次扩大会议，宣布开除蒋介石的党籍，免除其国民革命军总司令之职。22 日，宋庆龄与国民党左派人士邓演达、何香凝、陈友仁及共产党人毛泽东、董必武、吴玉章、林伯渠、恽代英等联名发表讨蒋通电，指责蒋介石"反抗中央、自立中央"，"以反共产口号"博帝国主义及军阀的欢心，号召革命军民"依照中央命令，去此总理之叛徒，本党之败类，民众之蟊贼"，彰显了武汉国民政府和宋庆龄反蒋的正义立场。此后，在通电的号召和国民党左派人士的推动下，武汉等地掀起了声势浩大的讨蒋运动。

从热情迎接到弃之而去：与汪精卫的矛盾斗争

在很长一段时间里，宋庆龄与汪精卫的关系良好。宋庆龄也曾热情"迎汪"，但终因汪精卫违背孙中山的三大政策，屠杀共产党人而与其分道扬镳。

在孙中山最后的日子里，汪精卫作为秘书一直陪伴着他，并负责起草遗嘱。1926 年 1 月 4 日，在国民党第二次全国代表大会第一次会议上，因时任国民政府主席、军事委员会主席汪精卫的支持，宋庆龄得以脱颖而出，担任主席团主席。"中山舰事件"后，汪精卫离职出国。10 月 18 日，国民党中央及各省、各特别区和海外党部联席会议致电各级党部，决议请汪复职，掀起了一场波及面广大的"迎汪"运动。汪精卫于 1927 年 4 月 1 日由法国经莫斯科回到上海。5 日，宋庆龄与谭延闿、孙科等致电汪精卫，邀请他来汉。9 日，"众望所归"的汪精卫终于到达了武汉。

汪精卫的到来使国民党左派一时感奋。汪精卫对蒋介石解散上海工人纠察队的谴责，定性四一二反革命政变为"叛变"，要求以国民政府和国民党中央党部的名义电令各军，查办此事及负责人，以示自己与蒋介石完全不同的立场，一度给南京方面增加了压力。同时，汪精卫也曾一度帮助宋庆龄摆脱谣言的攻击，以政治委员会的名义肯定宋庆龄的所作所为，为她正名。但是，汪精卫到武汉后的表现，却越来越令宋庆龄感到失望。夏斗寅叛变和许克祥镇压革命，汪精卫以"军队错误居多，农民协会也有错误"为理由，只是派许克祥的上级唐生智前去处理，力图和平解决问题，显得十分软弱。对工人和农民的斗争，汪精卫则表现得不耐烦和反感。宋庆龄与汪精卫彻底"分手"，则是因为"分共"。

1927 年 7 月 14 日晚，汪精卫秘密召开会议，确定"分共"和大屠杀计划，决定将《统一本党政策案》和《统一本党政策决议案》提交国民党中央执行委员会常务委员会扩大会议通过实行。宋庆龄拒绝出席会议，并写成《为抗议违反孙中山的革命原则和政策的声明》（即"七一四"声明），郑重宣布她是"以国民党中央执行委员的身份"来表明政治态度的，明确表示："本党若干执行委员对孙中山的原则和政策所作的解释，在我看来，是违背了孙中山的意思和理想的。因此，对于本党新政策的执行，我将不再参加。"公开宣布退出中国国民党中央执行委员会。随后，宋庆龄秘密离开武汉。

历久弥香：纪念馆的寻找与开放

1998 年 2 月，两位部队退休老人雷正先和胡传扬在遇见了宋庆龄基金会秘书长助理、宋庆龄故居主任何大章后，萌生了寻找宋庆龄在汉居所的想法。他们经过辛苦的考证和寻访，最后确定 1927 年国民政府中央银行武汉分行大楼的旧址，也就是现在的汉口沿江大道 162 号，即是宋庆龄当年在汉口的旧居。

雷正先、胡传扬找到旧居后，随即引起了文物部门的重视。之后，宋庆龄汉口旧居被移交给湖北省南方集团公司，由湖北省国资委管理，武汉蓝光电力股份有限公司租用，并于 2001 年将旧居辟为武汉蓝光艺术博物馆和宋庆龄旧居陈列室。2010 年旧居被湖北省国资委划归武汉市国资委，由武汉城投集团有限公司出资接管。旧居复原修缮工程于 2011 年 9 月 26 日正式开工，2012 年 4 月 5 日通过验收。"宋庆龄汉口旧居"被定名为"宋庆龄汉口旧居纪念馆"，并于 2013 年 5 月 8 日对外开放。

如今走进纪念馆，我们会看到纪念馆 1 楼到 2 楼的楼梯转角处有电子献

宋庆龄电子献花屏和宋庆龄卧室

花屏，2楼正中是宋庆龄汉白玉雕像。雕像旁边有一个小型剧院，播放一段时长15分钟的纪录片《宋庆龄在武汉》。正对雕像的左手边，就是宋庆龄史迹史料展厅，里面展示着她在汉口的活动、《民国日报》关于她的报道、她发表在报纸上的文章等资料。2楼的另外一个套间是宋庆龄生活和工作的地方，分为会客厅、书房和卧室。卧室内摆放着整套红木家具，其中包括五斗柜、梳妆台、床和大衣柜，里面还摆放着电风扇、收音机、台钟等物品。会客厅里只有一套桌椅，一套茶具，一旁是一个屏风。全部家具都是深咖色，古色古香。

宋庆龄是20世纪中国的璀璨明珠，她为中国乃至世界所作的贡献，不仅在历史的长河中散发着恒久的光芒，而且将永远铭刻在世人的心中，给人以启迪：她爱国，将自己的命运和国家的命运紧密相连；她坚强，秉承孙中山的遗志独自走完革命的征程；她明理，在历史的关键时刻作出深明大义的抉择；她勇敢，追求民主和团结的步伐不因威胁和恫吓而停止。

（作者：胡显）

在大革命烽火中成长的"第二黄埔"

——武汉中央军事政治学校旧址

沿武昌繁华的解放路向南而行，渐闻书声琅琅。循声而望，一朱褐色门廊临街而立。廊下两木质圆柱上，清末湖广总督张之洞所题写的对联清晰可见："古昔盛时崇文兴化，大贤能事在气与言。"这里是大革命时期国共两

武汉中央军事政治学校旧址

党为培养国民革命军事、政治人才而合力创办的高等军事院校——武汉中央军事政治学校所在地，被称为"第二黄埔"。其前身为张之洞创办的两湖书院，现为武昌实验小学，旧地现存 5 栋砖木结构平房，建筑面积约 1000 平方米。每栋为大开间式教室，歇山式建筑，坐北朝南，四周有 1.9 米宽的走廊。2013 年旧址入选第七批全国重点文物保护单位。

筹建武汉军校，投入火热革命

1926 年 10 月，北伐军攻占武汉，不少北洋军投降于革命军。改造这些旧军队，准备第二期北伐，需任用大批政工人员，黄埔军校遂决定在武汉设立一所分校，专事培训政工人员。蒋介石乃派时任北伐军总政治部主任的邓演达为黄埔军校武汉分校（即武汉中央军事政治学校）主任，负责筹备成立分校，校长名义上仍是蒋介石。

邓演达军政事务繁忙，便委托共产党人包惠僧任该校筹备处主任，着手筹备建校事宜。经包惠僧四处寻觅，校部确定设在武昌城内的两湖书院旧址。原两湖书院的仁、义、礼、智、信五个斋房和南北书库经过整修，被改建成课堂和宿舍，藏书楼楼下改作礼堂，楼上作校部办公厅。经过一个多月的努力，校舍整修工作基本就绪，招生工作也正式开始。

各地男女青年听到黄埔军校武汉分校的招生消息，纷纷报名。考试那几天，北风凛冽，寒气刺骨，来自全国各地及海外的青年才俊却把武昌城闹得热气腾腾。蛇山矶头、黄鹤楼上，到处都有他们指点江山、豪气冲天的身影。经过初试、复试、补试，黄埔军校武汉分校最后录取 1000 余名学生，列为"黄埔第六期政治科学员"，住在书院的西斋和南斋；从广东迁来的 500 名第五期政治科学员则住在书院的东斋，与在武汉新招的学员合并训练。

1927 年 2 月 12 日，经过几个月的筹备，武汉中央军事政治学校在武昌两湖书院举行隆重的开学典礼。整个学校布置得十分庄严，大操场的围墙和树干上贴满了标语，四周的彩旗随风飘扬，代校长邓演达主持典礼，宋庆龄、徐谦、孙科、吴玉章、董必武等出席典礼。当日下午，邓演达发表演说，开宗明义谈到办学的目的和宗旨："本校是黄埔的分校……是为全国痛苦的人民求解放而设立的。我们要有革命的武装力量，军校就应运而生，目的是要解放痛苦的民众。"宋庆龄身着花格子旗袍，仪态大方，风采动人。她用广东话演讲，有译员翻译，爱国忧民之心溢于言表，她的革命精神深深感染着在场的每一位学员。

2月14日，军校正式上课。学校每日严格实行三操（早中晚各一次军事操练）两讲（上军事课与政治课）制，政治课包括学习《三民主义》《社会主义史》《共产党宣言》等内容，军事课有步兵操练、射击教范、野外勤务等。每个星期天，学员都要分组上街进行革命宣传演讲、贴标语、散传单，有时还化装宣传或演街头活报剧。他们的宣传队经常在街头、工厂、田间宣传，在工人、农民和市民中交了不少朋友。学员谢冰莹回忆当时的情景说："我们嗓子叫哑了，我们脚底起泡了，晚上只睡五个钟头，工厂里、茅棚里、学校、十字街头、汉阳门、江汉关码头，何处没有我们的足迹呢？"每当红日西斜，结束街头宣传归来之时，大家就引吭高歌，有说有笑，十分热闹。

武汉中央军事政治学校名义上由国民党创办，领导权实际上掌握在共产党人手中。中国共产党十分关注军校建设，不仅动员和组织革命青年来军校学习，还从全国抽调大批干部来担任政治与军事教官。共产党员、青年运动领袖恽代英受党指派，就任军校政治科的政治总教官，后又以军校常委的名义与邓演达共同负责校务；军事教官徐向前，政治教官施存统、陈毅、李达、沈雁冰（茅盾）等都是受共产党派遣的。这一时期军校的各个大队也都建立了共产党和共青团组织，秘密发展党员与团员。他们在恽代英的领导下，积极争取进步，努力学习革命理论和军事技能，积极参加反帝反封建的革命斗争，成为革命洪流中的坚强柱石。

弃黛抛红，中国第一代女兵展英姿

1926年冬，武昌斗级营胡同热闹异常，因为这里传出了一则爆炸性的新闻：黄埔军校武汉分校要招收女兵了！新闻一出，各地女青年报考的踊跃程度令人吃惊。学校原计划只招收100名女生，但由于报考人数过多，最后经过严格审查，录取183人，加上由湖南学兵团并入的30名女生，组建的女生队共213人。这些女学员以湖南、湖北和四川人居多。从出身、年龄、文化程度、政治面貌来看，大都参差不齐，但她们当时参军的动机，大多是为了脱离封建家庭的压迫，找寻新的出路。

就这样，黄埔军校的第一批，也是唯一的一批女学员诞生了。恽代英曾勉励她们："军校成立女生队是破天荒的大事，是中国军事教育史上的创举……我们党下决心要在军校培训妇女骨干，毕业后参加领导中国妇女翻身解放的斗争。你们的责任重大，你们要努力呀！"中国妇女有机会像男人一样进入正规军事院校学习革命道理和军事知识技能，这是一件划时代的大事（美国西点军校1976年才开始招收女兵，比武汉中央军事政治学校晚了整整50年），以至于远在苏联的斯大林也想要看一看她们合影的英姿。

这些女学员在校期间，住在学校本部附近的另一处宿舍，单独占有课堂、食堂、操场等。女学员一律留短发，穿深灰色军装，紧束着腰带，戴着军帽。与男学员不同的是，她们打黑色绑腿，军服双袖缀上红色字母"W"标记（英文woman的大写首字母），并配发短枪。军校纪律严格、训练紧张，军号一响，学员们就得马上起床、穿衣、梳洗，被子要叠得方方正正犹如"豆腐块"，摆在木板床中央，10分钟收拾完毕后进行操练。她们从早上5时半起床，

入伍女生大队合影

直到晚上 9 时半睡觉，每天 8 堂课，中途几乎没有休息时间。其课程与男学员一样，主要分为军事和政治两大类，她们荷枪实弹驰骋于操场、野外的能力，丝毫不亚于男学员。

当年的武汉街头，经常可见一群身着军装、腰扎皮带、打着绑腿的女兵，唱着"打倒列强，除军阀"的《国民革命歌》，英姿飒爽地行进。她们当中，有后来被称为"黄埔四女杰"的胡筠、赵一曼、游曦和胡兰畦，还有黄杰、周越华、王亦侠、危拱之、陶桓馥、张瑞华、曾宪植、谢冰莹等，均是近现代中国赫赫有名的巾帼英雄。她们摆脱了封建枷锁，脱下红装换军装，走向艰苦火热的革命斗争中。这些女学员，以崇高的革命志向和不屈不挠的革命精神，为今天的广大女性树立了榜样。正如徐向前元帅后来为这些女兵题词所说的那样，她们不愧是"中国民主革命中一支坚强队伍，妇女解放运动的模范"！

军校师生出征平乱，保卫大武汉

1927 年，蒋介石在上海发动四一二反革命政变后，军校顿时成为愤怒的海洋，师生纷纷声讨，校园内很快贴满了"打倒新军阀蒋介石""严惩屠杀工人的蒋介石"等标语，倡议召开武汉各界群众讨蒋大会，揭露蒋介石反革命的可耻行为。5月初，夏斗寅叛军逼近武昌，城内处于剑拔弩张、一触即发的紧张状态。军校奉命改编为"中央独立师"。在大革命进入低潮的日子里，乌云四合，浊浪排空，军校的健儿们，多抱着破釜沉舟的决心，要以"刺刀和枪炮开自己的路"。他们构成了保卫武汉革命政权的主力军。

5月18日，中央独立师在军校大操场誓师出征。师长叶挺作为这次讨伐夏斗寅的总指挥，告诫独立师官兵："从今天起，你们就不再是中央军校学生队的学生了。你们已经是正规军，是中央独立师的士兵了。你们应该勇敢坚强，担负起当前的革命重任。"战士们佩挂的红蓝白三色识别带飘扬在胸前，他们有的跑到照相馆摄影留作纪念，有的写信给亲友，有的甚至写遗书以示马革裹尸的决心。当晚，中央独立师官兵在"曙光在前，同志们奋斗"的歌声中奔向纸坊前线。党代表恽代英戴着眼镜，穿着步军鞋，打着绑腿，走在队伍最前列。晚上出发时，他作了战前动员："现在四处都充满了黑暗，只有两湖书院还在放射着光明，现在就是要用我们的光明去冲破周围的黑暗。"夜幕下垂，大家看不清他的脸色，但听出这是一个悲愤、坚毅，但充满必胜信念的声音。

他们走出军校时，一列列由工人、学生、妇女组成的队伍，喊着革命的口号，欢送他们出征，更使他们热血沸腾。从军校跑步到火车站，天已拂晓，学生军在叶挺的指挥下布置好袋形阵地，猛然给来犯之敌以迎头打击。为了彻底消灭残军，叶挺又命令各部乘胜追击，女生队也踏着战火投入了紧张的战斗。她们一面贴标语，做群众宣传工作；一面抢救伤员。她们个个勇敢，不顾子弹在头顶飞过，把受伤的战友抬下火线，悉心为他们包扎换药。战斗一直打到傍晚才停息，敌军在炮火重压下，很多人弃枪而遁。当时被俘的士兵说："你们打仗真勇敢，真叫人佩服，我们一辈子也没有打过这样的仗。"

汗水把每个战士的衣服都浸透了，有的甚至脚疼得抬不起来，可大家都以苦为乐。这批初试锋芒的新兵付出了热血和生命的代价，胜利完成了战斗任务。

7月15日，汪精卫发动反革命政变，正式同共产党决裂。武汉军校的共产党组织及时决定将已暴露的党员相继撤走，一部分学生被分到各军服役，女生队也被迫解散。在恽代英、陈毅等人的精心安排下，武汉中央军事政治学校的一批共产党员、共青团员被有计划地转移到叶挺、贺龙部队，后参加了南昌起义；一批党、团员疏散到各自的家乡，发动和组织武装暴动，参加了秋收起义；剩下的大部分学生被编入国民革命军第四军教导团，南下广州，在团长叶剑英的领导下，成为广州起义的主力军。

英名万古传飞将，正气千秋壮国魂

从 1926 年 10 月至 1927 年 7 月，武汉中央军事政治学校从创建到被迫解散虽不足 1 年，但这座革命熔炉锻造出一大批无畏的共产主义战士。这批革命人才在党的安排下奔赴全国各地的战场，先后走上了新的革命征途。

陈毅带领一部分师生在江西临川赶上了南下起义部队，起义军在汕头失败后，与朱德又领导了湘南暴动，后在井冈山与毛泽东会师，继续参加革命斗争；程子华参加广州起义后，在保卫海陆丰苏维埃政权的斗争中英勇作战，后在辽沈战役中作为二兵团司令员，率领大军投入锦州之战；宋绮云后成为杨虎城的秘书，为促成抗日民族统一战线的建立作出了贡献；沈雁冰（茅盾）在抗日战争爆发后致力于抗日救亡工作，先后在广州、香港主编《文艺阵地》和《立报》副刊"言林"，皖南事变后创作长篇小说《腐蚀》，成为文化战线上的优秀战士……

女兵游曦带领女兵班参加广州起义，在与珠江南岸反扑的国民党军激战时牺牲，年仅 19 岁；胡筠在军校解散后回到湖南平江，在很短时间就组建

武昌实验小学正门

起 50 多人的游击大队，成为闻名湘鄂赣苏区的女游击队长；胡兰畦在抗日战争淞沪会战中任上海劳动妇女战地服务团团长，在抗战前线做战地宣传和救护工作；赵一曼在九一八事变后被派往东北地区参加抗日战争，建立农民游击队配合抗日部队英勇作战，被捕后受尽敌人酷刑，即使到生命最后一刻，在遗书中也没有向儿子透露自己的真实姓名叫李坤泰……

这些优秀的军校师生，在中国革命史上谱写了伟大的篇章！

长江滔滔，是时代前进的足音。如今的武汉中央军事政治学校旧址已不具当初规模，当年的大部分建筑也已改变了模样。但时光流转，精神永恒。这片红色的土地，至今仍是一方教育府第。"红房子"里的故事浸润着一代又一代的学子，他们在爱国、团结、奋进的革命精神感召下，续写着生动的青春华章。而这所曾经培育无数革命将才的军校，在中国军事教育史上留下的熠熠光辉，将始终照耀整座江城，并激励无数中华儿女在新的伟大征程中继续前行！

（作者：谢若扬）

党在这里运筹帷幄

——武汉中共中央机关旧址纪念馆

自古就享有"楚中第一繁盛处"美誉的汉口，有一条著名的街道，至今已有 100 多年的历史。1946 年，为纪念中国人民浴血奋战所取得的抗日战争的伟大胜利，这条曾被分割于各国租界内的长街由此改称"胜利街"。漫步于这条百年老街，厚重的历史气息便如雨后路面水花般慢慢荡漾开来。在胜利街与黎黄陂路交叉路口，一座临街而立的 3 层红墙赤瓦房在绿树的映衬下格外引人注目。这里便是胜利街 165—169 号（原四民街 61 号）武汉中共中央机关旧址所在地。在大革命时期那段特殊的日子里，这幢普通的民宅是中国共产党最高领导机关驻地，是中国共产党的"心脏"。

革命中心北移，中共中央由沪迁汉

1926 年秋，反帝反封建的国民革命从珠江流域发展到长江流域，势如破竹的北伐军攻克武汉三镇。同年底，国民政府从广州迁都武汉。中华全国总工会、全国学联等团体也相继迁到武汉。此时武汉的工农运动如火如荼，一时间，江城成为全国人民瞩目的革命中心。

为了适应革命形势的发展，1926年9月起，驻上海的中共中央便开始抽调大批干部到武汉工作，以加强对北伐军占领地区的工运、农运、上层统战和军校工作的领导。中共中央委员张国焘、李维汉、瞿秋白、蔡和森、项英、谭平山，候补中央委员罗章龙、张太雷等陆续抵达武汉，并组成中共中央临时委员会，领导着武汉地区的工作。加上原来即在中共湖北区委工作的董必武、陈潭秋、蔡以忱等，党在武汉的干部阵容颇极一时之盛，工作开展得轰轰烈烈，党内要求中央机关迁汉的呼声也渐渐高了起来。

在中央秘书处担任秘书兼会计职务的任作民接到委派，先期来到武汉，负责中共中央迁汉的前期筹备工作。从上海出发时还下着雨，任作民一手撑着伞，一手提着一只皮箱登上了客轮，溯江而上。到达汉口时，码头喧嚣，

武汉中共中央机关旧址纪念馆

车来人往，叫卖声、吵嚷声、轮船的汽笛声不绝于耳。一上岸，任作民便感觉到了强烈的革命气氛。只见大街小巷到处都张贴着五颜六色的革命标语，不时走来一队队革命军人和戴着红袖箍的工人纠察队队员，与仍在军阀和帝国主义统治下的上海完全是两个天地。

中央政治局常委会会议室

中国共产党的活动，在这里是公开或半公开的。任作民找到中共湖北区委，在他们的协助下，经过多方考察，最终选择租下汉口原俄租界内门牌号为"四民街61号"的一栋中西结合式3层洋房，中共中央领导机关的办公地点就这样确定了下来。一楼设置警卫、发行、文书、财务等机构的办公室，二楼的大房间布置中共中央政治局常委会会议室，用于开会和会客。洋房临街的一面，左右两边各有一个小门可供出入，背后还有一扇门通往附楼。1927年4月以后，部分来到武汉的党中央领导人就在这栋楼里办公和居住。

中央宣传部从上海迁来后，最初也设在这里，当时的主要工作是编辑出版中共中央机关刊物《向导》等革命刊物。与此同时，中央组织部、中央农委等党的主要领导机关先后迁汉，并以此栋楼房为中心，在方圆2公里内办公。此时的陈独秀虽然对中央机关迁汉仍持消极被动的态度，但迫于日益险恶的政治形势，面对大多数中央执委会委员、候补执行委员已齐集武汉这一事实，又连续接到共产国际代表鲍罗廷及在汉中央执委会委员催请他速来武汉的电报，才最终于 4 月 10 日左右动身，从上海乘船前往武汉。

　　抵达武汉后，陈独秀便居住在三楼中间的房间，任作民则协助陈独秀处理日常工作，左右房间分别住着中央政治局委员彭述之和刚从苏联回国的蔡和森。居住在这里的还有中央秘书处（厅）负责人王若飞、中央委员陈乔年（中共五大后任中组部秘书）。不久，中央宣传部搬走后，四民街 61 号就成为中共中央秘书厅所在地，当年党内的同志们亲切地称之为"61 号"。至 4 月中下旬，原在上海的中央秘书处、中央组织部、中央宣传部、中央农委、中央工委、中央妇委、中央军委等部门，已陆续集中于武汉。迁汉后中共中央机关的各项工作，也就在这里正式开始运行。

革命运动的指挥中心

蔡和森办公室兼卧室

1927 年，正是大革命由高潮转向失败的特殊历史时期。武汉国民政府日益走向反动，风云变幻莫测，艰难险阻频生。蒋介石发动四一二反革命政变后，"赤都"武汉被迅速笼罩在一片白色恐怖之中。

　　中共中央在武汉期间，领导波澜壮阔的工人运动、农民运动、青年运动与妇女运动，收回汉口、九江英租界，领导反对蒋介石背叛革命的斗争，支持武汉国民政府进行第二次北伐战争，主持武汉中央军事政治学校，举办培养工人、农民、妇女运动干部的学校和党务培训班，编辑出版了一批革命报刊，将反帝反封建的国民革命推向高潮。

随着武汉形势的日趋紧张，四民街 61 号里每天人来人往，十分繁忙，常常彻夜灯火通明。陈独秀、蔡和森以及不住在"61 号"的周恩来、瞿秋白在此通宵轮流值班，夜以继日地接待来访人员，处理各项紧急事务。5 月 17 日，杨森、夏斗寅发动叛乱，进攻武汉。一时间，兵临武昌城，三镇十分危急。中共中央在这里连夜开会，建议组成西征军平息叛乱。时任武汉卫戍司令的叶挺率领部队奋起反击，一举击退叛军，解除了北伐后方武汉的危机。

7 月，"火炉"武汉烈日炎炎，炎热的天气丝毫没有阻挡"61 号"里忙碌的身影。他们早出晚归，不辞辛劳地日夜奔波着。患有严重哮喘病的蔡和森因过度劳累引发吐血，但他仍坚持工作。形势的发展果然不出国共两党有识之士所料，汪精卫集团的反革命面目很快显露出来。中共中央实行了建党以来的第一次大改组，成立了由张国焘、周恩来、李维汉、李立三、张太雷组成的"中央临时政治局常务委员会"。

在危急关头，"五人中央"作出了 3 项重大决定：举行南昌起义；组织发动湘、鄂、赣、粤 4 省秋收起义；筹备召开中央紧急会议（即八七会议），讨论和决定大革命失败后的新方针。党的第五次全国代表大会的许多筹备和组织工作是在这里完成的；举行国共两党联席会议，主张继续北伐的决定也是在这里作出的；党中央的其他一些重要会议，也大多在这里召开。毛泽东、张太雷、李富春、罗亦农、邓中夏、苏兆征、恽代英等党的领导人，都曾经因工作需要来过这座小楼。在错综复杂的革命形势下，中国共产党的领导者们在这里运筹帷幄，苦苦探寻挽救中国革命的道路。

山雨欲来风满楼。在汪精卫叛变革命前夕，中共中央各机关在中央秘书厅的严密安排下，紧急进行了疏散撤离和隐蔽工作，并把聚集在武汉的中共党员派往各地，将党的各级组织转入地下。蔡和森等党的领导人和秘书厅工作人员先后撤离"61号"，隐蔽在汉口德林公寓等地，继续领导革命斗争，中央秘书厅对外发文使用"毕挺"的代号。1927年9月中旬，两湖暴动失利的消息传来，中央政治局两次召开会议，最终决定中央机关迁回上海。10月10日，随着李维汉最后一个离开武汉，四民街61号又恢复了往日的平静，中共中央机关在上海开始了新的隐蔽斗争。

考证修复旧址，铭记红色初心

20世纪70年代后期，武汉市文物部门和党史研究部门经查阅大量有关资料，并到上海、北京等地采访当年在武汉中共中央机关工作的多名工作人员和知情者，初步确定中共中央秘书厅办公地是当年汉口四民街61号；又先后请来几位当事人，对1927年中共中央机关在武汉的旧址进行实地调查考证。

1927年4月，郑超麟从上海来到武汉参加中共五大，会后任中共湖北省委宣传部部长。当年因工作，他经常到四民街61号办公。1979年，武汉市文物部门工作人员陪同年近八旬的郑超麟在胜利街反复查看，未能找到四民街61号，但他提供了一条重要信息：当年中共中央机关的隔壁是唐生智公馆。

七一五反革命政变后，中共中央机关迁往上海，四民街61号的房屋是当年在中央军委特工处工作的李强经手退租的，因而他对此地印象较深。1983年夏，李强来到汉口实地寻访、辨认。在各方人员的配合协助下，李强首先确定了胜利街163号是当年的唐生智公馆，后以公馆为参照，李强认定紧邻唐生智公馆的胜利街165号便是当年中共中央机关所在地。

宋侃夫是又一位了解武汉中共中央机关所在地的人。他1927年经上海

任作民使用过的皮箱

来到武汉，被分配到最初设在四民街 61 号的中央宣传部工作。20 世纪 80 年代，宋侃夫来到武汉，经过实地勘察，确定胜利街 165 号就是当年的中共中央机关所在地。他清楚地记得当年中共中央机关工作用的小轿车就停在中央机关与怡和洋行（今胜利街 171 号）之间的巷子里。

2012 年，武汉市委、市政府决定依托旧址筹建武汉中共中央机关旧址纪念馆。2014 年，中共中央办公厅批复同意筹建纪念馆。习近平总书记对筹建工作作出"修旧如旧，保留原貌，防止建设性破坏"的重要批示。2016 年 9 月 30 日，武汉中共中央机关旧址纪念馆正式开馆，呈现唐生智公馆、中共中央机关旧址、怡和洋行公寓 3 栋历史建筑并列坐落的整体格局。旧址复原陈列馆恢复了中共中央政治局常委会会议室、中共中央秘书厅办公室等原貌，再现了当年中央领导人在此工作、居住的情景。

1927 年任作民来武汉时随身携带的那只棕褐色皮箱，也静静地陈列在纪念馆内。它曾装载过当年中央的重要经费和账目，而皮箱内的一个十分隐蔽的夹层，则用来存放中央内部的机密文件和档案。大革命失败后，由于叛徒出卖，任作民两次被捕。在狱中，任作民尝遍酷刑，敌人用烧得通红的铁块烙他的后背、腰和腋下，每烙一下便是钻心的疼痛，一处地方烙焦了，再找另一处继续烙。他被折磨得全身血肉模糊，数次疼昏过去，直到不省人事，敌人才停手。尽管如此，任作民自始至终从未泄露党的任何机密。任作民去世后，毛泽东亲自为他题写碑文。这只皮箱是任作民革命生涯的重要历史见证，也深刻诠释了一位共产党员对初心的不懈坚守。

江城的雨，来得急去得也快。走出中央机关旧址时，乌云早已消散，被雨水洗濯过的天空更加澄明，空气中弥散着柔暖而湿润的气息，微风夹杂着草木泥土之香，清爽舒畅。场馆大厅外又迎来一批新的探访队伍，热情高昂的入党宣誓声在整个庭院回荡。雨过天晴终有时，中国共产党从这里不断走出迷雾、冲破黑暗，带领人民朝着更加光明的美好未来奋勇前进。而这座镌刻着深深红色足迹的英雄之城，也从未惧怕过风雨。

（作者：谢若扬）

点燃武装斗争的星星之火

——中共中央军委办事处旧址

顶着江城的炎炎烈日，几经查阅资料和寻访，我们终于在武汉市武昌区黄鹤楼街乾福巷，找到了中共中央军委办事处旧址。这处红色旧址"隐身"于彭刘杨路去往金榜名苑小区的小巷中。沿着狭窄的小巷走向尽头，可见一扇黑色栅栏门深锁，门旁挂着的"中共中央军委办事处旧址"标识牌格外醒目。相关资料显示，该处旧

中共中央军委办事处旧址

址是砖木结构的欧式老宅，建于清末，坐南朝北，红瓦坡顶，由4幢对称的里弄式2层楼房构成，占地面积约1000平方米。90多年前，随着大革命的中心转移到武汉，这里成为中共中央军委办事处所在地，也是八一南昌起义的重要策源地。

扒着沙包进城

1926年10月10日，北伐军攻克武昌城，取得两湖战场的彻底胜利。时任中共广东军委特派员的聂荣臻跟随先头部队向武昌城内进发。当时，革命的硝烟还未散去，来不及等待城门口清理干净，聂荣臻就扒着堆积的沙包，从城门下的沙包缝里挤进了城，目的是要尽快找到被围困在城里的中共湖北区委军委，并建立中央军委的办公处所。

城里的秩序很乱，街道上散落着各种杂物，但聂荣臻还是很快就找到了湖北区委军委。在湖北区委军委的帮助下，聂荣臻找到武昌中和里乾福巷。对此，他曾在回忆录中写道："……找到了一个弄堂，叫中和里，是一条死巷子，全是逆产，没有老百姓。我把整条巷子全部号下了，就把军委设在这里，和湖北区委军委一起办公。接着，省委、省团委随之挤了进来……一时间，这里的人相当多，成了一个不小的机关。"从此，位于阅马场附近的乾福巷6—13号，正式成为中共中央军委办事处和湖北区委军委的办公地，同时也是中共湖北区委的办公场所。聂荣臻任湖北区委委员、区委军委书记，并主持湖北区委军委工作。

当时的军委办事处事务非常繁忙。据聂荣臻回忆："在机关，来找我们的人也是成天络绎不绝。每天都要工作到夜里两三点钟，好在我们当时都很年轻，不到三十岁，能顶得住。"为了推动北伐战争的进一步发展，聂荣臻频繁往来武汉三镇之间，到各部队进行联络工作，了解情况，传达党的方针、

中共中央军委办事处旧址全貌

政策、派遣干部，还为湖北、湖南两省联合创办的培训党组织领导骨干的学校学员授课。在中央军委的指导下，武汉中央军委办事处在加强国民革命军的政治宣传、培养新生力量、领导工农群众支援北伐战争等工作中，均取得了明显成绩。

1927 年 5 月底，中共中央政治局常务委员会决定，在中共湖北省委军委的基础上，建立中共中央军事部（军人部）和军事委员会，周恩来任中央军事部（军人部）部长。中央军事部负责组织联络各处来中央的军事干部，并将他们派到各军各部门。同时，周恩来兼任中央军事委员会主任，委员有顾顺章、彭湃和共产国际军事顾问加伦。

中共中央军委机关迁至汉口后，武昌办事处仍然行使职能。当时，中央军委在武汉共有 4 处办公地，除武昌中和里的军委办事处外，其他 3 处机关分别设在汉口余记里 12 号、汉口友益街尚德里 10 号和汉口花楼街。

为"大人物"们分配工作

中共中央军事委员会是统领全党军事工作的最高军事机关，是伴随着中国共产党的发展壮大而逐步建立和发展起来的。但中央军委在武汉时期并不直接领导军队，而主要负责对全局性军事工作的指导，以及政治宣传、组织和联络。其中，向国民革命军或武汉中央军事政治学校派遣中共党员，是一项很重要的工作。在周恩来的领导下，聂荣臻具体分管军事人员的派遣和联络工作。

在这段不算长的时间里，中央军事部安排调派了不少党的军事干部，由聂荣臻经手的就有很多后来赫赫有名的"大人物"，其中包括后来的中华人民共和国"十大元帅"中的 4 位——朱德、陈毅、刘伯承、林彪，以及邓小平等。不久，他们中的一部分人与周恩来一起，成为南昌起义的主要领导人。

刚到武汉的时候，因北伐伤亡较大，张发奎领导的第四军急需补充人员，军委重点向第四军派去了不少党员。那时，林彪刚好从黄埔军校第四期毕业，由军委分配到叶挺独立团当见习排长，参加北伐战争。

朱德从莫斯科回国后，党派他到四川军阀杨森那里开展工作。蒋介石反共后，朱德来到武汉。考虑到朱德与朱培德是云南讲武堂的同班同学，开展工作比较有利，于是，中央军事部把朱德分配到朱培德领导的南昌第三军，任军官教育团团长。朱德利用这个有利条件，为后来的南昌起义作出了杰出贡献。

陈毅此前奉命到杨森部队做响应北伐的兵运工作。后因杨森公开反共，他便于 1927 年 5 月初辗转来到武汉。他找不到军委机关，于是去了中共湖北区委组织部，组织部的同志叫他到叶挺部队当兵。有一天，他偶然在街上碰到军委工作人员颜昌颐。一听说陈毅这个留法学生被派去当兵，颜昌颐立马回到军委办事处向聂荣臻说明情况。聂荣臻立即把陈毅请到军委，安排他到武汉中央军事政治学校做党的工作。

邓小平是在蒋介石发动四一二反革命政变后，被冯玉祥"礼送"出境的。1927 年 6 月，他来到武汉后，经军委介绍，在中共中央担任秘书工作。

刘伯承在泸州起义失败后，转道陕南来到武汉，才终于找到军委。与聂荣臻见面后没几天，刘伯承就"秘密奔赴南昌"准备起义。南昌起义中，刘伯承担任起义军参谋团的参谋长。

中央军委还把派遣工作的范围，从干部扩大到了士兵，有些工人、农民中的党员，被派到第四军各部当士兵。

在武汉形势日益严峻的时刻，中共中央也在军事方面采取了一些措施来发展武装力量。1927 年 7 月初，周恩来在武昌同贺龙见面，两人一见如故、谈笑风生，当时还不是共产党员的贺龙表示坚决听共产党的指挥。这次谈话对促进贺龙思想转变、争取国民革命军左派将领的支持有着重要意义。而后，中央军委和各级党组织陆续向贺龙领导的第二十军调派党、团员和武装训练班人员，为之后领导武装起义保存了革命力量。

点燃南昌起义的火焰

1927 年 7 月 15 日，汪精卫终于撕掉其左派的伪装，在武汉公然发动反革命政变。在万分危急的情况下，中共中央实行改组，成立了临时中央政治局常务委员会代行最高职权，周恩来被选为临时中央政治局常委之一。中央军委的几处机关也迅速转入地下，周恩来秘密转移到汉口德林公寓，与瞿秋

南昌起义指挥部旧址

白、李维汉等人住在一起。中央军委其他人有的短暂住在花楼街，有的移居武昌。

7月中旬，中共临时中央政治局常务委员会在武汉开会，初步决定，在"东征讨蒋"的口号下组织武装起义。周恩来指定聂荣臻、贺昌和颜昌颐组成临时性组织——前敌军委，聂荣臻为书记，先到九江，向当地驻军中的共产党员干部传达中央决定，叫他们做好起义的准备，等待中央命令。7月下旬，受中国共产党直接影响的贺龙率第二十军、叶挺率第十一军二十四师，集结于九江及附近地区，为武装起义准备了条件。25日，临时中央政治局常委会接受已到江西的部分中央委员的意见，决定在南昌举行武装起义。

7月27日，周恩来身穿灰色中山装，手提一个黑色皮包，秘密赶到国民党控制下的南昌，一下车就立即着手部署武装起义。当天，临时中央政治局常委会在南昌市洗马池江西大旅社召开会议，成立以周恩来为书记的中共前敌委员会领导南昌起义。周恩来向谭平山、李立三等人传达了中央的决定：进行起义的发动和组织。

经过一系列的精心策划和周密安排，一切准备就绪。1927年8月1日凌晨 2 时，在周恩来等人的指挥下，南昌城头响起的枪声信号，划破了夜空的宁静。起义官兵英勇奋战，不断向城内的敌人发起冲击，经过三四个小时的激烈战斗，到清晨 6 时，全部肃清城内的守军，战斗取得胜利！

南昌起义，是中国共产党直接领导的带有全局意义的一次武装暴动，成功打响了武装反抗国民党反动派的第一枪，向全国人民表明了中国共产党把中国革命进行到底的坚定立场，标志着中国共产党独立创建革命军队和领导武装斗争的开始。

中央军委从建立到健全的飞跃

1927 年 9—10 月，根据形势发展的需要，中共中央机关陆续迁回上海，尚在武汉的少数中央军委工作人员先后秘密乘船前往上海，结束了中央军委在武汉的短暂历史，开始了新的征程。

中央军委在武汉约半年的时间里，经历了国民革命由高潮到失败的风云变幻，在中央军委的发展历史上留下了浓墨重彩的一笔。中央军委成立特务工作处（负责人顾顺章），下设保卫股、情报股、特务股和匪运股 4 个股，是后来中央特科的前身；情报股的设立，标志着党的情报组织机构的诞生。可以说，党的隐蔽战线工作起源于武汉。特务工作处在保卫中央机关和苏联顾问团的安全、收集政治军事情报、打击惩治叛徒及特务、联络帮会组织等方面做了很多工作，为后来中央特科的秘密斗争积累了宝贵经验。

可以说，武汉时期是中央军委建立以来队伍最大、人员最多、机构最全的时期。此外，中央军委还领导军队和军校中的中共党、团组织，选派军事干部到国民革命军或武汉中央军事政治学校工作、学习、发展中共党员，负责与叶挺、贺龙等革命部队取得联系并加强政治工作，调派骨干人员为工人运动讲习所、湖北省武装农民训练班等干部学校讲授军事课程。有专家指出，在某种意义上，这里（指武汉中共中央军委办事处旧址）是中国共产党军队钢铁长城的发祥地，其意义和武汉的中共五大会址、农民运动讲习所等一样重要。

1927年的革命风云已经远去，但那段经革命洗礼的岁月将永远留在人们的记忆中。随着城市的变迁，当年中共中央军委在汉口的3个办公地点早已不可寻，唯有武昌乾福巷的这栋老房子，成为中共中央军委在武汉的最好历史见证。为保护中共中央军委办事处旧址，1988年，武汉市将旧址列为市级文物保护单位。2008年，旧址被升格为省级文物保护单位。如今，旧址仍处于全面维护和修复之中。多年来，关于将此地还原成中共中央军委旧址纪念馆的呼声一直不断。据悉，旧址经修缮后将建成历史陈列室。

（作者：栗荣）

培养农民运动干部的革命学校

——武昌中央农民运动讲习所

> 革命声威动地惊，工农须得结同盟。
> 广州讲习垂洪范，更向华中建赤旌。
>
> ——董必武

一条红巷、一座学堂、一群热血青年，在中国革命的历史上，书写了浓墨重彩的一笔。位于武昌红巷 13 号的中央农民运动讲习所，是第一次国共合作时期由毛泽东同志倡议创办并主持的一所培养农民运动干部的学校。

农运声威动地惊

农民是占中国人口数量最多的群体，农民问题是中国革命的中心问题。1921 年中国共产党成立后，党领导的农民运动开始在浙江萧山、广东海陆丰、湖南衡山等地逐渐兴起，党对农民问题的认识也在斗争实践中不断深化。中共一大明确提出要把"工人、农民和士兵组织起来"。中共二大宣言指出"中国三万万的农民，乃是革命运动中的最大要素"。中共三大通过的《农民问题决议案》中也强调"以保护农民之利益而促进国民革命运动之必要"。中共四大则明确强调，农民是工人阶级的"同盟者"，农民参加革命斗争是中国革命成功必不可少的条件。第一次国共合作后，国共两党在广州创办农民运动讲习所，培养农民运动干部。

1926年秋，随着北伐的胜利进军，工农运动迅速高涨，农民运动在各地，特别是湘、鄂、赣、粤4省得到大规模发展，掀起了一场"其势如暴风骤雨，迅猛异常"的革命大风暴。如火如荼、轰轰烈烈的农村革命大风暴猛烈地冲击着封建势力，沉重地打击了帝国主义压迫中国的政治基础。

毛泽东一贯重视发动和武装农民，始终站在农民革命斗争的前列。1926年11月，他在上海主持中共中央农民运动委员会期间，便提出在武昌开办湘鄂赣三省农民运动讲习所的计划。之后他亲赴三省国民党党部面陈建议，得到了三省党部中共产党人和国民党左派人士的支持。湖南省党部提议立即组织筹备处，推举毛泽东、周以栗等为筹备委员。湖北省党部在共产党人董必武的主持下，作出大力支持的决议案。筹备处很快选定了校址，确定了入学日期、教授科目，并制定了三省农讲所章程。

正当筹备工作紧锣密鼓地进行时，南昌方面横生枝节，企图通过截留经费阻挠江西学生到农讲所报到。毛泽东积极争取已迁到汉口办公的国民党中央党部的支持。1927年2月底，国民党中央执行委员会第76次会议认为，举办农讲所非常必要，决议将湘鄂赣农讲所扩大规模，交国民党中央农民运动委员会管理，定名为"中国国民党中央农民运动讲习所"。

江城讲习开新篇

1927年春，武昌北城角，湖广总督张之洞当年创办的北路小学堂校舍

毛泽东同志主办的中央农民运动讲习所旧址

迎来了一群准备"上山下湖"的学生。几百名农民和一群青年学子，从大江南北、长城内外会聚蛇山脚下，走进武昌中央农民运动讲习所。

武昌农讲所实行常委负责制。国民党中央农委推选邓演达、毛泽东、陈克文为常务委员，下设教务处、训练处、总务处。各处主任由常委聘任。农讲所的常委都身兼要职，邓演达、陈克文不能常来。毛泽东虽然工作很忙，但他是举办农讲所的倡议者，便亲自参加了农讲所的筹备、招生、制定教育方针与教学计划、聘请教员以及安排学员政治活动等一系列工作，而且是主要授课人之一。因此，毛泽东是农讲所的实际主持人。

毛泽东以独特的治校方略吸引了一批著名共产党人和国民党左派人士，使得农讲所教员队伍精英荟萃。周以栗任教务处主任，夏明翰任秘书，彭湃、方志敏、陈荫林、瞿秋白、恽代英等为特聘教员。农讲所对从事农民运动工作的共产党员、共青团员和农运积极分子予以优先录取。在录取的 800 多名学员中，农民 180 人，农民武装负责人 40 余人，农民觉悟分子 140 人，工人 40 余人，学生 400 余人。1927 年 3 月 7 日，农讲所正式开始上课，4 月 4 日举行开学典礼。开学宣言开宗明义：中央农民运动讲习所的使命，是要训练一班能领导农村革命的人才。

文武兼修育英才

1927 年时的农讲所大门

农讲所重视培养学员的思想政治素质，提高学员的思想政治觉悟。陈列在农讲所大教室的一纸规约引人注目。它明确指出，"……要做一个农民阶级的革命先锋，要为农民的利益牺牲一切"，号召大家要努力把自己培养成为"有效的革命工具"。农讲所注重用马克思列宁主义的理论教育学员，并组织学员认真学习无产阶级革命理论。学员们反复研读《共产党宣言》《中国社会各阶级的分析》《湖南农民运动考察报告》等著作，学唱《国际歌》《国民革命歌》，研究巴黎公社和十月革命的经验教训。

农讲所非常注重讲授农民运动理论。毛泽东负责讲授"农民问题""农村教育"。他主讲的"农民问题"是时间安排最多、内容最丰富的一门课程。农讲所还编辑出版了一套农民运动丛书，其中有列宁关于农民革命理论和实践的著作，也有毛泽东所写的中国农村社会调查和在他的指导下制定的

毛泽东在农讲所讲授《湖南农民运动考察报告》

《湖南全省第一次农民代表大会宣言和决议案》，还有广东、江西、湖北等省农代会的文件。农讲所专门设立"农民问题讨论会""土地改革报告讨论会"，鼓励学生深入了解农村实际情况，进行社会调查，还经常邀请农会干部和农民来作报告。

当时，党内外对湖南农民运动的种种责难，在农讲所学员中也引起一些思想混乱。为厘清学员们的认识误区，指引农民运动前进的方向，毛泽东决定亲自在农讲所讲授《湖南农民运动考察报告》。当天，毛泽东身穿长衫，手持讲稿，精神抖擞地登上讲台，热情生动地讲述了他亲赴湖南5县农村考察，所见所闻的农民运动状况。他以自己实地考察的大量事实为依据，痛斥国民党右派等攻击农民运动"过火"的谬论，打消了学员们心中的疑虑，令学员们豁然开朗。

农讲所教学活动实行政治与军事并重、理论与实践结合的原则。全校成立总队部，下设4个队部和1个特别训练队，所有学员实行军事编制，过着严格的军事化生活。他们身穿军装，每人发有一支汉阳造"七九"式步枪，每天操练2小时，每周上一次军事理论课，举行一次野外军事演习。四一二反革命政变后，军事训练时间增加到 4 小时。大操场上留下了学员们紧张训练的身影，洪亮的操练口号声响彻云霄，一派龙腾虎跃的战斗景象。在乌云密布的白色恐怖下，农讲所师生高举斗争的旗帜，日益成为一支不可忽视的重要力量。

革命火种播神州

在轰轰烈烈的大革命处于急风暴雨的关键时刻，1927 年 6 月 18 日，武昌中央农民运动讲习所举行毕业典礼，授予每位学员一枚镌刻着"农村革命" 4 个字的铜质五角星证章。他们以农会特派员的身份奔赴农村，积极投身各地的工农武装起义：桂步蟾、李骏、陈振文等学员，毕业后参加南昌起义，浴血奋战，冲锋陷阵；戴克敏、汪奠川、刘文蔚参与领导黄麻起义，在艰苦的革命岁月中，高举武装斗争的旗帜，始终坚持不渝，为鄂豫皖革命根据地的建立作出了积极贡献。

中央农民运动讲习所学生佩带的证章（正反面）

1929 年，毛泽东率领红军到赣南开辟革命根据地，李骏积极加入，担任中共于北特区区委书记等职。一次战斗中，李骏的大腿被敌人的子弹打穿了，鲜血涌出。他强忍伤痛，摸出口袋里的一块银元堵住伤口，继续英勇作战。1934 年，李骏随军长征时写信给妻子："吾之身心，早已奉献革命，革命不成功，吾则决务之；革命功成之日，方是吾返家之时。"一个红军战士铁心革命、坚信革命必胜的情怀跃然纸上。后来在长征途中，李骏不幸中弹，为革命事业流尽了最后一滴血。农讲所师生中的绝大多数人，都能在残酷的斗争中始终高举武装斗争旗帜，英勇作战。他们如革命之火种，燃烧在山乡原野，最终与广大农民会聚成创建农村革命根据地、以农村包围城市、武装夺取政权的燎原之火。

大江东去，不舍昼夜；星移斗转，天翻地覆。毛泽东主持的武昌中央农民运动讲习所，虽然只开办了 1 期，却在中国革命史上产生了不可磨灭的影响。它所培养的优秀革命干部，成为中国共产党开展土地革命、创建农村革命根据地的中坚力量，谱写了中国革命史、农民运动史上光辉的篇章，它既是毛泽东革命生涯中闪光的一页，也是中国人民宝贵的红色资源和精神财富。

革命精神永流传

农讲所旧址原为清初左卫衙门，后为张之洞创办的东南西北中五路高等小学堂之一的北路小学堂，后又改为湖北甲等商业学校和高级商业学校。北伐军攻克武汉后，商业学校并入武昌中山大学，房屋空出，农讲所就在这里创办。这处遗址不仅有着革命史的意义，还是中国近代教育发展的一个见证。

农讲所旧址坐北朝南，占地面积 12850 平方米，主体建筑由 4 栋砖木结构的房屋组成，建筑面积 4739 平方米，是武汉市现存唯一保存完好的晚清学宫式建筑。其中 3 栋是砖木结构、青砖黑瓦、檐下外回廊贯通的平房，中间有一个大操场，对面是 1 栋 2 层楼房。"毛泽东同志主办的中央农民运动讲习所旧址" 19 个镶嵌在红匾上的金色大字，是新中国成立后周恩来亲笔题写的馆名。1963 年，纪念馆正式对外开放。1982 年被公布为湖北省文物保护单位。1997 年，国家文物局、中宣部分别授予农讲所全国优秀爱国主义教育基地、全国百家爱国主义教育示范基地称号。2001 年，被国务院公布为全国重点文物保护单位。2004 年，中宣部等 7 部委联合将农讲所确定为全国百个红色旅游经典景区之一。

如今的武昌中央农民运动讲习所旧址所在的都府堤街区，形成了以农讲所、中共五大会址暨陈潭秋烈士早期革命活动旧址纪念馆、毛泽东旧居、武昌廉政文化公园为核心的红色文化建筑群，成为进行党史学习教育、追寻先辈革命足迹的热门基地。

（作者：方巍巍）

红巷深处有人家

——武昌毛泽东同志旧居

武昌都府堤41号，在苍松翠竹掩映之中有一栋典型的晚清江南风格的民宅，坐东朝西，砖木结构，三进三出，天井格局，面积约为436平方米。这里是毛泽东1927年上半年在武汉从事革命活动时居住的地方，也是当年5月前

毛泽东同志旧居

中共中央农民运动委员会所在地。旧居是以中央农民运动讲习所的名义租用的普通民房，院内及卧室陈设极其简单。重温这段激情燃烧的红色岁月，品

读一个个感人肺腑的热血故事，我们真切地触摸到中国共产党人那坚如磐石的初心。

团聚之地：毛泽东心中永远的回忆

这里既是毛泽东生命中最柔软的情感之所系，也是他革命思想逐渐成熟之所在。1926 年 12 月，毛泽东由上海来到武汉，主持全国农运工作。不久，岳母向振熙，夫人杨开慧，儿子岸英、岸青也从长沙搬来武汉，一家人在此度过了幸福美好的一段时光。

毛泽东初到武汉，即筹备成立中共中央农委办事处，主持创办农民运动讲习所。这一时期，毛泽东还出任中华全国农民协会临时执行委员会常务委员兼组织部部长、国民党中央候补执行委员、国民党农民运动委员会委员、国民党中央土地委员会委员等职务。他常常在晨曦中走出 41 号大门，不是外出召开或参加会议，就是在农讲所工作、讲课，直到深夜才回到家中。此时的杨开慧正身怀六甲，身边还有两个孩子需要照顾，但她为了让毛泽东有充沛的精力运筹革命大事，主动协助毛泽东的工作。

面对党内外对湖南农民运动的责难，为回答中国革命的根本问题，毛泽东从 1927 年 1 月 4 日至 2 月 5 日，利用 32 天时间，行程 700 余公里，到湖南的湘潭、湘乡、醴陵、长沙、衡山 5 地进行实地调查。2 月 12 日，毛泽东从湖南回到武汉，开始夜以继日地撰写考察报告。杨开慧根据毛泽东拟定的写作提纲，将考察资料和文稿认真分类、誊写。在她的帮助下，毛泽东仅用 4 天时间就完成了报告的撰写。2 月 16 日，毛泽东向中共中央递交了《湖南农民运动考察报告》（以下简称"《报告》"）。《报告》分别在中共湖南省委机关刊物《先驱》和中共中央机关刊物《向导》上刊发部分章节。汉口长江书店以《湖南农民革命（一）》为书名，瞿秋白作序，出版了单行本。

毛泽东与杨开慧的卧室

《共产国际》的俄文版、英文版先后转载了《向导》刊印的《报告》，在当时产生了很大的影响。

1927年4月4日，武昌中央农民运动讲习所举行开学典礼。就在这一天，杨开慧在武昌同仁医院分娩，生下第三个儿子毛岸龙。但因工作繁忙，毛泽东直到几天后才抽空赶到医院探望。面对妻子，他既欣喜又歉疚。杨开慧对他说："润之，这不要紧的。你在这里我要生，你不在这里我也要生。你工作要紧。我这里有孙嫂（保姆陈玉英）照顾不是一样吗？"杨开慧的真诚与善良，对毛泽东是极大的支持。

毛泽东和杨开慧一贯保持艰苦奋斗的作风，毛泽东夏天只有一件白布长衫和一件学生装，杨开慧的衣着也很朴素，从不过多讲究穿着打扮。有一天，杨开慧把毛泽东夏季唯一的一件白短学生装拿给保姆洗了，他便只能穿着长衫出门工作。邻居家一个老婆婆死了儿子，因无钱安葬，在街上大哭。杨开慧同毛泽东商议后，和农讲所的同志捐助了20多块银元。事后老婆婆前来

毛泽东旧居内景

道谢，杨开慧安慰她说："你儿子安葬了，就不要太伤心了。你是穷苦人，有什么困难，只要我们能帮忙的，我们就应该帮助。"

1927年，蒋介石、汪精卫相继叛变革命，大革命遭遇失败。8月7日，中国共产党在汉口召开紧急会议，决定开展武装斗争和土地革命，史称"八七会议"。八七会议后，毛泽东离开武汉，发动和领导了湘赣边秋收起义，后率部上井冈山，创建农村革命根据地。杨开慧也带着3个孩子回到长沙开展地下斗争。1930年，杨开慧被国民党反动派逮捕，许多知名人士出面保释，迫于压力，国民党反动派声称，只要杨开慧同意登报声明与毛泽东脱离夫妻关系，就可以被释放。对此杨开慧回答："要我与毛泽东脱离关系，除非海枯石烂！"11月14日上午，杨开慧被押送到郊外残忍杀害。

毛泽东与杨开慧情深意笃，杨开慧被捕牺牲，毛泽东曾慨叹："开慧之死，百身莫赎。"他曾为杨开慧写过《虞美人·枕上》《贺新郎·别友》《七律·答友人》等饱含深情的作品。1957年5月11日，毛泽东在写给柳直荀烈士夫人李淑一的信中，挥笔写下感天地、泣鬼神的词章《蝶恋花·答李淑一》："我失骄杨君失柳，杨柳轻飏直上重霄九。问讯吴刚何所有，吴刚捧出桂花酒。寂寞嫦娥舒广袖，万里长空且为忠魂舞。忽报人间曾伏虎，泪飞顿作倾盆雨。"词章寄托了毛泽东对夫人杨开慧和亲密战友柳直荀的无限深情。

回望历史，我们时常铭记英雄的光辉事迹，却容易忽略他们也是有血有肉的普通人，也有着对爱人的眷恋、对家庭的愧疚、对儿女的不舍等情感。但也正因如此，更凸显了革命者的无私与伟大。

永远的缅怀：旧居人物，光辉永存

都府堤 41 号留下了毛泽东一生中最幸福、最温馨的一段时光，夫人杨开慧及儿子毛岸英、毛岸青，两个兄弟毛泽民、毛泽覃，以及好友蔡和森、郭亮、彭湃、罗哲、夏明翰等人，都曾先后在此居住，从事革命活动。

"提着脑袋干革命"的郭亮，由毛泽东介绍加入中国共产党，被其称赞为"有名的工人运动的组织者"。1916 年，年仅 15 岁的郭亮还是一名初中生。他目睹遇难革命党人的头颅被挂在街头的场景，愤然写下立志诗："湘水荡荡不尽流，多少血泪多少仇？雪耻需倾洞庭水，爱国岂能怕挂头！"1927 年 4 月，郭亮在中共五大上当选为中央候补委员。1928 年，郭亮被国民党当局杀害，年仅 27 岁。他的头颅被挂在长沙司门口示众三天三夜，后又移至其老家示众。后人题《题郭亮烈士墓》联云："浩气壮古今，少年头掷地有声，问天下英雄有几；丹心照日月，七尺身捐躯无悔，唯男儿作事无他。"

被誉为"农民运动大王"的彭湃，虽是地主家的少爷，却放弃富裕的生活，与贫苦农民同甘共苦。1927 年 3 月，彭湃来到武汉，居住在都府堤 41 号。4 月，他出席中共五大，当选为中央委员。1929 年，彭湃在上海龙华英勇就义，把自己的生命献给了中国革命事业。其夫人许冰也在 1933 年因叛徒出卖被捕，在敌人的严刑拷打面前，她斩钉截铁地说："我生为红军人，死为红军鬼，决不贪生受辱。"

与毛泽东同为湖南人的罗哲，一直为毛泽东所器重。1927 年春，罗哲调往武汉，任中华全国农民协会临时执行委员会秘书。四一二反革命政变后，为及时应对武汉随时可能发生的事变，他搬到毛泽东寓所居住，常与毛泽东、彭湃等一起探讨革命的前途问题。1928 年 7 月 25 日，由于叛徒出卖，罗哲夫妇不幸被捕。罗哲牺牲得十分壮烈，当刽子手把他绑赴刑场时，他沿途大骂国民党反动派，高呼"团结起来，打倒反动派"。刽子手用刺刀刺裂其口，顿时鲜血直流，他仍骂声不绝。在刑场上，敌人强制他下跪，他又一跃站起，连续高呼："共产党万岁！"成千上万的民众目睹了他牺牲的情景，无不义愤填膺。

用生命谱写信仰赞歌的夏明翰，于 1927 年 2 月来到武汉，任全国农民协会秘书长，兼任武昌中央农民运动讲习所秘书。1928 年 3 月 18 日，由于叛徒出卖，夏明翰不幸被捕。在狱中，敌人对他施以酷刑，劝其投降，被他严词拒绝。他在生命的尽头，用敌人扔给他写"自白书"的半截铅笔，分别给母亲、大姐、妻子写下诀别信。三封家书，每一封都像他自己说的那样，无愁，无泪，无私念，却洋溢着对信仰的执着，对革命必胜的信念。他在给妻子郑家钧的信中写道："抛头颅，洒热血，明翰早已视等闲。'各取所需'终有日，革命事业代代传。红珠留作相思念，赤云孤苦望成全。坚持革命继吾志，誓将真理传人寰！"信中提到的"赤云"，是夏明翰的女儿，当时还不到 6 个月。写完信，他满怀对妻子、女儿的热切思念，用嘴唇和着鲜血，在信上留下了一个深深的带血的吻印。三封诀别信写完后，夏明翰受到了敌人更为残忍的虐待。3 月 20 日，28 岁的夏明翰被带到汉口余记里刑场。临刑前，他挥笔写下了那首气壮山河的就义诗——"砍头不要紧，只要主义真。

毛泽东同志旧居人物群像

杀了夏明翰，还有后来人！"

英雄已逝气犹在，在这段血雨腥风的岁月里，无数共产党人用热血与青春铸就了伟大的丰碑，革命伉俪用宝贵的生命诠释了向死而生的人间大爱。他们至死不渝的忠贞爱情和大无畏的牺牲精神，激励着无数革命者前赴后继。

情系武汉：旧居纪念馆"毛泽东在武汉"

武昌毛泽东同志旧居与农讲所相距 300 米左右，呈"T"字形布局。原建筑 1954 年被拆除，现建筑为 1967 年按原貌重建，复原了毛泽东的卧室、蔡和森、郭亮、夏明翰、彭湃、毛泽民、毛泽覃、罗哲等人先后住过的房间以及前客厅等。2001 年，被国务院列为全国重点文物保护单位。2004 年，被中宣部等 7 部委列为重点建设的全国百个红色旅游经典景区之一。

旧居纪念馆的基本陈列为"毛泽东在武汉"。展厅面积 481.6 平方米，展线长度95米，上展文物近100件，历史照片近200张。展览分为"烟雨莽苍苍""极目楚天舒"和"她在丛中笑"3个部分，用专题的形式，以毛泽东在新中国成立前后在武汉的重大历史事件为支撑，多角度、深层次地展示毛泽东的国之情、民之情、家之情。展览不仅全面反映了毛泽东在武汉从事民主革命和指导社会主义经济建设的历史场景，还展现了武汉在中国革命和建设中的地位和作用，凸显了武汉的红色文化底蕴。

武汉被毛泽东称作是"白云黄鹤的地方"。新中国成立后，毛泽东曾先后48次来到武汉，是除北京之外，居住时间最长的城市之一。无论是在寻求革命真理的道路上，还是在个人情感方面，武汉都深深地融入毛泽东的生命之中。而武汉也深深地镌刻了对毛泽东的记忆，写满了人民对他的深情怀念。

（作者：方巍巍）

大革命时期江城工人运动的指挥部

——汉口中华全国总工会旧址

　　武汉是中国工人阶级登上政治舞台最早的地区之一，也是中国现代工人运动的重要发源地。在国民革命的风云年代里，武汉曾 3 次成为全国工人运动的中心，在这里曾掀起 4 次中国工人运动的高潮。在武汉市江岸区友益街 2 号（现 16 号）的庭院内，有两栋西式楼房，西楼坐南朝北，为 3 层砖混结构，东楼为 2 层砖混结构，原为叶开泰公馆，汉口中华全国总工会旧址便坐落于此。1926 年，叶开泰公馆楼房为武汉国民政府所用，著名工人运动领导人李立三、刘少奇、邓中夏、项英、向警予等均曾在此领导全国工人运动。1927 年 2 月，中华全国总工会由广州北迁武汉，在此落户。

　　鸦片战争后，现代化的历史大潮从东南沿海推向长江两岸。武汉由于地理位置得天独厚，成为中国近代工业最发达的城市之一。武汉工人群体于 1861 年汉口开埠后逐渐出现，数以万计的产业工人和雇工、佣工来源于破

汉口中华全国总工会旧址

产农民、手工业者和城市贫民，工作环境恶劣艰苦。许多工厂的厂房低矮阴暗，毫无通风设施，厂房内的空气污浊不堪。如棉花包装厂内絮尘满天，缫丝厂里则到处散发着令人恶心的气味。工人们在厂内终年不见一点阳光，加上缺乏营养，大多面色苍白。他们夜以继日地辛苦劳作，换来的收入却极其微薄，还要忍受工厂主以各种"莫须有"的罪名进行的惩戒和剥削，身心备受摧残。

共产党人的启蒙和武汉工人的觉醒

1921年8月，董必武、陈潭秋参加党的一大后由沪返汉，成立了中共武汉地方委员会，包惠僧任书记，董必武、陈潭秋为委员。规划工人运动、发动工人斗争，对于早期的武汉共产党人来说是一个崭新的课题。他们克服困难，在摸索中前进，做了一些接近工人的准备工作，如创办刊物、发表文章介绍国内外工人运动动态、开展工人运动调查等。项英就是在《劳动周刊》的影响下不断觉悟，最终成长为一名党的骨干的。

同年9月，在党组织的帮助下，武汉最早的产业工会——粤汉铁路徐家棚机车处职工联合会成立。包惠僧依据对工人状况的调查写了《我对于武汉劳动界的调查和感想》一文。针对武汉工人的不公平待遇，他号召共产党人"觉悟你们的责任，非我其谁属""你们自己不能呼喊，我就代你们讲两句"，鼓励劳动界"应当觉悟起来，协力对抗才是"，启发工人"团结起来，推翻资本制度，实现人类的幸福"。后来，中共武汉区委于1922年7月底领导成立了武汉工团联合会，成为全国最早的一个地方总工会。

1923年2月1日，京汉铁路总工会成立大会在郑州召开，遭到吴佩孚的反对。全体代表决定"为抗争自由起见，谨决于本月四号午刻宣布京汉路

京汉铁路总工会成立大会

全路总同盟大罢工",后遭到军阀的残酷镇压。京汉铁路工人罢工得到全国各地工人的支持,电报如雪片飞来,同情声难以尽数——"举行示威者有之,召集大会者有之,集款援助者有之",将武汉工人运动推向了高潮。二七惨案后,武汉工人运动虽未停止,但陷入了低谷,苦苦等待着黎明曙光的降临。

武汉工人纠察队成立

北伐军入鄂后,武汉及湖北地区的工人运动轰轰烈烈地开展起来。为了更好地领导湖北的工人运动,中华全国总工会于 1926 年 9 月在汉口友益街 2 号设立办事处,统筹指导工运工作。随后,武汉工人纠察队在汉口成立。1927 年 2 月,中华全国总工会由广州迁至武汉,办公地点先设在汉口歆生路(今江汉路)义成里原华扬旅馆,后迁往汉口友益街 2 号。在中华全国总工会的指导下,众多全国性的专业工会组织纷纷在汉成立。仅在当年 3 月,就有全国邮务总工会、全国印务总工会、全国矿工总工会、全国铁路总工会、粤汉铁路总工会 5 个总工会迁汉办公,或建立办事处、筹备处,使武汉成为工运的圣地、全国工人运动的中枢。

共产党人在组织工人运动中意识到,要强化工人的行动力,必须成立工人的纪律组织来领导他们,武汉工人纠察队正是这一经验的产物。武汉工人纠察队的首要职能是积极维护工运秩序、规范工人行为,防备不利于工人的反革命行为等。

此外,武汉工人纠察队还承担了维持城市秩序的职能。据统计,从1926 年 10 月 20 日到 1927 年 6 月 5 日,武汉大规模的群众集会就有 30 多次。如何保障大规模、高密度的集会安全,成了保证城市秩序的重要问题。当时武汉的每一次群众大会,都有工人纠察队负责维持秩序。武汉工人纠察队成为城市安保体系的重要组成部分。

总工会领导下的反帝斗争

武汉工人纠察队兼有反对帝国主义的职能，主要体现在对汉口租界的行动上。汉口英租界开辟于1861年，设施齐全，俨然"国中之国"。租界当局对中国人制定了许多歧视性规定。中国人不仅工作重、收入低，还经常遭到外国人的毒打。武汉人民对租界当局恨之入骨，一直没有停止过收回租界的诉求。

1927年1月1日至3日，为庆祝北伐战争胜利和国民政府迁都武汉，武汉人民举行了3天的庆祝活动。3日下午，广大民众在汉口江汉关前靠近英租界的空地上，静听宣传员演说。时值新年假期，大街上聚集的人越来越多。租界当局急调水兵登岸，从租界冲出，驱赶、刺杀民众，酿成一三惨案。湖北全省总工会第一次代表大会决议提出"立即实行抵制英货，对英经济绝交"等五项办法。激愤的民众在武汉工人纠察队的带领下冲进英租界，对其进行了实际控制。事后，工人纠察队在原英租界外围驻扎，巩固秩序，有力

武汉各界庆祝北伐胜利暨国民政府迁鄂纪念大会

推进了在法理上收回英租界的谈判。

此外，在日本帝国主义造成的四三惨案中，武汉工人纠察队也保卫了民众的安全，对日本殖民者的暴行加以反制。1927 年 4 月 3 日，人力车夫刘炳喜在日租界拒绝两名日本水兵共乘其车，被刺倒在地。后来民众冲进日租界追凶，与日本水兵发生冲突。武汉工人纠察队及时赶来维持秩序，不仅避免了更大的人员伤亡，还将 6 名参与行凶的日本水兵和 4 名可疑日侨扭送至湖北全省总工会。随后，工人纠察队还对日租界进行了监视，做到了"在昼夜不息风雨中，以最大的牺牲精神作群众之护卫"。

武汉工人运动因反革命政变陷入低潮

然而，一股对工人运动极为不利的暗流已经开始出现。撕去革命伪装的蒋介石终于原形毕露，成为帝国主义与大资产阶级的代表。1927 年 3 月，他先是在江西赣州、南昌、九江，安徽安庆等地解散、捣毁工会组织，随后在上海悍然发动四一二反革命政变，解散上海总工会，大肆捕杀工人、民众。湖北全省总工会发布讨蒋通电。4 月 23 日，武汉各界工人及民众在武昌阅马场举行 30 余万人参加的讨蒋大会。

国民革命军第三十五军军长何键制造、散布了武汉工人纠察队将缴三十五军枪械的谣言，并于 6 月 28 日发出《讨共宣言》。陈独秀在汉口召开紧急会议，会上周恩来、张太雷、谭平山表示何键将在武汉制造第二个"马日事变"，必须将工人武装转移到武昌，交给贺龙、叶挺指挥，以保存革命力量。但陈独秀的右倾机会主义思想主导了会议，最终湖北全省总工会宣布将纠察队全体解散，所有前领枪弹，交存管理汉口卫戍事宜办事处。

工人纠察队的解散，在工人及民众中制造了恐慌、失败的气氛，极大地影响了湖北工人运动的士气，也助长了以汪精卫为首的反革命阵营的气焰。

《民国日报》有关工会被查封、纠察队被缴械的报道

7月15日，汪精卫在国民党中央执行委员会常务委员会第二十次扩大会议上，操控通过了"分共"决议案，随即对共产党员和革命群众进行疯狂捕杀。何键、李品仙、唐生智随后加入反革命阵营。何键率部占领了中华全国总工会及湖北全省总工会机关，查封了《工人导报》。武汉被唐生智解散的工会达146个，会员20多万人。湖北各工会组织不得不转入地下，直到中共六大后才有所恢复。中华全国总工会也于9月离开武汉迁至上海。

中华全国总工会在汉工作期间的功绩，在1927年8月中华全国总工会发表的《反抗压迫工人工会的宣言》中作出了高度概括："全国总工会的历史，只要看'五卅''省港罢工''出师北伐''汉浔工人夺回英租界''上海三次暴动政治罢工'等伟大革命斗争，这些斗争都是中华全国总工会领导的；在中国革命历史上，他们工作何等光荣，在世界革命史上，亦已不可磨灭。"中华全国总工会领导收回汉口英租界的事件也名列其中，可见这段时期中华全国总工会工运工作的重要性，在武汉、湖北，乃至全国工运史上书写了无比壮丽的篇章！

1958年，湖北省委批准在汉口中华全国总工会旧址筹建纪念馆，1963

年建成，1966 年关闭。2006 年，汉口中华全国总工会旧址被国务院公布为第六批全国重点文物保护单位。2018 年 1 月，武汉市总工会发布公告称，为加强汉口中华全国总工会暨湖北全省总工会旧址和刘少奇同志旧居的抢救性保护，武汉市总工会拟恢复筹建汉口中华全国总工会旧址纪念馆，将其打造成革命传统教育、爱国主义教育和工运史教育的重要基地。

（作者：杨汝博）

见证工运领袖的武汉岁月

——汉口刘少奇同志旧居

走进汉口友益街尚德里，最先映入眼帘的是一幢里弄式的两层民房。房子坐南朝北，总建筑面积约 120 平方米，整体为砖木结构，有天井将房子分为左右两边，大门为石框门。门一侧有写着"武汉市文物保护单位，刘少奇同志旧居（一九二七年）"等内容的牌匾。这幢位于汉口闹市区的民房，就是大革命时期刘少奇在武汉领导工人运动时住过的房子。

汉口刘少奇同志旧居

赶赴江城，助力工运"怒潮"

随着北伐战争的胜利推进，工农运动也蓬勃发展起来。一时间，武汉这座华中重镇成为中国革命和工人运动的指挥中心。中共中央抽调大批干部来武汉指导工作，中国共产党的各级工作机构也逐步向武汉迁移。

1926 年 9 月，为更好地指挥湖北及邻近各省的工人运动，中华全国总工会在汉口友益街设立办事处，李立三和刘少奇分别任办事处主任和秘书长，负责指导湖南、湖北、江西、安徽、四川、河南 6 省

大革命时期的刘少奇

的工人运动，特别是正在迅速发展的武汉工人运动。10 月，湖北全省总工会成立，选举向忠发为省总工会执行委员会委员长，许白昊任秘书长（不久由刘少奇继任）。

时年 28 岁的刘少奇，正是风华正茂的年纪。一接到党中央的派遣，他马上从广州赶到武汉，立刻开始为中华全国总工会迁址武汉做准备工作，并投入轰轰烈烈的武汉工人运动大潮中。他顾不得舟车劳顿，立即到工人集中的武汉码头、纱厂、烟厂等地和邮务、印刷等行业工会及湖北应城矿区，了解各工会的组织情况和工人的劳动、生活状况。这一系列的实地考察，为他后来制定各项工会制度、策略，领导工人运动奠定了坚实的基础。

1926 年底，正是武汉工人罢工斗争风起云涌的时候。在资本家的剥削和压迫下，工人生活每况愈下。他们向资本家提出增加工资、改善劳动待遇等正当要求，却遭到无理拒绝。工人们忍无可忍，于是英美烟厂工人、湖北

邮务工人、海员工人、杂货店员、日界洋务工人相继举行罢工。

刘少奇等人多次深入斗争前线，向工人宣传党的主张，给罢工斗争以正确的指导，为推动工人组织的不断壮大、鼓励工人团结革命指明了方向。1927 年 3—4 月，武汉工人先后举行了 300 多次罢工斗争，其规模之大、参加人数之多、斗争之激烈，充分显示了工人阶级的先进性，也带动了湖北其他各县市工人罢工斗争情绪的高涨，极大地打击了帝国主义、封建主义的嚣张气焰。

风雪之夜，铸就工运"导航灯"

深冬的江城夜晚，寒风瑟瑟。闭锁的木窗外，不时传来几声寒鸦的凄鸣，更映衬出街道的冷清。夜已深，带着一身风雪和疲惫的刘少奇才回到汉口尚德里 2 号 2 楼的房间。他来不及休息，就开始聚精会神地伏案写作。此时正是武汉工人运动如火如荼开展的时候，刘少奇的胸中似乎也有熊熊烈火在燃烧，顷刻间就将寒夜的凄清驱逐殆尽。他时而奋笔疾书，时而放下笔来细细思考……从 12 月 26 日至 28 日，连续 3 晚，终于完成了《工会代表会》《工会经济问题》《工会基本组织》3 本小册子及序言的撰写。

刘少奇连夜写成的这 3 本小册子，将马克思主义基本理论与平时调研的实际情况结合起来，对中国共产党成立以来，尤其是北伐战争以来工人运动的经验教训作了总结；在我国工会建设史上第一次完整、明确地阐述了工会性质、任务和组织原则等问题，成为我国最早的关于工会建设的专门著作，在我国工运史上具有里程碑意义。这 3 部论著，犹如黑夜里的一盏"导航灯"，为正处于发展中的中国工会组织、工人运动指明了前进的方向。这 3 部著作一经完成，就由省总工会宣传部迅速刊印出版，成为指导湖北工人运动的重要文件，还作为工人运动讲习所的基本教材，受到学员的广泛欢迎。

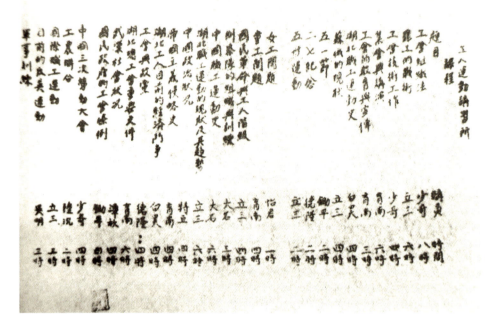

武汉工人运动讲习所课程表

由于形势发展的需要，湖北全省总工会决定创办工人运动讲习所。在刘少奇的具体领导和操办下，讲习所先后举办了两期训练班，共开设 20 多门课程。当时，在武汉的李立三、刘少奇、林育南、许白昊、陈潭秋等中共中央和湖北区委领导人，大都参与到授课工作中。课程内容以工人运动为中心，除学习马克思主义基本理论、政治历史知识、工运常识和集会演讲知识外，还开设军事课程并进行军事训练。训练班采取干部训练班、速成班等灵活多样的形式，先后培训了 500 多名工运骨干，极大地促进了湖北各地工人运动的有序开展。学员中近 200 人后来成为各地工会的骨干力量，被派往武汉各工会及湖北各县领导工人运动。

1927 年 5 月，湖北全省总工会将刘少奇关于工会组织的讲演内容整理为 7 个部分，汇编成册出版，不仅从理论上对工会的作用、组织范围、组织系统、各级组织的职权等作出系统的阐释，还从实际出发，进一步回答了工会运作过程中的问题及解决方法。刘少奇的著作，为当时及之后的工人运动提供了相当完备的指导。

领导民众，收回汉口英租界

1927 年 1 月 3 日，武汉各界民众在汉口江汉关一带举行庆祝北伐战争胜利和国民政府迁都武汉的活动。英租界当局命附近的英军水兵持枪上岸驱赶，打死打伤民众 30 余人。面对英军的罪恶行径，武汉民众怒不可遏，反抗一触即发，情势十分危急。

正在主持湖北全省总工会第一次代表大会的李立三、刘少奇等人，一得到消息，立即赶到出事地点查看情况。刘少奇不顾个人安危，谴责帝国主义的暴行。当晚，国民党汉口特别市党部和湖北全省总工会连夜召开紧急会议，讨论应急方案。在刘少奇的主持下，湖北全省总工会第一次代表大会发表《为反对英水兵惨杀同胞通电》，怒斥英帝国主义者的罪行，提出对英交涉的 6 项要求。

5 日，武汉工农商学联合会及武汉码头总工会、武汉店员总工会发表通电和宣言，号召全体同胞团结起来，反对英帝国主义。在刘少奇、李立三等人的领导下，武汉开展了全市性的罢工、罢市、罢课斗争。当天下午，30 万武汉市民冒着大雨，从四面八方赶来，在汉口济生三马路举行反英示威大会，一致通过了多项对英办法，请求政府立即向英领事提出交涉，限其 72 小时内作出圆满答复。

会后，广大市民举行了游行示威。游行队伍群情激愤，在工人纠察队的带领下，高呼着"收回英租界""为死难同胞报仇"的口号行进。不久，愤怒的民众推倒了英租界的铁丝网等障碍物，汉口码头工人用扁担、木棍砸开租界的大门，解除了英租界的武装，迅速占领了租界，并在房顶升起了中国国旗。

在全国人民的大力声援和国际舆论的支持下，武汉国民政府迫使英国政府签订了关于汉口惨案的协定。3 月 15 日，中国正式收回汉口英租界，结束了英国对汉口长达 66 年的殖民侵占。以武汉工人为主力军的中国工人阶级，在刘少奇等人的领导下，第一次依靠自己的力量收回租界，在中国人民的反帝斗争史和外交史上留下了光辉的一笔！在此壮举的鼓舞下，九江人民也开展了收回英租界斗争并取得胜利。

怒斥暴行，力倡武装斗争

以武汉为中心的工农革命洪流席卷全国，引起帝国主义和反动派的恐惧和仇恨。他们相互勾结，妄图扼杀一切革命力量。

1927 年 3 月，蒋介石在江西率先发动反共事变，指使爪牙杀害赣州总工会委员长、共产党员陈赞贤。随后，又在南昌、九江、安庆等地大肆破坏工农革命团体，打死、打伤多名共产党员和革命群众。噩耗传来，武汉民众无不感到万分悲痛和愤慨。在中共湖北区委和湖北全省总工会的领导下，40 万武汉民众在武昌阅马场召开追悼鄂赣死难农工领袖大会，要求惩办制造赣州惨案的真凶。

赣州惨案的发生，令刘少奇悲愤交加。他连夜撰写《论陈赞贤同志在赣被杀害事》一文，后发表在《汉口民国日报》上，痛斥蒋介石的罪行。文章深刻地指出，"江西这件事的发生，是革命战线内反革命的开始"，号召大家一致奋斗起来，以达到国民革命的完全成功。上海四一二反革命政变发生后，刘少奇再次代表湖北全省总工会发出讨蒋檄文，列举蒋介石镇压工人运动等 6 大罪状，下定决心率领民众打倒反动军阀。

武汉工人纠察队队员

　　此时，革命的危机仍在日益加深。1927 年 5 月中旬，国民革命军独立十四师师长夏斗寅在宜昌发动叛乱。在反动武装直逼武汉的严峻形势下，刘少奇临危不惧，带领武汉工人纠察队投入反击叛军的战斗，有力地配合了叶挺部队的平叛作战，维护了武汉的安全和社会秩序。其间，刘少奇还在汉口主持召开了声讨夏斗寅的大会。

　　在反对帝国主义和蒋介石的斗争中，刘少奇越来越深刻地认识到，中国工人运动已由单纯的经济斗争发展成为政治武装斗争，必须要重视工人武装组织的发展。他强调工人武装斗争的这一思想，被写进第四次全国劳动大会通过的《工会组织问题决议案》中。显然，在当时右倾思想占主导地位的环境中，这种观点的提出是难能可贵的。

　　在国共合作即将破裂的严峻形势下，受右倾机会主义思想的影响，中共中央政治局作出了解散武汉工人纠察队的决定。由于认识到坚持武装斗争的重要性，刘少奇在解散纠察队时，将纠察队队员和公开活动的党员干部及进步人士分散隐蔽起来。在上交武器时，将百余支旧枪、坏枪及童子团的木棍上交以应付了事，而把大部分好枪留下。随后，迅速将一部分党员干部和带有枪械的纠察队队员陆续转移到贺龙、叶挺领导的部队中去，在全国"白色恐怖"即将到来的危急情况下，为党挽救了一批干部人才，其中的许多人后来几经辗转参加了南昌起义、井冈山斗争，继续为中国革命斗争不懈奋斗。

　　光阴逝去，历史流转，战斗的硝烟早已散去，尚德里2号（今为4号）的这座老房子也已空置。1983年，这里被列为武汉市市级文物保护单位。它一直矗立在江城的街头，似乎时刻在向人们诉说着那些动荡年代的故事。它的存在，既见证了中国革命在武汉的燎原和曲折，也储存着刘少奇等中国工人运动领袖在武汉光辉奋斗的历史记忆。它那满墙的斑驳，既承载了革命年代的艰难困苦，又记录了工人运动在武汉的蓬勃发展，还预示着革命精神的代代延续！

（作者：栗荣）

革命巨澜中的红色堡垒

——汉口中共中央宣传部旧址暨瞿秋白旧居陈列馆

　　繁华辅义里，烟火吉庆街。在这片静谧安然的老汉口生活区里，坐落着一座红色堡垒，在国民革命的危急关头，它大造革命舆论，使得武汉三镇掀起声势浩大的讨蒋运动。现在这座红色堡垒旧址，重新修缮成一座纪念馆，即汉口中共中央宣传部旧址暨瞿秋白旧居陈列馆。旧址原本是辅义里 27 号，如今是吉庆街 126 号。

　　辅义里建于 1917 年，当时建有两层砖木结构青砖红瓦房 60 栋，瞿秋白旧居便是其中一栋。改造后的吉庆街，让这栋新修复的两层小楼不再藏身汉口老里分。绕道美食城后，得见 3 幢两层相连的西式建筑——瞿秋白旧居与中共中央宣传部旧址，分处楼上楼下。1927 年初，国共合作进入高潮，中共中央从上海迁来汉口，瞿秋白入住辅义里 27 号，主持中宣部工作，担任党报委员会书记，直接主持党报党刊的编辑出版工作。八七会议后，他成为

汉口中共中央宣传部旧址暨瞿秋白旧居陈列馆外景

党中央最高领导人之一，仍然分管农委和宣传部，兼任党报总编辑。

陈列馆入口在小楼左侧。推门而入，正对着门的一面壁上有瞿秋白手书："万郊怒绿斗寒潮，检点新泥筑旧巢。我是江南第一燕，为衔春色上云梢。"当年，这里藏龙卧虎、风云际会。革命巨澜翻滚，时局波诡云谲，舆论不仅能推波助澜，更能拨云见日。

红色堡垒在武汉

1927 年，中共中央机关从上海迁到武汉，人员陆续动身、先后到达，在武汉半年多后又陆续迁回上海。于是形成一种特殊状况：在武汉时期中共中央机关各部门的领导人任期短、更换快，中宣部亦不例外。

中宣部在汉经历了 3 个阶段：1927 年 3 月中旬至 4 月下旬中共五大召开前，瞿秋白负责党的宣传工作，他以汉口辅义里 27 号为据点，主持《向导》周报等报刊的编辑出版工作；中共五大后至八七会议前，蔡和森任中宣部部长，瞿秋白任党报委员会书记，分管党报、党刊的编辑出版工作；八七会议至中央迁回上海前，瞿秋白全面主持党中央工作，分管农委和宣传部，任党报总编辑。当时，中宣部内设机构有宣传、鼓动、出版 3 个科以及图书馆、长江书店、长江印刷所等。中共五大后还设立了中央出版局。

汉口六渡桥北侧长江书店旧址

俯身细看陈列馆玻璃展柜，《向导》《中国青年》《湖北农民》《汉口民国日报》《群众》……中宣部在汉期间出版发行了大量革命书刊。一页页发黄的版面，书写着往日风云。中宣部在汉主要主持《向导》周报和《汉口民国日报》的编辑发行工作。《向导》周报创刊于 1922 年 9 月，是中共中央的机关刊物。该报主要发表时事政治评论文章，以宣传党的纲领、路线、方针、政策和指导群众斗争为主要任务。陈独秀、蔡和森、瞿秋白、张太雷、赵世炎等人经常为之撰稿。《汉口民国日报》是一份以国共统一战线面貌出现、实际由共产党人掌握并受中宣部领导的大型日报。汪精卫背叛革命后，董必武辞去总经理职务，报纸被迫改组，于 1927 年 9 月停刊。

作为中国共产党的公开出版发行机构，长江书店主要出版《向导》周报、《群众》周刊以及各革命团体的进步刊物，重印了新青年社的许多进步书刊。据《中国共产党武汉史（1919—1949）》梳理统计，1927年上半年，武汉地区有各种报纸30余种、刊物60余种。《楚光日报》《武汉星期评论》《汉声周报》《革命生活》《工人导报》《湖北农民》《湖北妇女》《青年之路》等进步报刊大量发行，深受武汉人民欢迎。

红色号手瞿秋白

新闻记者出身的瞿秋白在党的理论构建和新闻宣传领域亦有突出贡献。1950年，毛泽东为《瞿秋白文集》题词："他有思想，他留下的文字是我们宝贵的遗产。"1978年，在瞿秋白骨灰安放仪式上，陆定一代表中共中央讲话，指出瞿秋白是"无产阶级卓越的政治活动家和宣传家"。

新华出版社1983年出版了一部《新闻界人物》，瞿秋白、蔡和森、邹韬奋合为一册。该书首先用65页详尽评述了瞿秋白的新闻人生：从1923年起，瞿秋白主要负责党的宣传工作，一连主编《向导》周报、《前锋》月刊、《新青年》季刊、《热血日报》，无人可以比肩。1927年4月初，《向导》周报编辑部随同中共中央宣传部由上海迁至汉口，彭述之、郑超麟因故未到，瞿秋白便代理中宣部主任兼《向导》周报主编。

其间，当得知《向导》周报怕引起国民党右派不快而仅刊发毛泽东《湖南农民运动考察报告》的一部分时，他为党没有一份公开发行的日报而痛心疾首。《新闻界人物》用一个"特写镜头"描述道："他曾拿着《湖南农民运动考察报告》对杨之华说：'我们至今没有自己的党报——日报，你看，这样的好材料，却不准宣传，真岂有此理！如果自己有党报，该宣传的还是要宣传。这样重要的事情，至今还不能解决。'"

湖南農民革命序

「匪类，惰農，痞子……」是些都是安勤的神士豪紳眼裡鄙棄的稱呼。但要真正能解放中國的卻正是這些「匪徒」。湖南的鄉村裡要許多土豪劣紳種種神話眼裡等等的打被這些「匪徒」一現在在那要把些地政權，都被這些「匪徒」打得落花流水。平民的民權政治，正是全國的一匪徒才能真正爲民眾利益而奮鬥的激底反對帝國主義。有「人」說他們是遇羊了，卻是這是不是人話呢？！——至少都是反革命的話，中國所謂「政則若王敗則落寇」至竟是誰？都是失業的貧困而激動的農民，便是土匪。土匪是革命窰，官僚便是王呢？都是利用募勳農民而得得的「土匪頭兒」。當然，這些官僚士大夫原本是土匪頭兒的奴才。土匪頭兒沒有得志的時候，想是相失業破產的平民，他便是用殺戮掠奪許多士大夫官僚來壓迫平民，他便成了地稱兄道弟，等到他得志了，他便苔用殺奪許多士大夫官僚來壓迫平民，他便成了土豪劣紳的代表。

瞿秋白为《湖南农民革命（一）》作的序

为此，他一方面指示宣传部秘书羊牧之联系长江书店，以《湖南农民革命（一）》为书名出版了《湖南农民运动考察报告》首个单行本；一方面与陈独秀、彭述之进行了多次斗争，同在中央的任弼时等同志商量过几次，想请沈雁冰（茅盾）同志来负责主编这份日报。此时，沈雁冰正担任《汉口民国日报》主编，因编辑方针受到陈独秀、彭述之的干扰与控制而深为苦恼，特向瞿秋白请示。瞿秋白说："我们另办一份报！共产党的政策要通过国民党的报纸来宣传，本来就不正常，许多话只能讲一半；不如把这个报纸交给国民党左派，抽出我们的同志另办一份党报，堂堂正正地宣传共产党的政策。"

1927 年 5 月 25 日，中央政治局常委会会议通过决定，增设中央党报委员会，瞿秋白任书记。同时还决定成立日报筹备委员会，由张太雷、沈雁冰、汪原放 3 人组成，沈雁冰任书记。当"另办一份党报"的设想未能实现时，瞿秋白高度重视发挥《汉口民国日报》的作用。沈雁冰在《我走过的道路》一书中回忆，瞿秋白提出，当前的报纸宣传要看重这样三个方面：一是揭露蒋介石的反共和分裂阴谋；二是大造工农群众运动的声势，宣传革命道理；三是鼓舞士气，作继续北伐的舆论动员。《汉口民国日报》由国民党湖北省党部主办，但在办报方针、宣传内容、经营管理上，由中共中央宣传部指导，成为开展革命统一战线工作的重要舆论阵地。

危急时刻的"书生领袖"

中共五大前后，根据革命形势和党内不重视农民运动的错误倾向，瞿秋白在《向导》周报先后发表了《农民政权与土地革命》《论中国革命中之三大问题》《五卅二周年纪念与国民革命联合战线》等文章，以此来纠正党内的错误倾向。

在大革命的紧急关头，中国共产党第五次全国代表大会于 1927 年 4 月 27 日至 5 月 9 日在武汉召开。据瞿秋白夫人杨之华回忆，当时开会的时候在每个代表的座位上放着一本小册子，封面上印着"《中国革命中之争论问题》，瞿秋白著"，扉页上印着"第三国际还是第○国际？——中国革命中之孟塞维克主义"。杨之华口中的"小册子"实际上有 7 万余字，内容分为五章："中国革命么？""谁革谁的命？""谁能领导革命？""如何去争领导？""领导的人怎样？"其核心要义有三：一曰无产阶级必须争得革命领导权，二曰无产阶级必须重视农民问题，三曰无产阶级必须有自己的军队。

　　直面瞿秋白的小册子，陈独秀很不高兴。彭述之附和说："这是见了鬼。"瞿秋白以此质疑顶头上司陈独秀和彭述之，直接促使中共五大确立了争夺无产阶级领导权的重要原则。《中国革命中之争论问题》为在党内纠正右倾机会主义错误作了重要的理论准备。1927 年 7 月 8 日，《向导》周报第 200 期刊登了"秋白"的《革命失败之责任问题》，文中高呼：谁是反对革命势力的联合，谁是破坏对于反革命进攻的战线，谁便应当负革命失败的责任！

　　1927 年 8 月 7 日，中共中央在汉口秘密召开紧急会议。会上，瞿秋白代表临时中央政治局常委会作的报告指出：农民要求暴动，各地还有许多的武装，有这极好的机会，这极多的力量，我们必须要燃着这爆发的火线，造成土地革命；我们的策略是独立的工农阶级斗争。在讨论农民运动决议案时，瞿秋白说，要号召农民暴动，过去所以有不同的意见，是无农民问题的党纲。五次大会拒绝讨论此党纲是错误的。第六次大会无论如何应讨论并决定一个农民问题的党纲。在大革命失败的危急关头，年仅 28 岁的瞿秋白当选为中央临时政治局主席。他以强烈的历史责任感和极大的政治勇气，毅然担负起党的主要领导人的重任，带领中国共产党人在黑暗中继续高举革命的旗帜。

　　八七会议后，随着革命形势发生变化，中共中央决定中央机关迁回上海，中共中央宣传部随之离汉。《向导》周报后来也因形势逆转而不得不停刊，瞿秋白不甘它就此消亡，想方设法在上海创办机关刊物《布尔塞维克》，承接《向导》周报继续发声。陈列馆玻璃展柜展示的《布尔塞维克》，就是1927 年 10 月 24 日出版的第 1 期。瞿秋白亲任主编一职，直到 1928 年 5 月赴莫斯科筹备党的六大。陈列馆墙上，还有一张灰黑照片，照片上的几间低矮民房毫不起眼，细看却是红色中华报社旧址。《红色中华》是党在根据地创办的第一份日报，瞿秋白 1934 年初抵达苏区后，出任社长兼主编。红军踏上长征之途，《红色中华》坚持出报直至他英勇就义，瞿秋白的红色宣传生涯贯穿了他的一生。

在赤都武汉，瞿秋白在风雨中牢牢筑起宣传堡垒，在中国共产党的中枢要地临危受命，扩大了对马克思主义理论和中国共产党的政治主张、革命方针的宣传，在鼓舞民众方面发挥了重要作用。他力挽狂澜、勇立潮头、纠正航向，在长江边"唤起工农千百万"，发挥了作为党的主要领导人不可替代的重要作用，为中国革命作出了不可磨灭的历史性贡献。

（作者：杨汝博）

紧急时期的艰难探索

——中共五大会址纪念馆

在武昌旧城风貌区中，有一条静谧宽敞的小路——都府堤街，它东临解放路繁华的传统商业街和昙华林历史街区，西临浩瀚长江，南望天下江山第一楼——黄鹤楼。因其东原有司湖，清代在此筑堤，堤近都督府衙门，故名督府堤，亦称都府堤。在这条著名红巷中，中共五大会址纪念馆暨陈潭秋烈士纪念馆静静地坐落在红巷南段，与毛泽东同志旧居、武昌廉政文化公园隔街相望。它原为武昌高等师范学校附属小学，北伐军攻克武昌后，附小更名为国立武昌第一小学，中共五大的开幕式就在此举行。中共湖北早期党组织的主要负责人陈潭秋1922年从武昌高师毕业后到附小任教，以教书为掩护从事革命活动。因此，中共五大开幕式会址也是陈潭秋烈士早期革命活动旧址。进入武昌都府堤街，在红巷漫步，看到一座具有西方古典主义风格和巴洛克式楼顶花雕的临街两层门楼，这里便是中共五大会址纪念馆。

中共五大会址纪念馆入口和外景

进入纪念馆的拱形楼门，内部"回"字形庭院布局豁然开朗。7栋中西结合、砖木结构建筑，即学生下雨天上体育课的风雨操场、教工宿舍、马蹄形教学楼和小礼堂等由远到近映入眼帘，错落有致。纪念馆的核心展区是教工宿舍中的"紧急时期的艰难探索——中国共产党第五次全国代表大会历史陈列"和风雨操场一层的"中共五大开幕式会场"复原陈列，这里讲述着中共五大召开前后的紧张岁月和陈潭秋烈士早期在武汉的革命生活。

低潮时刻，应对危机

中共四大以后，中国共产党领导的革命运动风起云涌，国共合作的北伐战争势如破竹。正在大革命轰轰烈烈地进行时，蒋介石于1927年4月12日举起了反革命的屠刀，赤都武汉迅速被笼罩在白色恐怖之中。在此紧要关头，中国共产党在共产国际的指导下，于4月27日至5月9日在武汉举行第五次全国代表大会。全党对召开五大，进而在五大指导下正确认识严峻复杂的局势、从而挽救革命寄予厚望。

经过周密筹备，大会开幕式在当时的武昌都府堤20号国立武昌第一小学风雨操场隆重举行。该校为1918年武昌高等师范学校利用小司湖滩地创

中共五大开幕式会场复原陈列

办的附属小学。之后大会转移至汉口的黄陂会馆继续召开。可惜的是，黄陂会馆在新中国成立初期被毁，原会址改建成一所小学。

中共五大开幕式会场内的复原陈列本着尊重历史、还原历史、实事求是的原则，做到摆之有据、言之有理。2007年这里建成开馆时，开幕式会场复原陈列所挂中国共产党党旗式样，是根据罗章龙、郑超麟的回忆，中间贴有CCP（"中国共产党"英文缩写）三个白色英文字母。2016年11月，中共五大会址纪念馆为改陈需要，广泛向海内外征集文物资料。随后在俄罗斯国家社会政治历史档案馆发现了五大开幕式和开会的两张珍贵历史照片，这也是迄今仅存的反映早期党代会的历史照片。现在的场景就是根据历史照片复原的：开幕式会场的正中间墙上，从上至下分别悬挂马克思、列宁、孙中山带木制边框的照片，左右两侧分别悬挂中国共产党、中国国民党党旗以及两条布标语，标语上写着"坚决的领导农民革命""资产阶级叛逆后一切革命势力团结于无产阶级周围"等字样，大会主席团座位、参会代表的座位也都按历史照片安排……出席大会的代表有陈独秀、蔡和森、瞿秋白、毛泽东、任弼时、刘少奇、邓中夏、张国焘、彭湃、方志敏、恽代英、罗亦农、董必武、项英、陈潭秋、苏兆征、向警予、蔡畅等 82 人，代表全国 57967 名党员。置身现场，仿佛听到了中共五大开幕时的热烈掌声以及与会代表们的热烈讨论。

谨慎选址，确保安全

中共五大能够在武汉顺利召开，一方面是因为武汉已成为大革命的中心，另一方面蔡以忱同志功不可没。蔡以忱是中共湘鄂两省的早期领导人和湖北农民运动的重要领导人，1927 年 4 月在中国共产党第五次全国代表大会上当选为第一届中央监察委员会委员，是中国国民党湖北省党部执行委员和创始人之一。在会前，他同蔡和森磋商，拟将国立武昌第一小学与汉口黄陂会馆作为五大候选会址供中央选择。中共中央经过慎重研究决定：五大开幕式先在具有光荣革命传统的国立武昌第一小学举行。

因中共五大召开之时，正处于蒋介石发动四一二反革命政变后的风口浪尖，形势非常险恶。参与会议筹备工作的中共湖北区委负责人蔡以忱、负责会议安全工作的武汉市公安局局长吴德峰一致认为，此时被蒋介石通缉的共产党首要分子几乎都在这里开会，且大多数代表均住在汉口，乘轮渡过江开会需要两三个小时，既不方便，也不安全。于是，蔡以忱会同中共湖北区委一班人报请大会筹委会秘书长蔡和森同意，决定会议仅在武昌举行开幕式，随后转移到汉口举行。其会址即事先上报给中央作预案的黄陂会馆。

会址之所以选择黄陂会馆，主要是考虑到这里安全、便捷、适用。因当时局势复杂，会议是秘密进行的，安全是重中之重，所以采取了"三保险"措施来确保万无一失。第一保险是驻汉口国民革命军的威慑，此时的武汉国

中共五大黄陂会馆会场历史老照片

民政府表面上还是维护国共合作的；第二保险是负责会议安全工作的武汉市公安局局长吴德峰布岗的警察部队；第三保险是黄陂帮会等民间进步人士，以维护黄陂会馆财产安全为由，进行暗中保护。在多方共同努力下，中共五大于 4 月 27 日开幕后，28 日休会一天，29 日正式将会场转移到汉口济生三马路黄陂会馆（今汉口自治街 41 号武汉市第七十五中学）举行，并于 5 月9 日在黄陂会馆胜利闭幕。

危急时刻，艰难探索

会议召开前，共产国际发来指示，要求中共五大的一切政治决议"都完全应以共产国际执委会第七次扩大全会关于中国问题的决议为依据"。

陈独秀代表第四届中央执行委员会向大会作了长达 6 个小时的《政治与

组织的报告》，报告涉及中国各阶级、土地、无产阶级领导权、军事、国共两党关系等11个问题。对这些问题，报告既没有正确总结经验教训，也没有提出挽救危局的方略，反而继续提出一些错误主张。会议期间，毛泽东一如既往地关注农民问题。参会前，他曾邀请彭湃、方志敏等各省农民协会负责人开会，议定出一个广泛的重新分配土地的方案。他把这个方案提交给大会，但陈独秀没有把它拿出来讨论。大会虽然在原则上肯定了土地革命的重要性，认为"应该以土地革命及民主政权之政纲去号召农民和小资产阶级"，但没有提出具体的措施。

大会通过了《中国共产党接受〈共产国际执行委员会第七次扩大全体会议关于中国问题决议案〉之决议》《政治形势与党的任务议决案》《土地问题议决案》《职工运动议决案》《组织问题议决案》《对于共产主义青年团工作决议案》《中国共产党第五次全国代表大会宣言》7个文件；发表了《中国共产党第五次全国代表大会为"五一"节纪念告世界无产阶级书》和《中国共产党第五次全国代表大会为"五一"节纪念告中国民众书》。经过斗争，会议否决了陈独秀"向西北去"的错误主张，提出了争取无产阶级对革命的领导权、建立革命民主政权和实行土地革命等一系列指导中国革命的正确原则。

大会第一次将中央领导机构改为中央委员会，委员会设政治局，将中央的日常工作机构与决策机构分开；大会选举产生了中央监察委员会，这是党的历史上第一个中央纪律检查机构，从组织上开启了中国共产党纪律检查制度的创新；大会明确党的组织原则是民主集中制，将党的组织系统划分为中央委员会、省委员会、市（县）委员会、区委员会、支部干事会五级，在党的建设方面作出许多开创性贡献。然而，当时中共面临最紧迫的问题是组织和发展由党直接领导的革命军队，大会却并没有认真讨论军事问题，更没有在这方面制定有力的措施，认为只要依靠以唐生智等武装力量为支柱的武汉国民政府和冯玉祥的国民军，就能够实现大会规定的任务。由于认识的局限性，大会对无产阶级如何争取革命领导权，如何领导农民实行土地革命，如何对待武汉国民政府和国民党，特别是如何建立党领导的革命武装等问题，都没有做出具体回答，提出具体措施，这样自然难以承担起挽救革命的任务。

大美红巷，旧址建馆

新中国成立前，中国共产党分别在上海、广州、武汉、莫斯科、延安召开了 7 次全国代表大会。中共五大是唯一一次在武汉召开的党的全国代表大会。自新中国成立到 2006 年，除莫斯科六大会址外，上海的一大、二大、四大会址，广州的三大会址，延安的七大会址都已建成会址纪念馆或陈列馆。1956 年，湖北省将中共五大开幕式旧址和陈潭秋早期革命活动旧址公布为省级文物保护单位。1983 年，国家文物局拨款维修中共五大开幕式会址内临街的两层楼，武汉文物管理处在其二楼举办了很小规模的"陈潭秋早期在武汉革命活动展览"和"中共五大历史陈列"。由于当时会址仍为学校所用，展览不能正常对外开放。

2006 年元旦，中共中央党史研究室副主任李忠杰参加纪念陈潭秋诞辰110 周年大会后，专程考察武昌都府堤，并传达了李景田主任对五大会址保护工作的关注。在李景田和时任湖北省委书记俞正声的关心下，武汉市委、市政府决定投资建设五大会址纪念馆。2007 年 6 月 29 日，中央办公厅正式批复，同意对五大会址进行保护修缮，建设中共五大会址纪念馆。纪念馆于2007 年 11 月 30 日落成揭幕。五大会址纪念馆的建成，标志着对新民主主义革命时期中共在国内召开的六次代表大会形成完整的陈列宣传体系。

中共五大会址纪念馆的核心展览是风雨操场一层的"中共五大开幕式会

场"复原陈列和布置在教工宿舍的"紧急时期的艰难探索——中国共产党第五次全国代表大会历史陈列"。前者再现了会议场景，后者由"中共五大的历史背景""中共五大的筹备与召开""中共五大的贡献与局限""中共五大后的探索与奋斗"四部分组成，是中共五大的全景式呈现。

此外，临街的教学楼2楼内设置"陈潭秋在武汉"主题陈列展，开辟"陈潭秋、徐全直夫妇卧室"（复原陈列）及其生平事迹展。环顾整间居室，面积约20余平方米，上方是陈潭秋夫妇的照片，窗户下摆放着一张书桌，油灯笔墨书本井然，书桌旁是一张木制的双人床。整体布置充满生活气息，简朴有致。主题陈列厅整体呈长廊式分布，自然地将参观者引入陈潭秋烈士革命活动的轨迹中：五四运动、建党、群众运动、支援北伐……周恩来曾评价："潭秋同志是真正的布尔什维克，他一生的革命经历有一个很大的特点，那就是经常受命于危难之时。他顾大局，不计较个人恩怨、得失，每次都能够在形势非常不利的情况下，正确应对，挽救危局，避免和减少了党的损失。"陈潭秋烈士英名永存！

中共五大选举产生了党第一个中央纪律检查机构——中央监察委员会，开启了党的纪律建设新纪元。90多年来，党的纪律建设不断深化发展，有力维护了党的团结统一。为全面展示党的纪律建设光辉历程、重要作用和突出贡献，2016年3月，武汉市纪委启动建设中国共产党纪律建设历史陈列馆，展出"纪律建设永远在路上"基本陈列和"中国共产党首届中央监察委员会委员生平展"专题展。历史陈列馆里，珍贵的照片、历史文物，真实的故事展现了中国共产党以廉洁汇聚力量、以纪律纯洁队伍的优秀品格，反映了党在纪律建设上坚定不移致力于反腐倡廉的伟大历程。

与中共五大会址纪念馆建设同步推进的，还有都府堤环境改造工程。整治后的都府堤街道绿树成荫，整洁干净，与中共五大会址纪念馆、毛泽东

中国共产党纪律建设历史陈列馆

同志旧居和农讲所旧址构成一道亮丽的风景线。绿色景观与红色文化交相呼应，形成独具特色的武昌都府堤红色旅游经典景区。目前，武汉红巷博物馆群是湖北省拥有展览馆最多的地方，并且是省内唯一一个建在市区的博物馆群。

　　红巷之红，在于这条不足千米的小巷聚集了4处在中国共产党历史上有着重要意义的革命旧址，红色文化基因在这里代代相传。红巷之美，在于它曾经映照着烽火初心，而今又见证了盛世繁华。中共五大会址纪念馆不仅打造了武汉市博物馆建设的经典范例，也再次为大美红巷增添色彩。一座会址纪念馆，让我们铭记：红巷精神，薪火相传。

（作者：杨汝博 方巍巍）

见证中国革命的重大历史转折

——八七会议会址纪念馆

武汉市江岸区的鄱阳街，西南接江汉路，东北到黎黄陂路。历史上，它曾分属英、俄两国租界。原俄租界内的鄱阳街 139 号，是一幢墙体黄白相间的 3 层公寓，时称"怡和新房"，当年它的门牌号码是三教街 41 号。1927年 8 月 7 日，白色恐怖笼罩下的武汉，中共中央在"怡和新房"其中一个单元二楼靠后街的房间里秘密举行紧急会议，史称八七会议。八七会议是中国共产党在中国革命处于异常危急、面临严重困难和重大转折的历史关头，为挽救革命事业而召开的一次重要会议。

敌人眼皮子底下的紧急会议

随着狂风骤雨般的大革命席卷全国，在国内外反动势力的联合镇压之

八七会议会址纪念馆

下，国共合作下的革命统一战线内部出现分化。1927年4月12日和7月15日，蒋介石、汪精卫相继在上海和武汉发动反革命政变，国共合作破裂，政治形势急转直下。1927年3月到1928年上半年，被杀害的共产党人和革命群众达31万多人，中共党员数量从大革命高潮时期的近6万人锐减到1万多人。党内思想异常混乱，工人运动也在血雨腥风中走向低潮。中共中央组织被迫转入地下，秘密开展工作。

在共产国际执行委员会的指示下，张国焘、李维汉、周恩来、李立三、张太雷在汉口组成临时中央政治局常委会，代行中央政治局职权。临时中央政治局常委会决定召集中央紧急会议，讨论和决定大革命失败后的新方针。

要在敌人的眼皮子底下召开紧急会议，会议地址的选择和保密工作极端重要。从庐山回汉的瞿秋白主持了八七会议的筹备工作。时年23岁、担任

复原的八七会议现场

中共中央秘书的邓小平（原名邓希贤）接受瞿秋白、李维汉交代的任务，承担具体筹备工作。这次会议原定 7 月 28 日召开，但由于白色恐怖严重，加之交通不便，会议代表一时难以集齐。不得已，会议只能召集在武汉的中央委员、青年团中央委员，以及湖北、湖南的代表和负责人参加，会议时间最终定在 8 月 7 日。

经过周密考虑，中共中央将会址定在三教街 41 号。这幢公寓地处租界，多为外国人居住，前临三教街，后通"兰陵花园"（现珞珈山街）的偏僻街巷，屋顶阳台与邻居阳台相通，一旦发生紧急情况便于撤离，是较为理想的秘密会议地点。尽管如此，为安全起见，20 多位代表进入会场仍然花了 3 天时间。代表们有的装扮成农民，有的装扮成商人。熟悉武汉街道的代表自己前往，其余则由交通员带领。哪个代表从前门进，哪个代表从后门进，都提前做了计划安排。为了保密，代表们只进不出，房屋的女主人拉祖莫娃在门口望风。

此外，遵循"从严、从简、从快、有效"的原则，代表们中午只吃干粮，喝白开水。

沿着高高的红漆楼梯上到二楼，来到一个 20 平方米左右的狭小房间。房间陈设简单，只有一张三屉桌、八个方凳、四个圆凳、十把靠背椅、一面墙壁上还保留着英式建筑特有的壁炉。昏暗的会场，似乎在呼应当时显得十分暗淡的革命前途。然而，从棕色百叶窗帘透进来的隐约光影，又仿佛预示着至暗时刻的光明和希望。

"须知政权是由枪杆子中取得的"

八七会议是中国共产党历史上一次非常特殊的会议。它在极端险恶、极其紧张的氛围下召开，却作出了事关党和革命生死存亡的重大决定。这份由邓小平所作的"中共中央紧急会议记录"，如今已是纪念馆的珍贵档案。它较为详细、完整地记录了八七会议的全过程。据记载，出席会议的中共代表共 21 人，其中有中央委员、候补中央委员、中央监察委员、青年团代表和湖南省委代表、湖北省委代表、中央军委代表。出席会议代表身份的多样性，从另一个侧面反映了会议的特殊性和紧急性。

会上，共产国际代表罗米那兹作了关于《党的过去错误及新的路线》报告，瞿秋白代表中共中央作了《将

八七会议上毛泽东的发言记录

来工作方针》的报告。他们分析了大革命失败后的形势，反省了中国共产党此前存在的错误，重新审视了党的基本任务。21 位年轻的共产党员在门窗紧闭、酷热难当的狭小公寓里，为中国革命的命运激烈地讨论着。毛泽东、邓中夏、蔡和森、罗亦农、任弼时等先后发言，讨论了统一战线、土地革命和武装斗争等问题，批判了党内的右倾错误，一致同意改组党的领导机关，实行新的革命方针。

会期只有短短的 1 天，会议记录却有 20 多页。从记录中可以看到，34 岁的毛泽东在会上 7 次发言。他慷慨陈词，在批评了中央对待国民党和工农运动等问题上的错误后，就军事问题发表了一段足以影响中国革命道路的真知灼见，"以后要非常注意军事，须知政权是由枪杆子中取得的"，提出了"枪

八七会议参与者群像油画

杆子里面出政权"这一著名论断。李维汉晚年时回忆道："毛泽东同志的发言，是在党领导革命的根本性问题上，不但总结了以往的经验教训，而且提出了对尔后具有重要意义的指针。"

在代表们一次次庄严的表决中，会议通过了《中国共产党中央执行委员会告全党党员书》《最近农民斗争的议决案》《最近职工运动议决案》《党的组织问题议决案》等文件，并决定恢复和发展各地党组织，建立通达各省的交通网，在成立北方局、长江局、南方局等中央派出机关的同时，还派出巡视员到各地指导地方党组织迅速转入秘密状态。会议选举产生了以瞿秋白为首的中共中央临时政治局及其常务委员会。

八七会议总结了大革命失败的教训，确定了实行土地革命和武装起义的新方针。会议召开前6天，南昌起义打响了武装反抗国民党反动派的第一枪，成为中国共产党独立领导革命战争、创建人民军队和武装夺取政权的开始。这表明，八七会议召开之前，中共中央实际已经开始总结大革命失败的教训，开始实施革命方针的转变。但方针的内容需要明确化，方针的转变需要合法化。历史的伟大转折，在这次会议上终于得以实现。

星星之火，可以燎原！

夜幕降临，热浪退去。然而，在从八七会议会场走出来的代表们心中，革命的火焰又开始重新燃烧。他们重振志气，投身于新的革命洪流之中。八七会议后，在新的临时中央政治局领导下，会议精神通过各种秘密渠道迅速向党的各级组织和广大党员传达，各地有计划、有组织地开展武装暴动。

在八七会议确定的方针指引下，革命的旗帜在黑暗中被高高举起，起义相继爆发，根据地陆续建立：

1927年9月9日，毛泽东领导发动湘赣边界秋收起义，并率领起义军向罗霄山脉进军，创建了中国第一个革命根据地——井冈山革命根据地；

1927年11月13日，中共黄麻特委领导黄安、麻城起义，成立黄安县农民政府，创建工农革命军鄂东军，随后开辟鄂豫边革命根据地；

1927年12月11日，张太雷、叶挺、恽代英、叶剑英等领导广州起义，起义军成立了广州苏维埃政府，颁布了维护工农权益的法令；

1928年初，贺龙、周逸群等领导荆江两岸年关暴动，1930年建立红二军团，开辟湘鄂西革命根据地……

1927—1934年，全国各地爆发武装起义达800余次。八七会议的新方针，"不仅挽回了工农群众的恐慌和悲观，而且兴奋了广大范围内几百几千万的群众，继续不断地发展工农革命的高潮，一直向苏维埃政权走"。星星之火，势已燎原！

与此同时，各省部分地区积极开展工人运动、学生运动、妇女运动，开始恢复、重建和整顿党的组织，建立党的秘密工作机关，组织全国的秘密交通网，出版党内刊物，向阶级敌人展开了新的斗争，从而把党从大革命失败的严重困难形势中挽救出来，进入土地革命战争的新阶段。在挽救革命、寻找革命新道路的艰苦斗争中，中国共产党人经过创建、发展红军和农村革命根据地的实践，逐步找到了一条推动中国革命走向复兴和胜利的正确道路。

1927年春天，毛泽东曾在烟雨苍茫中登临武昌蛇山，吟出一首《菩萨蛮·黄鹤楼》："茫茫九派流中国，沉沉一线穿南北。烟雨莽苍苍，龟蛇锁大江。黄鹤知何去？剩有游人处。把酒酹滔滔，心潮逐浪高！"谈起这首词的背景，他曾说，"心情苍凉，一时也不知如何是好"。秋收起义之际，毛泽东一反几个月前的苍凉心境，挥笔写下雄浑豪放的《西江月·秋收起义》："军叫工农革命，旗号镰刀斧头。匡庐一带不停留，要向潇湘直进。地主重重压迫，农民个个同仇。秋收时节暮云愁，霹雳一声暴动。"

会址建馆：纪念伟大的历史转折

新中国成立后，党和政府非常重视八七会议会址的确认和保护。经李维汉、陆定一、邓小平、杨之华（瞿秋白夫人）等会议参加者或知情人回忆，确定会议是在汉口召开。陆定一于20世纪60年代亲自到汉口寻访踏勘，认定原俄租界三教街41号二楼为八七会议会场。

1980年邓小平在北京家中为纪念馆题写馆名

会址确认后，武汉市政府有关部门即着手建设纪念馆。"文革"结束后，纪念馆筹备工作进度加快。1977年复原了位于二楼的八七会议会场原貌，在一楼开辟了八七会议历史陈列。

1978年8月7日，纪念馆正式对外开放。1980年5月，邓小平在北京题写"八七会议会址"馆名，寄往武汉。1980年7月，76岁高龄的邓小平重返八七会议会址，现场回忆八七会议的场景，对会议的记录、翻译、代表名单及身份、现场布置、会议报告、各地武装起义等细节进行核实或介绍。八七会议会址系邓小平生前唯一一个既是历史事件亲历者，又亲自题写纪念馆馆名，并实地参观视察的革命旧址。

经过1997年和2010年两次征用、扩建、修缮和改造，目前纪念馆占地面积982.2平方米，总建筑面积3036平方米。馆内陈列定名为"伟大的历史转折——八七会议历史陈列",由"风云突变""力挽狂澜""星火燎原"三部分组成,全景式地展示了八七会议的历史遗迹。走出一楼陈列馆右转,手扶栏杆,拾级而上,伫立会场,会议背后鲜活的历史人物和历史故事跃然眼前。

静谧包裹着的林荫道,岁月洗礼过的老房子,安闲随适的街坊,品玩漫步的游客。曾经创造伟大历史转折的八七会议,已伴随着渐行渐远的历史定格在人们的记忆中,依托会址建立的八七会议会址纪念馆,则成为这段历史的见证和载体。曾经生与死、血与火的峥嵘岁月,与如今和平安宁的美好生活,在这里以特殊的方式交汇。抚今追昔,岁月有痕。欣逢盛世,不忘初心。

(作者:周迪)

珞珈山街的秘密"总指挥部"

——中共中央长江局暨湖北省委机关旧址

在汉口黎黄陂路与兰陵路中间，有一条幽静的小街，名为珞珈山街。原街内有一块石碑刻有"洛加"二字（"洛加"为一俄国人的名字），故得名洛加碑路，后逐渐演变成珞珈山街。珞珈山街长不到百米，高大的鸠摩罗什

珞珈山街

珞园

树遮住半边路面，从嫩绿的树叶间透过来星星点点的阳光，将两旁的俄式建筑映衬得格外明亮。街的中央坐落有一小园——珞园，花墙月门的中式园林风格，使得园内外景观显得错落有致。珞园背后的珞珈山街 12 号，是中共中央长江局暨湖北省委机关旧址。它在大革命失败到土地革命战争兴起的这个历史转折阶段，是中国共产党领导湖北秋收起义和长江流域八省革命战争的秘密总指挥部。长江局书记罗亦农，以及湖北省委部分同志曾居住于此。

中共历史上的首个长江局

在中国共产党历史上，根据不同形势需要，曾三次成立长江局，作为中共中央的派出机构。三个长江局分别于 1927 年、1930 年和 1937 年成立。

1927 年，四一二反革命政变发生后，汪精卫也于 7 月 15 日正式宣布和共产党决裂，以"宁可枉杀千人，不可使一人漏网"为口号，在湖北地区大肆破坏革命组织，屠杀共产党人和革命群众。处于大革命中心的武汉笼罩在严重的白色恐怖之中，中国共产党各级组织及活动被迫转入秘密状态。

在七一五反革命政变前夕，党中央决定疏散一批知名的已公开的干部和党员，因此原中共湖北省委的一些重要干部，如张太雷、陈潭秋、刘少奇、许白昊等都调离了武汉。罗亦农受命于危难之际，接替张太雷担任湖北省委书记。八七会议后，中共中央离汉迁沪，无法直接指导长江流域各省的工作。于是，中央决定在武汉设立长江局作为派出机构。

10 月 1 日，中共中央发出《中央对于长江局的任务决议案》，确定长江局的管辖范围为湖北、湖南、河南、江西、四川、安徽、陕西 7 省（之后又增加甘肃）；长江局不是中央在所辖各省的通信机关，而是代行中央职权，指挥所辖各省的革命运动与党务，所辖各省的党务须受长江局的指挥，但长江局须随时将所处理之工作与决定报告中央，受中央的指导。长江局的工作任务有 3 项，即发展土地革命、发展所属范围内特别是武汉三镇的职工运动、改造所属各级党部。由此，珞珈山街 12 号开始肩负起中国共产党领导湖北秋收起义和长江局所辖各省革命战争的秘密总指挥部职责。

10 月 2 日，长江局召开第一次会议，正式宣告成立，罗亦农任书记兼所辖各省军事特派员。长江局成员基本

长江局旧址

上都是湖北省委负责人。除罗亦农外，主要成员还有陈乔年、任旭、王一飞、毛泽东（未到任）。

神秘的"赵先生"

大革命失败后，共产党人和革命群众并没有被国民党反动派的疯狂屠杀和镇压吓倒，他们揩干净身上的血迹，掩埋好同伴的尸首，又继续战斗了。在八七会议精神指导下，以罗亦农为首的长江局和湖北省委领导湖北人民继续坚持革命斗争，为恢复、重建和发展各级组织，领导湖北秋收起义，探索适合中国国情的革命道路做了大量工作。

在白色恐怖下，罗亦农与湖北省委的几位同志一起从汉口尚德里搬到珞珈山街 12 号。珞珈山街两边都是西洋式小楼，楼与楼比邻，首与尾相连，各楼的外观一致，清水红砖外墙，红瓦坡顶，平面及立面墙身不规则，窗户

罗亦农（左）与李文宜（右）

大小不一，上下错落，略带西班牙建筑艺术风格。当时，这里是英商怡和洋行修建的高级住宅区，主要供各大洋行高级职员携家眷租赁居住。尤其是12号所在的这栋房子，处于珞园背后，具有很强的隐蔽性，非常适合转折时期革命秘密工作的需要。毛泽东、罗章龙、王一飞、李维汉、郑超麟等人也曾来此居住过三五天。

为应对不断变幻的革命形势，罗亦农和担任秘书的武汉人李文宜（时名"李哲时"）扮作夫妻，作为房屋的主人住在二楼，另外还请了一名厨工负责做饭，一名女工洗衣兼做杂活，厨工和女工住在一楼。罗亦农对外公开姓赵，厨工和女工都只知道他是"赵先生"。谁都想不到，这位戴着黑框眼镜、儒雅书生模样的年轻人，竟是中共中央长江局书记和湖北省委书记。

每当长江局、湖北省委开会时，罗亦农都会以请客打牌的名义作掩护，并在会桌上摆上一副麻将牌，以备"不速之客"的突然检查。同时，安排李文宜在楼下放哨，如有形迹可疑的陌生人前来，她就以女主人身份进行周旋。偶有空闲，罗亦农和李文宜也会出去散步。共同的革命理想和罗亦农的细心关怀，让李文宜的心中升起阵阵暖流，二人渐渐互生情愫。后来在党组织的批准下，他们成为终身革命伴侣。

保全革命"火种"

在白色恐怖笼罩的艰难时期，长江局领导下辖省委开展了英勇顽强的斗争。当时，湖北党组织遭到空前破坏，根据八七会议精神的指引，长江局和湖北省委集中主要精力，对各级党组织进行恢复、整顿和重建。到1928年2月，全省党员重新增至6000余人，省内有50多个县重建了党组织。除指导湖北党的工作外，长江局对所辖的安徽、江西、河南等省党组织的整理和改造，也进行了讨论和部署，还创办了《长江局通讯》作为机关刊物，总结和传播各省经验。党的工作开始有了起色。

为贯彻八七会议精神，在长江局领导下，湖北省委根据革命形势的变化，制定了以鄂南为中心、鄂中和鄂西积极配合的秋收起义方针。虽然湖北秋收起义以失败告终，但它沉重打击了反动势力，激发了农民的革命热情，集中地锻炼了一批党员干部，创建了相当数量的红色武装，像一股红色风暴，在荆楚大地上撒播了红色火种。

两湖秋收暴动失利后，中国革命面临向何处去的关键问题：是继续攻打大城市，还是到农村去开展游击战争、建立革命根据地？在"左"倾盲动情绪的影响下，河南省委、湖南省委制定了全省暴动计划，湖北省委也准备实施武汉暴动。在千钧一发之际，以罗亦农为首的长江局认真分析了革命形势，指出"目前绝非继续总暴动时期"，当前时期应当把工作重心放到农村，在农村开展游击战争，发展土地革命，努力扩大工农群众的阶级力量，创造新的革命大潮，以推动"割据局面之发展"。这些观点，代表了当时党内认识的较高水平，一定程度上抵制了盲目暴动，为保存革命力量作出了贡献。

在中共中央迁往上海的革命低潮时期，各地前来汉口寻找中共中央的同志较多，长江局便建立了好几个秘密联络站，设法接待这些同志，并根据各地的不同情况开展研究工作。对于那些因组织遭到破坏或在武装暴动中失散而前来武汉的同志，长江局则想方设法寻找并尽力安排他们的工作和生活。

贺龙的堂弟贺锦斋，就是在参加南昌起义后率部转战而来到汉口的。罗亦农闻讯后，设法与他们取得了联系，随后安排他们去湖北荆江地区。临行前，罗亦农还赠给贺锦斋两支手枪，鼓励他坚持战斗下去。后来，贺锦斋等同志与当地党组织并肩战斗，坚持武装斗争，孕育了中国工农红军第六军。

"残躯何足惜，大敌正当前"

罗亦农画像及慷慨就义诗

1927年11月，由于时局变化，中央为解决"各级党部指导之不集体化"问题，决定设立组织局，长江局随即撤销。11月2日，罗亦农召集长江局第13次会议，正式宣布该机构的结束。之后，罗亦农留在中央工作。

1928年4月15日，因叛徒出卖，罗亦农在上海英租界被捕。面对敌人的严刑拷打和威逼利诱，他始终坚贞不屈。在狱中，他写下绝命诗："慷慨登车去，相期一节全。残躯何足惜，大敌正当前。"充分展现了共产党员的革命乐观主义精神和视死如归的革命气节。仅6天后，党组织制定的营救计划还未及实施，罗亦农在上海龙华从容就义。年仅26岁的他，把满腔热血献给了党，献给了人民，献给了中国革命事业！

罗亦农牺牲的当晚，周恩来代表党中央看望李文宜，并转交了写有罗亦农遗言的字条，上书："哲时，永别了！望你学我之所学以慰我。灵若有知，将永远拥抱你。"深深表达了罗亦农对妻子的爱意和寄予的厚望。那时，他们才新婚不久。接到罗亦农的字条，李文宜泪如雨下，决心遵其所嘱、学其所学，继续为革命奋斗。

为深切悼念罗亦农，1928 年 5 月 30 日出版的《布尔塞维克》第 20 期上，中共中央在头版头条发表题为《悼罗亦农同志》的专文，称赞罗亦农是中国无产阶级"最热烈的领袖"，中国共产党"最英勇的战士"，指出"罗亦农同志的热烈的革命精神，可为中国共产党全党党员的楷模""他的死是莫大的损失"。2009 年，罗亦农被中共中央宣传部、中共中央组织部等 11 个部门评为"100 位为新中国成立作出突出贡献的英雄模范人物"之一。

短暂的历史，永恒的精神

中共历史上的首个长江局，从成立到撤销实际只存在了 1 个多月，有很多工作已在会上讨论但还未及铺开，就因中央组织机构的调整而终止。例如，由于长江局存在的时间短、交通不便，对于所辖四川、陕西、甘肃 3 省党的指导工作，实际上并未实现。

尽管如此，在革命的关键时期，长江局对于湖北、湖南、江西、河南、安徽 5 省党的工作仍发挥了重要的指导作用，恢复和重建了党的各级组织，保存了革命力量，恢复并发展了城市工人斗争，正确指导农村开展游击战争。更重要的是，在一定程度上抵制了党内"左"倾盲动主义错误，为党在湘、鄂、赣、豫、皖等省由夺取中心城市转向建立农村革命根据地，迈出了重要的一步。以罗亦农为首的长江局和中共湖北省委，在大革命失败后为探索新的革命道路作出了重大的贡献！

如今，珞珈山街 12 号的老房子仍是居民住宅，早已不见 1927 年的革命硝烟气息，但它所承载的历史使命从不曾被遗忘。1983 年，武汉市人民政府将这里公布为市级文物保护单位，并在门口制作了标志。革命年代的精神记忆也就融合在这座老房子中，代代传承。

（作者：栗荣）

"中国无产阶级永远的爱人"

——向警予烈士陵园

雄词慷慨湘江向,情话缠绵浙水杨。

长痛汉皋埋碧血,难从海国问红妆。

——选自柳亚子《存殁口号》

龟山,位于武汉市地理中心,南临长江,北依汉水,与武昌蛇山隔江相望,向警予烈士陵园便坐落于此。从龟山西脚拾级而上,约登 200 步台阶,便在阶梯左侧看到一座镶嵌着白色大理石的红色石碑,上面镌刻着"全国重点烈士纪念建筑物保护单位——向警予烈士陵园"。沿石阶到达龟山西端的顶部,烈士陵园就掩映在这苍松翠柏之中。

求学结友明前程

向警予,原名向俊贤,1895 年出生在湖南溆浦的一个商人家庭。自幼聪明好学的她在 5 岁时便开始认字,8 岁进入小学读书,成为当时县城里第一个进入学校学习的女子。向警予的大哥向仙钺是一个思想进步的青年人,

向警予烈士陵园石碑

经常跟家里人讲中外历史故事，时不时还会议论时局。在大哥的影响下，向警予开始接触新思潮并立志要从事教育事业，希望以此来改变国家的现状。1911年，向警予考入湖南常德女子师范学校，随后又在湖南省立第一女子师范学校、长沙周南女校学习。为了表示自己对封建势力的高度警惕和反抗，她将自己的名字改为向警予。求学期间，她刻苦努力，成绩十分优异，被杨昌济先生认为是"女教育界中之人才"。不仅如此，她还关心国事，在袁世凯签订卖国的"二十一条"、反袁运动在全国兴起之时，与同学们一起走出校门进行演讲，痛斥袁世凯的卖国罪行，唤醒了国人的爱国热情。

1916年夏，21岁的向警予从周南女校毕业。她怀着"教育救国"的壮志，回到了家乡溆浦，开始筹办学校。然而，创办学校并非易事，缺少办学资金成为最大的障碍。为了筹集经费，她四处奔波，好不容易得到了当地进步人士的支持。11月21日，溆浦女校正式开学，向警予出任校长。可是，受重男轻女思想影响的家长们并不愿意将女孩子送去上学，前来报名的学生很少。为动员更多的女孩入学，向警予亲自去老乡家里劝说。每到一家，她都苦口婆心地向家长宣传男女平等的思想以及女孩上学的好处。家长们被她的精神感动了，纷纷送女孩入学。"愿我同学做好准备，为我女界啊，大放光明。"迎着晨曦，溆浦女校传出了清脆嘹亮的歌声。向警予打破了当时"男尊女卑"的传统观念，实行男女合校，反对女子缠足，以"自治心，公共心"为校训，反对封建礼教、传授新知识、传播新思想、提倡新风尚，使偏僻的山城风气为之一变。

1918年4月，毛泽东、蔡和森在湖南发起成立以"革新学术，砥砺品行，改良人心风俗"为宗旨的新民学会。当消息传到溆浦时，向警予备受鼓舞，她迫不及待想要外出寻求一番"真事业"。当年秋季，向警予把溆浦女校的校务作了交待，为留法勤工俭学一事前往北京。此时，蔡和森正在北京组织新民学会的留法运动。于是她找到蔡和森，向其询问留法勤工俭学的具体情况，两人相谈甚欢，结下了深厚的友谊。1919年下半年，向警予加入了新民学会，成为最早的女会员之一，随后又与蔡畅一起发起组织湖南女子留法勤工俭学会。同年底，她同蔡和森、蔡畅及蔡母葛健豪等人从上海乘坐法国邮轮"盎特莱蓬"号赴法勤工俭学。在漫长的旅程中，向警予经常与蔡和森一起探讨政治和学术问题，彼此也有了更加深刻的了解。1920年5月，志同道合的他们在蒙达尼缔结了婚约，时称"向蔡同盟"。

女性平权有先声

到达法国勤工俭学的向警予，如饥似渴地阅读马克思主义著作，思想也发生了巨大变化。1920年5月26日，她撰写的《女子解放与改造的商榷》一文，明确提出"经济独立，为女子解放的唯一条件"，并且给出了女子实现经济独立的方法，即"寓经济独立于共同生活之中"。这样既能够解决女子在生活上各方面的困难，又能为社会构建共同生活的良好基础。文章还对改良主义进行了批判："无论何事，说得上改良，总还有几分可取，现在的政治，你取他那一点来改良呢？"这篇文章不仅用马克思主义的观点来分析妇女问题，把妇女解放与社会改造联系起来，还对改良主义的主张进行了无情的批驳，说明此时的向警予已经开始抛弃早期的"教育救国"思想转而倾向"革命救国"。

1921 年 11 月中旬，因生活所迫，向警予从法国启程回国。1922 年初抵达上海，正式加入中国共产党，成为最早的女共产党员之一，并在中共二大上当选为中央委员，会后担任党中央第一任妇女部长，开始领导中国最早的无产阶级妇女运动。向警予一方面直接投身于妇女运动的实践，领导上海 14 家丝厂 1.5 万名女工大罢工和南洋烟厂 7000 名工人罢工，在省港大罢工中，组织上海、广州、香港数千名女工直接参加。另一方面，又系统地研究妇女解放的理论，亲自起草中共中央关于妇女运动的许多决议和文件，在《向导》《前锋》《妇女周报》《妇女杂志》《妇女日报》等报刊上发表了《中国最近妇女运动》《国民会议与妇女》《今后中国妇女的国民革命运动》等文章，提出"妇女解放与劳动解放是天造地设的伴侣""世界革命实现之时，即是劳动解放成功之日"等观点，号召广大妇女团结起来，为解放自身投入到革命运动中去。不仅如此，向警予还组建了以劳动妇女为主体的"妇女解放协会"，创办了几十所女工夜校，培养了大批妇女工作干部，成为我国妇女工作的杰出组织者和领导者。

赴汉彰显巾帼志

1925 年 10 月，受中共中央的派遣，向警予进入莫斯科东方劳动者共产主义大学学习。1927 年 3 月，向警予从莫斯科回国，投身到国内火热的大革命浪潮之中。4 月上旬，她从广州路过长沙，匆匆看望蔡母和两个孩子后，便来到了大革命的中心——武汉。武汉工人运动既举足轻重又错综复杂，鉴于向警予丰富的群众工作经验，中共中央决定派她到中共汉口市委宣传部担任部长，主要负责宣传和工会工作。中共五大在武汉召开后，以武汉为中心的工人运动仍在继续发展。五六月时，武汉三镇几乎都成立了工会，向警予也被安排到湖北省总工会工作。她充分施展自己的才华，日夜穿梭在女工中间，很快得到了群众的拥护和爱戴。

同年7月，以汪精卫为首的武汉国民政府公开叛变革命，残忍地杀害共产党人和革命群众，白色恐怖笼罩在武汉上空，轰轰烈烈的大革命宣告失败。此时，党的大部分领导同志先后转移，向警予主动要求留在武汉，坚持地下斗争。11月，中共湖北省委主要负责人罗亦农调离，向警予成为中共湖北省委的实际主要领导人。为了更好地揭露敌人的阴谋、鼓舞民众斗志，向警予接受中共湖北省委的指示，担任了党报《大江报》的主编。她经常在报纸上抨击帝国主义和反动派的阴谋，宣传党的方针和斗争任务，指引湖北各地党组织领导人民群众进行艰苦卓绝的斗争。

随着《大江报》影响力的扩大，向警予的处境更加危险，加上她是妇女运动的领袖，是国民党反动派的重要目标，随时都有被捕的危险。同志们劝她撤离武汉，她毅然回复道："武汉三镇是我党重要的据点，许多重要负责同志牺牲了，我一离开，就是说我党在武汉失败，这是对敌人的示弱，我绝不能离开！"除了主编《大江报》以外，她还在武汉秘密接待了来自各地的地下工作同志，重建了党的秘密区委和支部，恢复了被破坏的赤色工会。向警予全力以赴地在武汉开展秘密工作，和工人们在一起生活、战斗，训练队伍、聚集力量，在腥风血雨中始终坚守着武汉这个重要据点。

英勇就义践使命

武汉的环境愈来愈险恶。1928年3月20日，由于叛徒出卖，向警予不幸被捕。在狱中，向警予仍然不忘教育和组织狱友，鼓舞大家坚持革命斗争。

她每天都起得很早，对同牢的青年女"犯"不断进行革命宣传，对"政治犯"则加以鼓励和帮助。她说："革命者应该鞠躬尽瘁，死而后已！未死前，总得努力工作。"面对国民党反动派的酷刑和折磨，她横眉冷对，坚贞不屈，始终坚守党的秘密。国民党反动派自知无法从她口中得到半点消息，便决定痛下杀手，故意在全世界无产阶级的节日——"五一"国际劳动节将其杀害。

5月1日，向警予起得很早，特地换上那件在法国结婚时穿过的油绿色旗袍，从容地走向刑场，一路上高唱《国际歌》并呼喊口号。在敌人闪光的刺刀、乌黑的枪口下，她进行了最后一次演讲："我是中国共产党党员向警予，为解放工农劳动大众，革命奋斗，流血牺牲！反动派要杀死我，可革命者是杀不完的！无产阶级团结起来，反动派的日子不会太长了！"宪兵们害怕她再说话，于是往她的嘴里塞石头，又用皮带束缚住她的双颊。血，从她的嘴角流下来……枪声响了。余记里空坪刑场，年仅33岁的向警予用自己的鲜血和生命，谱写了一首壮烈的革命之歌。当天深夜，共产党员陈春和划着小船，冒险把向警予的遗体运出，葬在龟山古琴台对面的六角亭边。

向警予牺牲后，诗人柳亚子写下诗句寄托哀思："雄词慷慨湘江向，情话缠绵浙水杨。长痛汉皋埋碧血，难从海国问红妆。"蔡和森惊闻噩耗，悲痛不已，撰文悼念："伟大的警予，英勇的警予，你没有死，你永远没有死！你不是和森个人的爱人，你是中国无产阶级永远的爱人！"1939年，在延安三八妇女节纪念大会上，毛泽东高度评价了向警予革命的一生："要学习大革命时代牺牲了的模范妇女领袖、女共产党员向警予。她为妇女解放、为劳动大众解放、为共产主义事业奋斗了一生。"同年7月，周恩来在庆祝延安中国女子大学成立大会上的讲话中指出："向警予是我党的第一个女中央委员，第一任妇女部长，英勇牺牲了。我们不要忘记她。"

人民没有忘记她

1978 年，为纪念向警予烈士牺牲 50 周年，中共湖北省委和武汉市委决定将烈士忠骨迁到龟山西巅，修建向警予烈士墓和纪念碑。1988 年，向警予全身雕像在墓前落成。1989 年，向警予烈士陵园经国务院批准列为"全国重点烈士纪念建筑物保护单位"，1995 年 2 月被民政部确定为国家级"爱国主义教育基地"。

陵园占地面积约 8 亩，建筑面积 5300 平方米，主要由向警予烈士生平、烈士雕像、烈士墓和红色战士公墓四部分组成。走入陵园广场便可见向警予烈士雕像矗立在广场中央，雕像为汉白玉全身姿像，表现出烈士对革命的无限忠贞。在苍松翠柏的掩映下，她头部微侧，短发随风轻拂，双目凝视远方，

向警予烈士雕像

向警予烈士之墓

目光坚定而充满信心地坐在白色岩石上，双手自然地放在膝上，手握书卷，神态安详，衣褶随着人体的结构起伏，让人切实地感受到她体内的无限生机与活力。雕像下为黑色花岗岩贴面基座，底部为黑色大理石基座，雕像背面的黑色大理石上镌刻着向警予烈士的生平简介。雕像的后方是烈士墓，底座为白水泥仿麻石，烈士墓建在底座正中，呈台形，红色磨光花岗岩贴面，顶部装饰有铜铸党徽，墓的四角种植着4株黄杨树。墓后巨大的大理石照壁上，刻有邓小平亲笔题写的"向警予烈士之墓"。陵园广场的两侧，是关于向警予烈士生平事迹的展示长廊，吸引着前来瞻仰烈士的人们驻足观看，时不时还能听到一丝丝遗憾的叹息声，彰显出人们对烈士的惋惜和怀念。

向警予的一生，犹如长空陨落的星辰，短暂而光辉。今天，在其就义的地方——余记里空坪——早已建立起一所中学。1993年9月，经武汉市教委批准，更名为"武汉市警予中学"。2012年与百年老校武汉市第二十一中学资源重组，更名为"武汉市第二十一（警予）中学"。为了帮助学生更加深刻地了解烈士为民族解放事业而展现出的豪情壮志，教育学生"求实学，做好人"，学校特意在校园内设立了向警予烈士像、烈士浮雕墙和烈士纪念馆。相信在这里成长起来的青年，必将永远铭记烈士遗志，沿着先辈开辟的道路奋勇前进。

（作者：余皓洁　肖旻）

血染的丰碑

——龟山红色战士公墓

位于武汉市汉阳区,被称为"江汉门户,武汉脊梁"的龟山,前临长江,北依汉水,西背月湖,南濒莲花湖,威武雄踞,和武昌蛇山夹江对峙。在龟山西巅,烈士陵园依山而建,红色战士公墓位于烈士陵园广场正中央,属碑墓结合型,呈山峰状,占地面积 30 平方米。墓高 1 米,呈台形,白色大理石和红色磨光花岗岩贴面,顶部装饰直径 1 米的铜铸五星花环图案。碑体高5.2 米,宽 6.7 米,碑体上部图形为铜铸的花环环绕的党徽,直径 0.8 米,正中白色大理石上镌刻彭真同志亲笔题写的"红色战士公墓"6 个镏金大字;碑体背面镌刻着红色大理石碑文,下方红色大理石中央装饰直径 1 米的铜铸五星图案。红色战士公墓安葬着土地革命战争时期被国民党反动派杀害的中国共产党人和革命群众。

红色战士公墓正面

国共合作彻底破裂后的血雨腥风

1924 年，诞生不久的中国共产党满怀着热忱和希望与国民党合作，拉开了大革命的序幕。随着北伐战争的胜利进军和工农运动的高涨，整个社会发生了巨大的变化。然而，北伐战争烽火未息，国民党反动派就背叛革命，对共产党人举起了屠刀。第一次国共合作的成果在一片白色恐怖中付诸东流。

1927 年的中国，风刀霜剑，群芳凋零。4 月 12 日，蒋介石在上海发动反革命政变，国共合作关系开始破裂。4 月 18 日，南京国民政府成立，中国政治局势发生根本变化。以蒋介石为首的南京政府与以张作霖为首的北京政府南北呼应，大肆屠杀共产党员和革命人士，全国各地处于白色恐怖之中。7 月 15 日，汪精卫在武汉发动反革命政变，提出"宁可枉杀一千，不可使

红色战士公墓背面

一人漏网"的血腥口号,在党、政、军各部门进行大规模"清党",疯狂逮捕、屠杀共产党人和革命群众。昔日的大革命中心武汉变成了反革命的中心,白色恐怖笼罩整个江城。原来生机勃勃的工会、农会,有的被改组,有的被解散或被查禁,革命团体遭到了严重的摧残。

10月,蒋介石以讨伐唐生智为名组织了"西征军",蓄谋夺取湖南、湖北。11月15日,桂系军阀胡宗铎、陶钧率部队占领武汉。1928年2月,胡、陶成立湖北全省清乡督办公署,妄图彻底消灭革命势力,下令严厉镇压共产党的活动,疯狂捕杀共产党人。庞大的稽查总队侦骑四出、昼夜搜捕,凡认为形迹可疑者一律抓住枪毙。无数共产党人、革命群众甚至无辜百姓惨死在刽子手的屠刀之下。据不完全统计，在胡宗铎、陶钧统治武汉的 1 年多时间里，被屠杀的共产党人、革命志士达近千人。胡、陶的罪行令人发指，遭到武汉人民的痛恨与唾骂，称二人为"屠夫"。当时武昌阅马场和文昌门外、汉口济生善堂广坪（现中山大道积庆里对面兴记里一带）和黄石路余记里空坪（现警予中学所在地）是主要刑场，几乎每天都有革命者在这些地方英勇就义。

血泊奋起，舍生取义的英雄群像

在严重的白色恐怖下，武汉的中共党组织接连遭受破坏，革命斗争形势异常严峻。成千上万的共产党员毫无畏惧，领导武汉各界革命群众，与敌人进行顽强斗争。

工人出身的共产党"大官"叶开寅。1927 年春，参加完工人武装训练班的叶开寅，革命觉悟提高很快，并加入中国共产党。七一五反革命政变后，叶开寅迅速集聚革命力量，重新建立党支部，恢复了工人纠察队，开始反抗敌人的镇压。1928 年 11 月，叶开寅被选为新的中共湖北省委常委，卓有成效地开展工作。1929 年 2 月上旬，湖北省委机关又遭破坏。7 日，由于叛徒告密，叶开寅与曹壮父、杨石魂在汉口楚善里省委办公处被捕，被关进监狱。敌人见捕到共产党重要人物，便软硬兼施，时而以高官厚禄引诱，时而严刑逼供，企图将湖北的党组织彻底摧毁。叶开寅早已将自己的生死置之度外，在敌人面前坚贞不屈，表现了共产党人的崇高气节。3 月 4 日，叶开寅被枪杀于武昌通湘门外沙滩，时年 22 岁。

党的唯一女创始人向警予。1920—1921 年，向警予与蔡和森共同提出"中国共产党"的名称与计划，被毛泽东称为"我党唯一的女创始人"。七一五反革命政变后，党的大部分领导同志先后转移，向警予主动要求留在武汉，坚持地下斗争。1928 年 3 月 20 日，由于叛徒出卖，向警予在法租界三德里被捕。国民党对她实施了严刑逼供，但她始终大义凛然，严守党的秘密，保持共产党员的操守，表现了共产党人的浩然正气和崇高品格。5 月 1 日，向警予被押赴余记里空坪刑场。她视死如归，沿途向群众发表演讲。反动派对此极端恐惧，宪兵们殴打她，想使她不再说话，但她仍然坚持讲下去。刽子手向她嘴里塞进石沙，又用皮带缚住她的双颊，血沫从她的嘴角流出。随后，向警予遇害，时年 33 岁。

"只要主义真"的夏明翰。1920 年秋，出身豪绅家庭的夏明翰在何叔衡的帮助下结识了毛泽东，成为毛泽东创办的湖南自修大学的第一批学员，开始大量阅读进步书刊。1921 年冬，经毛泽东、何叔衡介绍，夏明翰加入中国共产党。1928 年初，中共中央调夏明翰去湖北省委工作。3 月 18 日，夏明翰从谢觉哉处得知交通员宋若林不可靠的消息，返回汉口东方旅社准备转移时被军警逮捕。面对敌人的审讯和酷刑，夏明翰宁死不屈，最后反动派只能宣布"就地处决"。3 月 20 日清晨，汉口余记里空坪刑场的薄雾还未散去，时任中共湖北省委常委的夏明翰被押解到这里准备行刑。临刑前，敌人问他有无遗言，他向人要来纸笔，从容写下就义诗："砍头不要紧，只要主义真。杀了夏明翰，还有后来人。"随后慷慨就义，时年 28 岁。

组建特殊家庭的沈绍藩。1921 年冬，沈绍藩先后与毛泽东、郭亮等相识，在他们的启迪下积极投身工人运动。1924 年国共两党实现第一次合作后，出身商人家庭的沈绍藩积极参加各项革命活动。1927 年 7 月，在一片白色恐怖中，沈绍藩毅然加入中国共产党。1930 年 5 月，沈绍藩当选为中国赤色革命互济会全国总会秘书长。同年 7 月，调任中共中央长江局秘书处处长。他在汉口中山中路租下几间楼房，将母亲、妻子和不满周岁的女儿接来与秘书处女干部帅孟奇住在一起，对外佯称帅是在家寡居的大嫂，组成一个"临

红色战士公墓安葬的部分人员名单

时家庭"。在这个家庭的掩护下，中共中央长江局和中共湖北省委在此召开了许多重要会议，沈绍藩和帅孟奇常常在深夜工作，抄写和传递各种秘密文件。10月中旬，沈绍藩在和苏区来的同志接头时，因叛徒告密而被捕，被关押在武汉警备司令部军法处。他意志坚决，宁死不屈，被捕第三天即遭杀害，时年28岁。

铁血男儿赵世当。1925年，爱憎分明、追求真理的赵世当加入了中国共产党。1930年间，赵世当赴武汉担任中共湖北省委秘书，与徐张氏（中共地下党员）以"夫妻"之名作掩护，在汉口江岸大成里开办了一个"合兴隆"小杂货铺，作为省委的秘密机关之一。同年11月，赵世当因人告密而被捕。敌人企图从他身上打开缺口，破获更多的共产党机关、缉拿更多的共产党人，先是许以高官厚禄、诱以金钱美女，后是施以烙铁、铁钉钢刺床等酷刑。在

20 多天的刑讯中，敌人除了知道他的化名叫"徐文杰"外，一无所获。12 月 16 日，国民党武汉警备司令部秉承湖北省主席何成濬的旨意，下达了处决"徐文杰"的命令。在刑场上，恼羞成怒的敌人用刀割下了赵世当的鼻子和耳朵。随后，刽子手的枪口对准了他，赵世当倒在了血泊中，时年 23 岁。

大革命失败后，中国共产党人在极其险恶的局势下没有退缩，没有被吓倒，没有被征服，而是以大无畏的革命精神和坚定的理想信念前仆后继、英勇牺牲，用鲜血染红了江城大地。据中共六大报告，仅 1927 年 3 月到 1928 年上半年，被杀害的共产党员和革命群众就达 31 万人，其中共产党员 2.6 万多人。

青山埋骨，忠魂永存

烈士牺牲后，遗体有的由家属、亲友认领安葬，有的由社会慈善机构掩埋，但也有一部分外省籍的共产党员或是"要犯"，遗体无人认领，其状惨不忍睹。为了收殓这些革命烈士，汉阳地下党组织的负责人陈春和扮作船工，与其舅弟王斋公担起了这项特殊的任务。他们不顾个人安危，常趁夜带领几位工人划船过江，潜入汉口济生善堂广坪、余记里空坪和武昌文昌门外等地的刑场，四处收拢被害烈士遗骨，用小船运至汉阳，秘密安葬于龟山西南麓补乾亭右侧山坳内，同时埋大石块以做标记，并记下烈士英名。他们冒着生命危险掩埋了一批又一批革命烈士，其中有著名的共产党员向警予、马峻三、赵世当、陈其科等人。

不久，汉阳地下党组织遭到破坏，陈春和与王斋公也先后被国民党反动派杀害，存于王斋公手中的名册也遗失。他们经手掩埋的死难者的姓名和数目无从查考，后人仅知陈春和在龟山补乾亭附近安葬了数百位烈士的遗骨，这些死难烈士被称为"红色战士"。后来，幸存的地下党员默默地在墓地前

《红色战士公墓记》

竖立了一块碑，上刻"国共分家之牺牲者""红色战士公墓"，以铭记死难者。1938 年春，八路军武汉办事处和中共中央长江局的童小鹏、聂鹤亭、李涛等人来到龟山脚下，用鲜花和野草敬献在公墓前，向先烈们默默致哀。

新中国成立后，人民政府重修烈士墓并在附近辟建"红色广场"。1955 年，因建武汉长江大桥，将烈士忠骨移葬于汉阳扁担山。1956 年 11 月，"红色广场"被湖北省人民委员会公布为湖北省文物保护单位。1986 年 10 月，武汉市人民政府根据市人大代表的意见，将红色战士公墓迁建于龟山，彭真同志亲笔题写了"红色战士公墓"，并立碑永志纪念。1995 年 3 月，红色战士公墓被湖北省人民政府公布为湖北省爱国主义教育基地。2009 年 8 月，湖北省、武汉市人民政府对红色战士公墓进行了改造和修缮。

红色战士公墓作为武汉市重要的革命传统教育基地，每年有数万名青少年学生、解放军官兵、干部、职工以及全国各地的民众前来瞻仰、祭扫烈士墓，缅怀先烈。这些在浴血斗争中英勇牺牲的革命先烈，将永远铭记在人们心中。

（作者：胡显）

砥柱中流

大革命失败后，中国共产党开始了独立领导中国革命的艰辛探索。黄麻起义失败后，吴光浩、戴克敏等鄂东军将领率部转战木兰山，组建中国工农革命军第七军。以此为基础，逐渐发展成中国工农红军第四方面军，建立起鄂豫皖革命根据地。

抗日战争全面爆发后，国共两党再次实现合作。南京沦陷后，武汉一度成为战时首都、全国抗战的中心。中共中央派遣周恩来、董必武、博古（秦邦宪）、叶剑英、邓颖超等领导人前往武汉，恢复重建南方各省党组织，组建新四军开赴敌后抗日战场，积极推动国统区的抗日救亡运动，广泛开展抗日宣传与统一战线工作。

武汉沦陷后，李先念、陈少敏、任质斌等集合各路抗日武装挺进豫鄂边区，组建新四军第五师。新四军第五师长年深入敌后，依靠民众开展游击战争，创建了地跨鄂豫皖湘赣五省的抗日根据地，多次粉碎日伪军的进攻，成为中原抗战的中流砥柱，为夺取全国抗战的胜利奠定了基础。

烽火木兰山 传奇红军洞

——木兰山风洞革命活动旧址

　　木兰山位于武汉市黄陂区北部，距武汉市区约 50 公里，因其风景秀丽，享有"武汉后花园"之称。相传这里为木兰故里，"忠、孝、勇、节"的木兰精神流传千古；七宫八观三十六殿依山就势，又被誉为千年宗教名山。这里还是红色革命的摇篮，1927 年大革命失败后，中国工农革命军第七军诞生于木兰山，为中国革命创造了一支重要的生力军。位于木兰山玉皇阁下方的风洞（红军洞），则是第七军在木兰山开展游击战争的重要据点和藏身地。以此为源头，中国共产党组建起红四方面军，并创建了全国第二大革命根据地——鄂豫皖革命根据地。当地流传"秋收起义的部队上了井冈山，黄麻起义的部队上了木兰山"，徐向前题词"木兰山的革命烽火燃遍了大别山"，形象地再现了革命低潮之际中国共产党在木兰山走向工农武装割据的最初实践探索。

木兰风洞牌坊

革命火种撒向木兰山

　　说起木兰山的革命斗争，出生于木兰山的吴光浩（1906—1929）是一个首先要提及的英雄人物。这位英年早逝的将领原名吴光皓，化名陈新，湖北黄陂三台乡（今武汉市黄陂区王家河街）蔡吴家湾人。学生时代受到进步思想影响，阅读《新青年》《共产党宣言》等革命书刊。1925年考入黄埔军校第三期，1926年加入中国共产党，从此走上革命道路。

　　黄埔军校毕业后，吴光浩投身于北伐战争的洪流，被党组织派往叶挺独立团担任连长，先后参加汀泗桥、贺胜桥等著名战役。1927年大革命失败后，根据八七会议关于开展武装斗争和土地革命的指示，吴光浩9月参与领导鄂南起义，11月参与领导黄麻起义，任中国工农革命军鄂东军副总指挥。吴光浩带领的走向木兰山的革命火种，便是黄麻起义失败后保留下来的部队。

1927年12月，黄麻起义失败，黄安城失陷，鄂东军总指挥潘忠汝在战斗中牺牲。当月下旬，黄麻特委和鄂东军部分领导人吴光浩、戴克敏、曹学楷、汪奠川等，在黄安北乡木城寨举行会议。与会者提出，斗争形势日益恶化，为避开敌人锋芒，鄂东军必须跳出敌人的包围圈，以求保存和积蓄革命力量、坚持斗争。接下来，吴光浩提议部队可以转移到自己的家乡黄陂木兰山一带活动。鉴于黄陂地区国民党统治力量薄弱，大革命期间积累了良好的群众基础，木兰山有天然屏障的地理优势等，与会者一致赞同吴光浩的提议。

木城寨会议后，在吴光浩、戴克敏等人的带领下，鄂东军在黄安北乡闵家祠集合72人，携带53支长短枪，突破重围，于12月29日到达木兰山。中共湖北省委得到消息，派原黄麻特委负责人刘镇一从武汉赶赴木兰山，向吴光浩等鄂东军领导人传达组建中国工农革命军第七军的命令。于是，鄂东军到达木兰山后第一件事，便是组建革命军队，为继续开展武装斗争做准备。

1928年1月1日晚，在木兰山道教长老万昭虚（新中国成立后任武汉市道教协会第一任会长）的掩护下，吴光浩、戴克敏等鄂东军领导人在木兰山玉皇阁的雷祖殿举行会议。会议强调，中国工农革命军必须坚持中国共产党的领导，坚持"党指挥枪"的原则。按照中共湖北省委指示，中国工农革命军鄂东军改编为中国工农革命军第七军，吴光浩任军长，戴克敏任党代表，汪奠川任参谋长。第七军建立起党代表制度，决定由吴光浩、曹学楷、戴克敏、戴季英和汪奠川等5人组成第七军党委和新的黄麻特委，统一领导军队和地方工作。黄麻起义留下的革命火种，从此在木兰山生根、发展。

木兰革命星火变烽火

第七军成立后，经短暂休整，分成3个小分队，每队20余人，队长分别为戴学诗、廖荣坤、汪奠川。第七军随即以木兰山为中心，发动群众开展游击战争和土地革命。罗家岗战斗是第七军打响的黄陂土地革命第一枪。1928年1月23日，吴光浩率领25名战士进攻木兰山附近长堰的罗家岗。经过一昼夜的战斗，击溃恶霸地主罗胜元的民团武装，缴获长枪19支及大量弹药。随后吴光浩带领战士开仓济贫，把罗胜元等人开的"罗隆昌当铺"抵押品全部发还和分配给贫苦百姓，还放火烧了当铺。

这次战斗鼓舞了木兰山农民群众的革命热情，也震惊了国民党当局。1月26日，国民党十二军一个团向木兰山进攻。吴光浩果断决定避开敌人优势兵力，率部队主力突围到黄冈回龙山、大崎山一带活动。曹学楷、徐朋人等留在木兰山周边农村坚持斗争。他们依靠当地民众，在极其艰难的条件下，集聚了63名黄麻起义失败后逃出黄麻寻找革命军的战士，恢复了木兰山的斗争局面。

由于黄冈、罗田两县党组织遭到破坏，第七军开展斗争十分困难，吴光浩、汪奠川等与第七军战士们风餐露宿、历尽艰险，于3月初重返木兰山。随后第七军领导人在洪岗山陈秀冲召开会议。会议认为转战木兰山几个月来，难以在此建立稳固的立足点，决定全军化整为零，将140余人缩减为36人（其中党员22人），编成4支短枪队，以木兰山为中心分散游击，准备在适当时机打回黄麻地区。吴光浩和汪奠川分别率领一队在黄陂、孝感活动；戴克敏、徐其虚率一队北出黄安，廖荣坤、王树声率一队东进麻城，两队的任务是为部队重返黄麻地区做准备。

1928年1—4月，短短3个月内，第七军以木兰山为中心，足迹遍及黄陂、孝感、黄冈、罗田、黄安、麻城6县，转战迂回三四百里，歼灭了一批土豪劣绅、恶霸地主和国民党军队，掀起了木兰山土地革命风暴。除火攻罗家岗之外，还袭击鲍家寨，枫树店一战镇压恶霸地主、民团团总彭汝霖，奇袭桥头李湾，打响金鸡坳、戴家湾、河南湾等战斗。"地主土豪，快乐逍遥；红军一到，狗命难逃""红军穷人一条心，木兰山区情更深。木兰河边两称心，革命圣地万年青"的革命歌谣在木兰山广为传唱。

第七军转战木兰山期间，创造了"八会"和"十六字诀"的游击战术原则。"八会"，即会跑（跑路和摆脱敌人）、会打（不打无益之仗）、会散（分散活动）、会集（集中行动）、会进（主动进攻）、会退（有目的地退却）、会知（了解敌情）、会疑（迷惑敌人和反动派）；"十六字诀"，即"昼伏夜出，远袭近止，声东击西，绕南进北"。这为鄂豫皖党和红军开展游击战争积累了重要的斗争经验。

革命烽火燃遍鄂豫皖

1928年4月，第七军发动工农群众进行黄麻"二次暴动"。5月黄安清水塘会议上，吴光浩、戴克敏、曹学楷等决定以河南省光山县柴山保（今属河南新县陈店乡）为中心建立革命根据地。就此，第七军迈出了工农武装割据道路上具有决定意义的一步。7月进驻柴山保后，第七军领导人在尹家嘴召开会议，根据中央军委和中共湖北省委指示，第七军改编为中国工农红军第十一军第三十一师。吴光浩任军长兼师长，戴克敏任党代表兼政治部主任，曹学楷任参谋长，全师共120余人。

在工农武装割据的理论与实践指引下，鄂豫皖革命运动进入蓬勃发展的阶段。柴山保革命根据地成为吴光浩等人带领革命军队在鄂豫边开创的第一块红色区域。以此为起点，吴光浩带领红三十一师转战南北，多次打退国民党军队的进攻，消灭周围地区的地主武装，吸收农民群众入伍，支援和推动鄂豫边地方工作的开展。至1929年5月，红三十一师发展到近400人。对于群众工作和武装斗争，吴光浩有着深刻认识："没有群众的支持，这块地方不能巩固"，"我们的枪丢不得，有了枪才能打倒地主阶级，才有工农的出路，丢了枪就不能胜利，不能生存。"

然而当月月初，为扩大革命斗争成果，吴光浩率10余人赴河南商南领导起义，途经罗田县滕家堡时，遭遇反动民团包围，吴光浩一行不幸全部遇难。吴光浩，这位年轻的红军将领，牺牲时年仅23岁。如今，吴光浩烈士长眠于罗田县胜利镇烈士陵园，在他的家乡蔡吴家湾也建有吴光浩烈士陵园。吴光浩牺牲后，中共中央、中央军委派徐向前接替他的工作，继续带领红三十一师战斗在鄂豫皖广大农村地区，徐海东、李先念也相继参加红三十一师。

正是在木兰山革命烽火中保存和发展起来的这支革命武装，几经转战，逐步发展为中国工农红军三大主力之一的红四方面军。另有第七军部分官兵成为红二十五军的指挥员和骨干，并在坚持武装斗争和土地革命的基础上，建立起拥有20多个县、350多万人口的全国第二大革命根据地——鄂豫皖革命根据地。木兰山革命烽火是中国革命道路探索的最初实践，是党领导中国革命的重要起点。

红军洞见证木兰革命传奇

风洞，位于木兰山西坡崩塌堆积带，玉皇阁下方、下马石附近，是木兰山最大的崩塌洞穴，有上下两个洞口，洞口石壁发育网格状石英脉。洞深200余米，高3—5米，宽1—3米，最窄处仅能容一人勉强通过。洞内弯道多，巨石交错叠压，冷风飒飒，深部有挂顶的蝙蝠群。相传木兰年少时不顾危险进洞抓蝙蝠为邻居大婶治疗眼疾，又传木兰在此怒斩九尾狐。洞口掩映于山林草木之间，十分隐蔽。当地百姓口口相传此洞"通海眼、显神风"，故名"风洞"。

吴光浩烈士铜像和风洞入口

　　1927 年 12 月底至 1928 年 4 月初，吴光浩率领 72 名战士创建中国工农革命军第七军转战木兰山之际，风洞成为他们藏身、休息、开会的重要据点。该洞与玉皇阁的玉皇洞之间，有林间小路相连，遇有紧急情况时可及时疏散，便于战士们隐蔽和开展活动。1985 年 4 月，黄陂区相关部门对风洞进行修葺并做加固处理，在洞外山脚下修建了牌坊，修通了进入洞门和连通玉皇阁的台阶小路；在洞前建起石拱门，门上书有一副对联"洞门生烟雾，暗行逢虚明"，横批"海眼神风"。风洞洞口附近的一块岩石，赫然落笔——"红军洞"。这是为纪念中国工农革命军第七军点燃木兰革命烽火的历史，对风洞的重新命名。徐向前元帅的题词——"木兰山的革命烽火燃遍了大别山"，醒目地刻在风洞下方植被掩映的巨石上。

风洞入口处是吴光浩烈士的铜像。铜像底座记录了吴光浩烈士短暂而又英勇的革命经历。走进洞中十几米，当年第七军战士用过的石桌、石凳仍然保留着；栩栩如生的彩色人物塑像，再现了第七军领导人研判形势和敌情的情形；风洞石拱门旁的小型展览馆，展示了第七军成立和转战木兰山、开展武装斗争的历史场景。据木兰山地质博物馆熊文生馆长介绍，吴光浩和第七军战士们在严峻的革命形势下，就是依托风洞"昼伏夜动"坚持游击斗争的。"（他们）白天在洞中休息、研判敌情、商讨对策，晚上出去伏击敌人。"2016年2月，风洞（红军洞）被中共武汉市委、武汉市人民政府确立为爱国主义教育基地，这里也是黄陂区廉政教育基地。可以说，红军洞是见证木兰山革命传奇的典型载体。

木兰革命精神历久弥坚

中国工农革命军第七军点燃了木兰山革命烽火，保存了黄麻起义的革命火种，为组建红四方面军、开辟鄂豫皖革命根据地作出了开创性的贡献，是湖北地区中国共产党和革命武装的重要过渡。吴光浩、戴克敏、汪奠川、曹学楷等革命烈士，徐向前、李先念、徐海东、王树声、陈再道等开国元帅和将军，都曾战斗于木兰山。2008年拍摄的影片《烽火木兰山》，展现的就是木兰山革命烽火的故事。2017年7月29日，武汉博物馆举办纪念黄麻起义暨鄂豫皖第一支红军（中国工农革命军第七军）在木兰山成立九十周年书画名家联展活动，在书法艺术中传承木兰革命精神。

木兰山地质博物馆革命文物陈列室

距离风洞约 700 多米的木兰山地质博物馆，有一间革命文物陈列室，藏有大量革命文物。已经斑驳生锈的战刀、长矛、手榴弹、土地雷、手枪，木制的土炮，吴光浩黄麻起义时用过的怀表，涂有"工农革命军第七军"字样的斗笠，一件件革命文物向我们述说着革命年代的艰辛与困苦，再现着木兰山的革命烽火。木兰革命精神，历久弥坚。

（作者：李从娜）

抗战枢纽 调度中心

——八路军武汉办事处旧址

长春街，武汉的老街道之一，在这里，时光仿佛走得比别处更慢一些。步行至长春街57号，一栋青灰色的日式小洋楼安静地伫立在街边，方方正正，与汉口旧租界常见的欧式建筑相比，似乎显得有些低调。然而，就是这样一座不太起眼的小楼，亲历了抗日战争武汉会战的纷飞战火，目睹了武汉人民轰轰烈烈的抗日救亡运动，见证了中华民族不屈不挠的民族精神。这里便

"八办"外景

"八办"会议室及机要科复原场景

是国民革命军第八路军武汉办事处旧址。

旧址纪念馆一楼为"大武汉 1938"陈列，二楼到四楼复原陈列有周恩来和邓颖超、秦邦宪（博古）、董必武、叶剑英的办公室和住房，副官室、接待室、办公室、会客室、会议室、电台室、机要科等还保留着当年的模样。闭上眼，那些曾经在这栋小楼里发生的故事历历在目，硝烟炮火、摇旗呐喊、抗战歌声都一一穿透岁月，直抵耳畔。时间，在这里仿佛一下子回溯到 80多年前。

抗战枢纽：八路军武汉办事处成立

1937 年 7 月 7 日，日本帝国主义挑起卢沟桥事变，全民族的抗战由此爆发。民族危亡之际，中国共产党倡导的以国共两党合作为基础的抗日民族统一战线正式形成。为实现合作抗日，同年 8 月，中国工农红军主力改编为国民革命军第八路军（简称八路军，此后按全国统一的战斗序列又称第十八集团军）。根据国共第二次合作达成的协议，八路军总指挥部可以在国民党管辖区公开设立八路军办事处（简称"八办"）。

为加强中国共产党在国统区的工作，1937 年 9 月上旬，董必武以中共中央代表、长江沿岸委员会委员的身份前往武汉开始筹建"八办"。10月下旬，"八办"于汉口府西一路安仁里（今汉口民意一路）1号正式成立，李涛任处长。11月中旬，日军侵占上海，南京危急，八路军南京办事处工作人员撤退至武汉。经请示中共中央同意，12月中旬，武汉办事处与南京办事处合并，统称八路军武汉办事处，由钱之光任处长。中共中央长江局机关亦秘密设于此。

由于办公场地不足，"八办"于同月下旬迁至原日租界一二八街（亦称中街）89号（现长春街57号）的日商大石洋行办公。1937年底至1938年10月，周恩来、董必武、秦邦宪（博古）、叶剑英、李克农、邓颖超、罗炳辉等在这里领导长江局和八路军武汉办事处的工作。1938年1月下旬，新四军军部迁往南昌后，由"八办"代办新四军驻武汉办事处的一切工作。10月底，武汉失守，"八办"工作人员全部撤离。

调度中心：向延安和抗日前线输送物资与人才

根据国共合作协议，改编后的八路军、新四军所需的军饷、武器装备、医疗物资等均由国民政府供给，"八办"负责与国民政府相关部门交涉并领取物资。当时，八路军的医疗工作面临着许多困难，为此，"八办"向国民政府有关部门申报八路军增设前方医院编制，并领取3.5万多箱药品和一批医疗器械，一定程度上改善了八路军的医疗条件。"八办"已然成为当时最重要的"交通枢纽"，当陕甘宁边区、八路军总指挥部及下属各单位工作人员需要采办粮油、布匹、卫生医药等物品时，都会将"八办"当作采购转运站。

除了同国民政府交涉领取抗战物资外，"八办"还担负着为前线和陕北、山西筹集、转运物资等重任。1937年底至1938年初，"八办"派人或通过在香港、长沙、广州等地的八路军办事处，筹集和购买大米300吨、面粉40吨、枪械 100 多支、雨衣 3000 件，以及机械、通信器材、日用品、弹药等大批军需物资，先运到武汉，再转送延安和八路军总指挥部、新四军军部。随着战事不断吃紧，部队对武器装备的需求增多。当八路军的第一个炮兵团在山西成立时，"八办"还专门为这个团采购了经纬仪、炮对镜和测远镜等器材，保证了该团以较完好的装备奔赴抗日战场。此外，为了提高军队通信指挥能力和情报获取能力，"八办"还专门购进了一批电信器材，改进了军队的通信设施。

为了进一步组织广大青年抗日，壮大革命力量，"八办"还担负着向延安和抗日前线输送人才的任务。1938 年 2 月，中共中央长江局在"八办"设立由董必武、罗炳辉负责的招生委员会，负责抗日军政大学、陕北公学等院校在武汉的招生工作。招生的牌子挂出后，报名者络绎不绝，许多青年纷纷要求到延安参加抗日工作。经过严格的政治审查，合格者由副官领队，分批乘火车至西安，再转延安。除直接招生外，"八办"还向延安输送了一批科技界和文化界的知名人士，如机械工程师沈鸿、肺科专家何穆、自然科学家陈康白、舞蹈专家吴晓邦等。还有许多青年人才是通过中共在汉的领导人或各界进步人士介绍来的，一些还是革命烈士子女和中共领导人的亲属。他们到达延安后，为发展党的科学、文化、卫生等事业作出了重大贡献。

隐秘战线：掩护中共中央长江局开展党的工作

1937 年 12 月上旬，中共中央在延安召开政治局会议，决定由周恩来、秦邦宪（博古）、项英、董必武等组成中共中央长江局，对外称中共代表团，任务是指导中国共产党在长江流域各省的工作，向国民党及其他党派开展统一战线工作，以及指导南方和大后方各省党的工作。由于长江局不是公开组织，隐秘在"八办"内办公，因此"八办"既是中国共产党在国统区的办事

周恩来与国际友人在"八办"屋顶花园合影

机构，也是中共中央长江局的活动中心。在长江局的领导下，"八办"参与了联络南方各省党组织的工作，使中国共产党在南方各省的工作迅速开展起来。具体而言，一是保证长江局的安全。虽然国共合作已经形成，但是仍然有一些国民党中的顽固分子敌视中国共产党。为了保证长江局机关不遭破坏，"八办"认真做好安保工作，为长江局的领导配备警卫员，建立来访登记制度等。二是负责做好接待工作。各省党组织负责人到长江局汇报工作、接受指示，大多由"八办"负责接待。华中、华南及西南各省地下党与中共中央的联系，也都会经过长江局和"八办"。三是营救被国民党顽固派抓捕的中共党员。各地党组织开展工作后，即遭国民党顽固分子极力破坏，一些党的负责人身份暴露后，便遭到国民党抓捕。为此，"八办"经常与国民党方面交涉，营救同志。

宣传阵地：开展抗日救亡活动与国际统战工作

武汉会战期间，"八办"在中共中央长江局的领导下，协同中共湖北省委和武汉市的抗日救亡团体，大力发动民众。各抗日组织、团体纷纷建立，数以百计的抗日救亡报刊如雨后春笋般涌现，抗日宣传、募捐、劳军等一系列救亡活动空前增加，掀起了以武汉为中心并向全国辐射的抗日救亡群众运动的高潮。广大工人、农民、文化界、宗教界团体纷纷组织起来，建立各种救亡团体活跃在各条战线上。中华民族解放先锋队、中华全国文艺界抗敌协会等救亡团体，奔赴前线、深入后方宣传抗日，掀起了全民族抗日救亡热潮。

"大武汉 1938"陈列

　　"八办"工作人员也与武汉人民一起，参与集会游行、抗日宣传、捐物献金等抗日救亡活动。1938年7月7日，为纪念全面抗战一周年，在周恩来的主持下，由国民政府军事委员会政治部第三厅发起组织，在武汉地区掀起了群众性的献金热潮。中共中央代表和"八办"代表到江汉关献金台，代表中共中央和八路军捐款1000元。为给献金活动助力，20多个歌咏团举行"保卫大武汉宣传周"活动，深入武汉各工厂、伤兵医院、难民收容所和近郊农村开展宣传活动，歌曲《保卫大武汉》广为传唱，日夜响彻在武汉三镇的上空。

　　武汉成为抗战中心后，许多外交使团、国际友好团体、国际友好人士来到武汉，"八办"便成为国际友人了解中国共产党的重要窗口。"八办"先后接待了世界青年代表团、美国皮革工人代表团、马来亚工人代表团、苏联航空志愿队等各种来华团体。为了争取更多的国际援助，巩固和发展抗日民族统一战线，在周恩来的领导下，"八办"积极开展同国际友人和友好团体的联系，在与艾格尼丝·史沫特莱、埃德加·斯诺等外国记者的交往中，介绍了中国共产党的抗战政策和八路军的英勇战绩。在外国记者的报道下，全世界更多的人了解到中国的真实情况，纷纷表达对中国抗日战争的同情和支持，为开辟国际反法西斯统一战线作出了重大贡献。

　　正是由于这些新闻报道，1938年1月，加拿大共产党员、著名外科专家诺尔曼·白求恩来到武汉。9月，由柯棣华医生等人组成的印度援华医疗队也来到武汉，他们都经"八办"安排转赴延安，支援中国的抗战事业。此外，荷兰共产党员、著名电影艺术家尤里斯·伊文思经香港、广州来到武汉，拍摄了反映中国人民抗日战争的新闻纪录片《四万万人民》。在他的延安之行受到国民党顽固分子阻拦后，他秘密将自己的摄影器材交给"八办"转送延安，这套摄影器材也成为中国共产党的电影事业中第一套摄影器材。

　　烽火岁月造就辉煌历史。1938年的大武汉，轰轰烈烈的抗日救亡运动和悲壮惨烈的武汉保卫战成为中国人民抗日战争史上光荣的一页。虽然"八办"仅在武汉存在1年左右的时间，但它为抗日战争的发展与胜利作出了重要贡献，不仅成为激发全国人民爱国热情、宣传抗日民族统一战线的桥头堡，同时也成为转运军需物资、输送抗战人才、连接中国与世界的枢纽。武汉会战后，抗日战争进入战略相持阶段，中国人民经过长期斗争，最终赢得了抗日战争的伟大胜利，彻底粉碎了日本军国主义奴役中国人民的图谋，重新确立了中国在世界上的大国地位，开启了古老中国凤凰涅槃、浴火重生的新征程。

（作者：余皓洁）

新四军第一个军部

——汉口新四军军部旧址

"光荣北伐武昌城下，血染着我们的姓名……"《新四军军歌》的第一句歌词就说明了新四军与武汉的深厚历史渊源。在汉口芦沟桥路与胜利街的交会处（原汉口大和街26号），有一栋占地数百平方米的两层楼房，灰色的水泥墙面和涂着绿色油漆的木制门窗，散发着古朴和沧桑的气息——这里就是汉口新四军军部旧址纪念馆所在地。

说起新四军，人们可能第一时间联想到的是现代京剧《沙家浜》里军民不畏艰险、坚持抗日的英勇事迹；联想到皖南事变后，周恩来"千古奇冤，江南一叶。同室操戈，相煎何急？！"的题词。而对于新四军的历史研究，学者们可能对1938年1月6日这个时间印象深刻，因为这一天是新四军南昌军部建立的日子。然而，新四军的诞生地其实是武汉。

叶挺亲自到汉口为军部选址

卢沟桥事变后，抗日战争全面爆发。为抗击日本帝国主义的侵略，中国共产党同国民党谈判并达成协议，于1937年8月将红军主力改编为国民革命军第八路军（简称"八路军"），10月将江西、福建、广东、湖南、湖北、河南、浙江、安徽八省坚持游击战争的红军游击队，集中整编为国民革命军陆军新编第四军（简称"新四军"）。新四军下辖4个支队，共1万余人。军长叶挺，副军长项英，参谋长张云逸，副参谋长周子昆，政治部主任袁国平、副主任邓子恢。叶挺被蒋介石任命为新四军军长后，中国共产党又约请叶挺赴延安具体商谈新四军的组建问题。毛泽东接见了这位北伐名将，双方详细讨论了各项细节问题。毛泽东指示："新四军可先在汉口组建，在南昌、福州设办事处。"

据此，叶挺赶往汉口，着手筹建新四军军部。来汉第二天，他就以新四军军长的身份召开记者招待会，宣布南方红军游击队集中改编后将挺进华中，开展敌后抗日。他说："中国的一句古话叫做'多难兴邦'，目前日寇侵略，正是'多难'的时候，我们团结抗战，当然也就是我们'兴邦'的日子。只要团结一致，前途一定是胜利。日本顶怕我们的就是团结，而顶希望我们的是散漫。凡日本怕的，我们要去做，凡日本希望我们的，要避免，这是制胜的道理。"

随后，叶挺开始为新四军军部找办公场所。这位统率千军万马的将军，此时手中除了1份委任状、1枚印章和5万元开办费外，几乎一无所有。他不得不亲自在汉口为建立新四军军部而奔忙。

将新四军军部设在汉口的什么地方？叶挺有着自己的考虑。一方面，这个地方要在日租界。全面抗战爆发后，原先居住在日租界里的日本侨民纷纷离去，房子被作为敌产查封，征用这些空房子不用花钱，也不存在法律上的

汉口新四军军部旧址纪念馆外观

麻烦。另一方面，这个地方要离八路军办事处近。当时，中国共产党已在汉口中街89号设立八路军办事处，不久长江局也秘密设在办事处，王明、周恩来等中共领导人也曾在这里居住、办公。新四军军部若能靠近八路军办事处，工作上将更加方便。最终，叶挺看中了大和街26号的一幢作为敌产而被查封的日式住宅楼。这座两层小楼距离八路军办事处很近，步行只要几分钟。叶挺亲自带人开锁启封，挂上"国民革命军陆军新编第四军"的牌子。就这样，新四军就有了自己的办公场所。

自从新四军筹备处的牌子挂出以后，陆续有叶挺的故旧、亲属前来参加新四军，他们当中有北伐时期担任过国民革命军第三军政治部主任，后来任新四军战地服务团团长的朱克靖；有叶挺在国民革命军第四军独立团时的老部下，擅长文墨的吴振邦；有叶挺的胞弟，后担任新四军军需处处长的叶辅平；还有他的侄子叶育青、叶钦和等等。他们在叶挺的领导下四处奔走，招兵买马、筹枪筹款，展开了紧张的筹建工作。

新四军军部在武汉正式成立

1937年12月25日下午3时，叶挺、项英和张云逸召集头两批从延安调来的干部和在武汉招募的干部，在大和街26号召开大会。到会的有拟定的司令部参谋处处长赖传珠，军需处处长叶辅平、副处长宋裕和，军医处处长沈其震，作战科科长李志高，通信科科长胡立教，政治部的组织部部长李子芳，民运部副部长余再励，战地服务团团长朱克靖等40多人。叶挺、项英分别报告了抗日战争形势、上海和南京失陷的经过及原因，布置了当前的工作任务。叶挺发表了讲话，勉励大家要树立信心、团结一致、抗战到底。此次会议标志着新四军第一个军部——武汉军部的正式成立。

此时，抗战正面临紧急关头。为迅速完成新四军组建工作，使中国共产党南方部队早日开赴抗日前线，军部一方面坚持既定原则，如不让国民党插入一人，坚持敌后游击战争的独立性等；另一方面灵活地作出了一些较大的让步，如在编制问题上放弃原"两师四旅八团"或"两个纵队七个支队"的计划，在隶属关系上放弃新四军由八路军节制的要求，同意江南部队暂归第三战区、江北部队暂归第五战区指挥。12月27日，项英电告毛泽东、张闻天："四军编制为四个支队，支队等于旅。"次日，毛即复电同意，同时确定了一批干部配备的方案。1938年1月初，蒋介石以国民政府军委会的名义，核准中共提出的新四军支队以上干部的名单以及编制、薪饷等。

1938年1月4日，为迅速在敌后开展抗日游击战争，项英率军部大部

叶挺的办公室兼卧室

分人员奔赴南昌，叶挺仍留在武汉继续处理有关事宜。1月下旬，叶挺离汉赴洪。1月28日、29日，《新华日报》头版刊登《陆军新编第四军司令部启事》："本军奉命即行整编出发，军部当即移驻南昌，前汉口大和街26号军部即行结束。以后驻汉办事处事宜，委托八路军驻汉办事处钱处长代办。"

旧址内的新四军军部历史陈列展厅

1938年1月，因战事需要，新四军将军部迁往南昌。汉口新四军办事处所有工作均由八路军武汉办事处接管。由于军部在汉仅1个月的时间，历史档案在战争中遗失，新四军第一个军部在汉口的事实渐渐不为大多数人所

汉口新四军军部旧址副官处

知，直至 1995 年才又被提起。

1997 年，为纪念新四军建军六十周年拍摄纪录片《铁的新四军》，汉口新四军军部旧址所在地得以初步确认。直至 2002 年，汉口新四军军部旧址才最终确定并挂上文物保护单位铭牌。2006 年，武汉市人民政府拨专款按原貌修复汉口新四军军部旧址并辟为纪念馆。这处尘封了 60 余年的历史遗迹，才得以再度呈现在世人面前。

由于时间久远，汉口新四军军部旧址纪念馆复原工作缺乏原始资料和文物。几经联系，工作人员在江西南昌找到一位叫汤光恢的老人（时年 93 岁），他当年是叶挺将军的副官，在汉口新四军军部工作过。据汤老讲述，当年他住在一楼，叶挺、项英住二楼；军部门上挂着"国民革命军陆军新编第四军"的木牌，是黄底黑字，很醒目。后来旧址复原基本上按汤老的回忆进行布局、陈设。

　　修复后的展馆分为A栋和B栋。A栋有"汉口新四军军部历史陈列"展览，共有文物30多件，照片200多幅。整个展览分布在两层楼四个展区，分为"成立汉口军部，完成部队集结""挥师东进敌后，转战大江南北""坚持华中抗日，五师战功卓著"三个部分。B栋一楼复原的有会议室、政治部、副官处、参谋处、军需处和军医处等；二楼复原的是新四军将领们的办公室兼卧室。当年在这里工作和生活的新四军将领有叶挺、项英、张云逸、周子昆、曾山等，还有从日本回国参加抗战的郭沫若。正是在这里，新四军领导人夜以继日地工作，商讨如何与国民党当局据理力争，争取解决新四军的编制、人员、机构、干部配备和装备等问题，在十分困难的条件下，胜利完成了改编南方红军游击队和创建新四军的光荣任务，组建了一支新的"铁军"。

"汉口新四军军部历史陈列"展览

新四军在武汉的历史，在党史、军史上具有重要的历史地位，汉口新四军军部为新四军建军作出了不可磨灭的历史贡献。新四军在汉口筹建的时间虽然只有几个月，但其意义却非常重大，一支新的抗日铁流从这里汇聚、成长、壮大。到1945年抗战结束时，新四军已由建军时的1万余人发展成为一支拥有30万人的主力部队，成为华中敌后抗日的中流砥柱。抗日战争中新四军共歼灭日伪军40余万人，建立了20万平方公里的华中解放区，为抗战的最终胜利建立了不朽的功勋。

尽管80多年过去了，这座房子几乎没有太多改变。街道的格局、房屋的样式，一切完好如初。今天，当你在狭窄的楼梯间行走，在庄严肃穆的展厅中参观时，那一张张照片、一件件文物，仿佛仍在告诫人们不要忘记那段历史。

（作者：段施雯）

文化抗战的中心

——国民政府军事委员会政治部第三厅旧址纪念馆

位于武昌昙华林 117 号的百年名校武汉市第十四中学，背依凤凰山而建。走进学校大门，正对校门的张之洞广场上，张之洞的塑像肃然而立。1903 年，湖广总督张之洞在这里创办第十四中学的前身——文普通中学堂。辛亥革命后，学校改名为湖北省立第一中学。从张之洞广场向右前方沿陈潭秋路一路前行，到学校东区的一角，一栋二层黑白相间、侧式楼梯的小楼映入眼帘，这便是国民政府军事委员会政治部第三厅（下文简称"三厅"）

"三厅"旧址纪念馆

旧址。"三厅"曾是国统区抗日民族统一战线的战斗堡垒，这里名流汇集、文人荟萃。作为抗战时期著名的文化机构，在这座小楼里，仁人志士发出文化救亡的声声呐喊。它虽名义上隶属国民政府，但实际上接受中共中央长江局和周恩来的直接领导。在汉期间，"三厅"始终坚持中国共产党的抗日民族统一战线政策，积极宣传"十大救国纲领"。

文化战士：到武汉去！

1937年，全面抗战爆发，上海沦陷、南京失守后，大武汉成为全国抗战的中心。"到武汉去"成为文化界最响亮的口号，作家、画家、导演、音乐家、出版家纷纷成为文化战士，他们陆续汇聚武汉，共同发出最后的吼声。1938年2月19日，为动员群众、鼓舞士气，国民政府在武汉成立军事委员会政治部，下设秘书处、总务厅、第一厅、第二厅、第三厅等部门。4月1日，"三厅"在武汉成立，办公地点在昙华林湖北省立第一中学校园内。厅长由郭沫若担任，直接受政治部副部长周恩来领导。

按照国民政府军事委员会政治部的组织架构，"三厅"主管宣传工作，下设三处，每处三科：第五处（依一、二、三厅总次第）负责一般宣传，下设"文字编撰""群众动员和一般宣传""印刷发行"三科；第六处负责艺术宣传，下设"戏剧音乐""电影制作发行""美术宣传"三科；第七处负责对日宣传和国际宣传，下设"对日宣传""国际宣传""编译资料并研究敌情"三科。其中，第六处处长由《义勇军进行曲》的词作者、著名诗人和戏剧家田汉担任。1938年2月，田汉同郭沫若、田洪、于立群等人一同到达武汉。此后的半年多时间里，这位人民艺术家就在武汉及附近地区奔走高歌，积极投身抗战救亡事业，成为武汉文艺救亡运动的领军人物。

在抗日民族统一战线旗帜的感召下，东北的作家群、从平津逃出的作家、

田汉、王莹、夏衍等在昙华林"三厅"

上海的文艺界人士、随国民政府西迁的文艺名流等，齐聚武汉，致力于开展抗日救亡宣传运动，武汉成为全国文化抗战的中心。文人们以各种艺术形式为武器，唤起民众的抗战热情，产生了巨大的作用和深远的影响。彼时的"三厅"人才济济，享有"名流内阁"的美称。

抗战总动员 全民争献金

"三厅"的附属团队包括4个抗敌宣传队、10个抗敌演剧队、5个电影放映队、1个电影制片厂、1个漫画宣传队，以及"孩子剧团"。在"三厅"的领导和组织下，这些艺术团体组织了丰富的抗日宣传活动，掀起了全国文化抗战的高潮，以中国共产党党员为骨干的"三厅"成为国统区一支举足轻重的文化救亡队伍。"三厅"在成立后的第 7 天，就发起举行了声势浩大的抗战宣传周系列活动。按每天一个宣传主题，由抗敌宣传队、抗敌演剧队和孩子剧团深入武汉的大街小巷和郊区农村，开展抗日宣传，激发人们的爱国热情。台儿庄大捷期间，还组织了 10 万人的火炬游行庆祝胜利。

"三厅"抗战宣传周主题安排

第一日	开幕式
第二日	口头宣传日
第三日	歌咏日
第四日	美术日
第五日	戏剧日
第六日	电影日
第七日	游行宣传日

（资料来源："三厅"旧址纪念馆）

在众多形式的宣传活动中，抗战歌咏成为当时最有效的动员方式。"……千山万壑，铜壁铁墙……"位于"三厅"旧址前的群雕，生动地还原了著名抗战歌曲《在太行山上》的创作场景：冼星海全神贯注地弹奏钢琴，周恩来和郭沫若在一旁侧坐合唱。冼星海唱主旋律，周恩来唱二声部。唱毕，周恩来和郭沫若齐声称赞这首歌曲写得好。二人当场拍板，确定在武汉纪念抗战一周年歌咏大会上演出。《在太行山上》一经唱响，便迅速传扬至全国，激励和鼓舞着万千群众勇敢地奔赴抗日前线。朱德总司令也十分喜欢这首歌曲，他要求八路军总部机关人人会唱，还把歌词抄录下来随身携带。

在汉期间，冼星海为鼓舞士气、宣扬民族精神，积极深入学校、农村、厂矿，辅导歌咏队练唱。他还以旺盛的精力谱写了 20 多首抗战歌曲。缓步于"三厅"小楼，耳畔回响的旋律时而平缓抒情，时而铿锵有力，时而低回婉转，时而炽热激昂。80多年前，正是这些律动的音符、跳跃的文字，激励了万千民众团结抗击日寇！

七七事变后，日本发动全面侵华战争。时隔一年，全国各地掀起抗战一周年纪念活动热潮。在"三厅"的带领下，武汉首先发起了献金救国运动。当时，分布在武汉三镇的8座献金台，成为一个个群众大会的会场。献金运动原定开展3天，由于群众踊跃参加，只好延长了2天。中共领导人、八路军战士、人民群众纷纷走上献金台：周恩来将其在国民政府军事委员会政治部一个月的薪金全部献出；武昌乞丐收容所宣布集体绝食一天，为国家节约一天伙食费；7月8日这一天，水塔献金台600名人力车夫一道献出了自己一天的血汗钱；一位卖唱的盲人手捧三弦琴，从40里外赶来，捐出5元钱，这是他全部的资产；还有一位难民，因为没有可捐献之钱财，竟脱下自己身

中国共产党献金团

上的长马褂，要求捐给前线……短短5天时间，参与献金的人数达50余万人，献金总金额超过百万元。武汉的献金运动在全国引起强烈反响，广东、香港等地积极响应，筹款支持抗战。

军民一心，同仇敌忾。武汉精神感动了世界。美国记者白修德在《中国的惊雷》中感叹："一九三七年至三八年间的冬天，中国发生了奇迹……空前未有的最完全的团结精神，在汉口存在了好几个月。其时曾在武汉呆过的人，从没有能够精确地说明这武汉精神是怎么回事。全中国都动了……"

抗战血泊中的奇花：孩子剧团

在"三厅"的成员中，有一个特殊的群体——孩子剧团。日军侵犯上海后，大批学生流离失所、无家可归，只好逃入租界，住在难民收容所。他们虽然陷入困境，但并不悲观。不愿意当小亡国奴的孩子们聚集在一起，识字、唱歌，参加抗日救亡运动。在国难教育社党组织的培养下，孩子们排练的街头剧受到难民同胞的热烈欢迎。1937年9月3日，孩子剧团正式成立，隶属上海文化界救亡会。当时的环境非常艰苦，没有受过专门艺术训练的孩子们在党组织的帮助下积极克服各种困难，他们前往工厂、学校、里弄、菜市场和路旁空地演出街头剧，给上海市民留下了深刻印象。

1937年11月，上海沦陷。为了保护孩子们免遭日寇汉奸的迫害，中共地下党组织决定把孩子们带到内地去。党组织从团员中挑选了19人，加上进步教育家陶行知先生创办的山海工学团介绍来的3人，共22人，其中最大的19岁，最小的仅9岁。中共地下党给孩子们筹集了300多元路费。这一路，孩子剧团坐船、步行、搭便车，一路演戏，一路歌唱，终于在1938年1月10日到达武汉。孩子剧团来到武汉后，邓颖超曾代表八路军武汉办事处数次前去看望，孩子们亲热地称呼她为邓妈妈。在周恩来举办的欢迎会上，孩子们激动地唱起了团歌："我们生长在苦难里，我们生长在炮火下……孩子们站起来，站起来，在抗战的大时代，创造出我们的新世界……"

虽然受到了热情的欢迎，但孩子剧团接下来是去是留仍是问题。在周恩来和郭沫若的反复争取和坚持下，孩子剧团被纳入"三厅"编制。在"三厅"的直接领导下，孩子剧团到衡阳、长沙、桂林和成都等地开展抗日救亡宣传工作，他们演出的《孩子血》《这怎么办》《孩子们站起来》《不愿做奴隶的孩子们》等剧目，深深激发着民众的抗日爱国热情，茅盾称他们为"抗战的血泊中产生的一朵奇花"。此后，孩子剧团虽几经辗转和变故，但坚持积极宣传中国共产党"坚持抗战，反对投降；坚持团结，反对分裂；坚持进步，反对倒退"的方针始终不变。

孩子剧团起于上海，兴于武汉，归于延安。战火纷飞时，他们加入救亡洪流，犹如一颗颗小小的火种，跳跃着、翻滚着，他们天真、坚决、勇敢的吼声，报告着民族前途的光明。如今，孩子剧团的铜像就矗立在"三厅"旧址旁，面向武汉市第十四中学的大操场。那群在炮火中的"孩子们"，正以一种特殊的方式，陪伴一代又一代孩子们在和平美好的新中国成长。

旧址开馆："三厅"历史全景式重现

2021 年 6 月 11 日，国民政府军事委员会政治部第三厅旧址纪念馆举行开馆仪式。郭沫若的小女儿郭平英、周恩来侄子周秉和、田汉孙子欧阳维、夏衍孙女沈芸、张乐平之子张慰军、瞿白音之子瞿向明、伍修权女儿女婿乐美真夫妇等一同前来参加仪式。这是"三厅"首次布设陈列展览。此前，从建筑修缮到周围环境整治再到室内布展，"三厅"旧址几经修缮，历时 3 年，总投资达 1500 万元。布展初期，没有一张历史照片，没有一件文物展品，工作人员花费两年时间收集资料，数次到北京寻访线索，走访重庆"三厅"

孩子剧团老团员为中学生讲述孩子剧团的故事

征集史料，召开专家研讨会、方案评审会、"三厅"成员家属座谈会等。

在"三厅"旧址右侧的文化墙上，写有郭沫若女儿为开馆题的序言，介绍了"三厅"的基本情况。"三厅"陈列馆由"名流内阁 文化战士""领导救亡 战斗堡垒""历史贡献 永载史册"三部分组成。展馆采用图文展示、影视重现、文献展览等方式，多角度、全方位记录和展现了从国民政府成立"三厅"，"三厅"成员积极组织抗日宣传，到最后撤离落幕的发展历程。

走出"三厅"旧址纪念馆，就来到两条校园大道——郭沫若路和陈潭秋路。如今，这两条大道同位于它们交叉路口的"三厅"一道，已成为武汉市第十四中学的"网红打卡地"。它们承载着校园文化中的两个重要主题——铁肩担道义，热血铸忠诚。山河破碎、同仇敌忾之时，歌咏为枪，演出为号。从1938年4月1日成立，到10月中旬撤离，"三厅"在武汉的历史虽然只有短短的半年，但它见证了中国共产党在国统区开展抗日民族统一战线的光辉历程，见证了中国军民抗战必胜的雄心壮志，见证了英雄的武汉人民在武汉保卫战中众志成城的大无畏壮举。在它的推动下，武汉成为新的全国文化中心城市，极大鼓舞了全民抗战的信心。

（作者：周迪）

用手中笔鼓舞民众

——中华全国文艺界抗敌协会旧址

中华全国文艺界抗敌协会旧址，位于汉口中山大道 949 号。这是一栋 4 层高的西式古典主义建筑，占地面积约 400 平方米，正面入口的壁柱为仿希腊的爱奥尼克柱式，气派十足，极具庄严感。该建筑原为汉口总商会大楼，由汉协盛营造厂设计、施工，1921 年正式建成使用。1938 年，大批来自全国各地的文化名人聚集武汉，在此组织成立了中华全国文艺界抗敌协会（下文简称"文协"）。他们将手中的纸和笔当作枪，"使文艺这一坚强的武器，肩负起它所应该肩负的责任"。

扛起文艺抗敌的大旗

抗战初期在武汉成立的"文协"，是中国共产党领导下的广泛团结一切抗日力量的文艺界统一战线组织。全面抗战爆发后，由平津和京沪两线撤退

汉口总商会暨中华全国文艺界抗敌协会旧址

的文艺界人士陆续来到武汉三镇。南京沦陷后，武汉成为事实上的战时首都，汇集了从东北、平津、沪宁等沦陷区逃亡而来的近千名作家、艺术家及其他文艺工作者。他们亟待团结、组织起来，共同抗日。

最初动议成立"文协"的，是中国新文化运动的先驱者之一、戏剧家、作家阳翰笙。1937年12月，阳翰笙根据周恩来关于建立文艺界的统一战线的嘱托，联络友人在武汉先后成立了"中华全国戏剧界抗敌协会"（简称"剧协"）、"中华全国电影界抗敌协会"。在"剧协"成立的聚餐会上，阳翰笙向国民党《文艺月刊》主编、老友王平陵提议联合发起筹组"文协"团结抗日，当即得到了王的赞同。随后，他们分别向周恩来和国民党中宣部部长邵力子作了汇报。1938年1月，阳翰笙用电影剧本《八百壮士》的编剧费，在餐厅摆了两桌酒席，宴请国共及无党派人士作家30余人。经过初步讨论，大家得出了共同的结论：组建"文协"在抗战阵营上是急需，在文艺本身发展上是必须。会后，经过联络准备，正式成立了由各阶层组成的筹备委员会。

经过近 3 个月筹备，1938 年 3 月 27 日，在周恩来和郭沫若的组织下，中华全国文艺界抗敌协会成立大会在汉口总商会隆重召开。到会的会员与来宾共计 500 多人。主席台前悬挂着两行大幅标语："拿笔杆代枪杆，争取民族之独立；寓文略于战略，发扬人道的光辉。"大会推举蔡元培、罗曼·罗兰、史沫特莱等 13 人为名誉主席团成员，郭沫若、茅盾、冯乃超、夏衍、胡风、田汉、丁玲、老舍、巴金、朱自清、郁达夫、朱光潜等 45 人为理事，周恩来、孙科、陈立夫为名誉理事。老舍担任总务部主任，主持日常工作。

"文协"的成立，标志着文艺界不分派别、阶层、新旧，开始在民族解放的旗帜下团结起来，以集体的力量为抗战服务，是现代文学史上值得铭记

中华全国文艺界抗敌协会成立大会纪念合影

的大团结盛事。正如周恩来在"文协"成立大会上所说："今天到场后最大的感动，是看见了全国的文艺作家们，在全民族面前，空前地团结起来。这种伟大的团结，不仅是在最近，即在中国历史上，在全世界上，如此团结，也是少有的！这是值得向全世界骄傲的！诸位先知先觉，是民族的先驱者，有了先驱者不分思想、不分信仰的空前团结，象征我们伟大的中华民族，一定可以凝固的团结起来，打倒日本帝国主义！"

莫说笔杆不如枪杆

"文协"是抗战时期全国文艺运动的领导机构，具有明显的统战性质。《中华全国文艺界抗敌协会发起旨趣》中说："我们应该把分散的各个战友的力量，团结起来，像前线将士用他们的枪一样，用我们的笔，来发动民众，捍卫祖国，粉碎寇敌，争取胜利。""文协"下设总务、组织、出版、研究4个部，由老舍、王平陵、姚蓬子、胡风长年主持部务，表现出抗日民族统一战线的时代精神，成为共产党、国民党、无党派人士三方合作，团结御侮的象征。

"文协"在汉成立后，除了组织作家战地访问团赶赴前线、慰问各地战场的将士，还推动文艺工作者下乡、入伍，同时鼓励广大作家利用各种形式创作文艺作品，组织各种展览、演出、群众歌咏大会等活动。"文协"作家踊跃走出书斋，深入乡间和前线，"文章下乡，文章入伍"真正有了群体组织形式。1938年4月，"文协"成立后不久，即派出盛成、郁达夫等作家代表奔赴台儿庄劳军慰问。当时的"文协"与国民政府军事委员会政治部第三厅集中了众多的进步文化工作者，曾挑选从事战地工作较久的戏剧艺术人才编为10个抗敌演剧队和5个抗敌宣传队。队员们在经受严格的军事训练后，被分派到各战区，深入前线和后方进行抗日宣传。1939年5月，"文协"

理事会决定派出老舍、胡风、王平陵、姚蓬子等作家参加全国慰劳总会南北路慰劳团到前线慰问。同年 6 月，"文协"又组织作家战地访问团，王礼锡为团长、宋之的为副团长，团员有葛一虹、杨骚等 13 人，访问团从重庆出发，途经四川、陕西、河南、山西、湖北等省，历时半载，深入前线重点访问了中条山、太行山两大战区。正是这些活跃在乡间和前线的"笔部队"，开创了抗战文艺的新局面。

"文协"总会成立后，即由各地理事成立分会。分会与总会之间业务上有一定隶属关系，但组织发展、经费开支、活动内容等均由各地自主。从 1938 年 5 月开始，昆明、襄阳、成都、香港、延安、重庆、桂林、贵阳、曲江，以及晋察冀、东北三省等地相继成立了分会。"文协"分会组织遍布全国各地，负责人都是著名作家。各分会开展了形式多样的文学艺术工作，丰富了当地的抗战文化生活，激发了人们的爱国热情。

武汉沦陷后，"文协"迁至重庆继续开展抗日文艺活动。抗战胜利后，"文协"在重庆举行了庆祝座谈会，后更名为"中华全国文艺界协会"。"文协"自 1938 年 3 月成立，至抗战胜利后更名，历时约 7 年半，它为团结全国作家从事抗战文艺活动，宣传抗日救亡，争取抗战胜利，做了大量的工作。

为正义而呐喊

"文协"成立后，创办了自己的会刊《抗战文艺》。从 1938 年 5 月 4 日在汉口创刊，至 1946 年 5 月在重庆出版"终刊号"，先后出版 72 期，是唯一从抗战初期持续出版到抗战胜利的全国性大型文艺刊物。《抗战文艺》在开展抗日文艺活动、繁荣创作、培养青年作家等方面，发挥了很大的作用。

"文协"各分会也主办了自己的刊物，如昆明分会的《文化岗位》、成都分会的《通俗文艺》、香港分会的《文艺周刊》、延安分会的《大众文

《抗战文艺》

艺》、桂林分会的《抗日文艺》等等。散居各地的"文协"成员也纷纷主办或主编刊物，主要有《文艺阵地》《青年文艺》《人世间》《艺丛》《民族文学》《文学新报》等。"文协"会员在艰苦的战争环境中，深入实践，积极工作，创作了大量通俗易懂的文艺作品。这些作品体裁丰富，形式多样，感染力强，既有小说、散文、诗歌、剧本、漫画、杂文，又有论文、随笔、评论以及故事、歌谣等。同时，"文协"积极开展抗战宣传读物的编写工作，编写了大量易于传播的文化宣传教育小册子。文化刊物的出版、通俗读物的发行以及战地实践基础上的现实创作等，都为社会大众和前线官兵提供了丰富的精神文化食粮，传递了团结抗战的正能量，在民族解放事业中发挥了重要作用。

"文协"自成立后，还积极与世界各国革命文学界取得联系，努力将中国人民誓死不屈的决心和勇气传递给全世界。"文协"设立了国际宣传委员会，其任务是将中国的抗战文化活动及作品系统地介绍到国外。为了加强交流工作，"文协"特聘请林语堂、谢寿康、萧石君为驻法国代表，熊式一、苏芹生为驻英国代表，萧三为驻苏联代表，胡天石为驻瑞士日内瓦代表。"文协"多次向世界文化界、文艺界发布宣言或公开信，揭露日本的侵华罪行，争取世界舆论的同情与支持。"文协"还注重文学上的交流，多次举办纪念

永康里街头博物馆

高尔基、马雅可夫斯基、托尔斯泰、普希金以及罗曼·罗兰等外国文学家的活动；还发动了一场中国作品"出国"的运动——《中国抗战小说选》在英国出版、《中国抗战诗选》在美国出版、《中国抗战文艺选集》在匈牙利出版、"中国抗战文学专号"由《国际文学》杂志以8种文字出版。1939年8月，"文协"总会还与香港分会共同创办了一份英文版的刊物《中国作家》，向海外人士详细介绍中国的新文学。"文协"是一面光辉的旗帜，也是一个战斗的堡垒。正如当年《新华日报》所指出的那样："这个协会的成立，是我们民族解放斗争发展中的一件大事，是我们文艺发展史上最光辉的一页！"

时光流转80余年，抗战中的这支文艺力量从未被后人遗忘。汉口总商会暨中华全国文艺界抗敌协会旧址于1993年和2014年分别被列为市级、省级文物保护单位，2019年被国务院公布为第八批全国重点文物保护单位。

从"文协"旧址出门左转，步行仅几十米，便会看到迷你精致的"永康里街头博物馆"。这里曾是"文协"成员主要的办公地和居住地。走进这个小小的博物馆，就会看到一整面墙上都书写着老舍等作家与"文协"的故事，以及他们与永康里的缘分。许多市民在这个街头博物馆里逗留，仔细阅读墙上的史料。

现如今，"文协"旧址作为武汉市工商业联合会（武汉市总商会）的办公地，依然延续着它最初的使命。

（作者：翟一博）

在伟大抗战中奏响前进的号角

——汉口大陆里新华日报社旧址

汉口民意一路85号，有一个名为"大陆里"的老里分，原称"希昌里"，是辛亥元勋、湖北将军团成员蔡汉卿在20世纪20年代初建成的。1933年，蔡汉卿将希昌里转给大陆银行，遂改称"大陆里"。和其他老汉口的街区一样，这里看起来并没有什么与众不同之处，但当一排排鲜艳的国旗和党旗映入眼帘时，毫无疑问，这里便是我们此行所要探访之地。抗战时期，中国共产党创办的第一张向全国公开出版发行的报纸——《新华日报》，就诞生于此。走进里分内，浓浓的历史气息便从这栋略显沧桑的老汉口建筑中飘散出来。

据《武汉市志·文物志》记载，新华日报社在武汉期间曾租用大陆里六幢住宅（即今大陆里4—9号），分别作为编辑部、印刷厂和工作人员的宿舍，占地约600平方米，建筑面积1200多平方米，均是二层里弄式民房，砖木结构。房屋坐北朝南，进门处是天井，每个门洞皆类似上海石库门，以麻石砌筑，采光良好，通风顺畅，冬暖夏凉，1983年4月被武汉市人民政府公布为武汉市文物保护单位。

曾经在这里，《新华日报》发出一篇又一篇檄文。在它的呐喊、熏陶和感染下，有无数仁人志士为抗战贡献了物质和精神力量，更有无数热血青年奔赴前线为抗战献出了自己宝贵的生命。

民族危难关头筹备、创刊

20世纪30年代，随着日本侵华的步步深入，民族危机空前严重。1936年，中国共产党从抗战大局出发，和平解决了西安事变，扭转了当时中国的时局，国共进入第二次合作期。事后，毛泽东强调抓紧办两件事：一件是办学校，培养干部；一件是办报纸，宣传党的主张。

1937年7月7日，卢沟桥事变当天，周恩来便飞抵上海，准备在国民党统治区办报。当时，要在国统区创办报刊，必须获得国民党当局认可。10月，以周恩来为首的中共代表团经过反复交涉，争取到在国统区公开合法出版发行中国共产党机关报《新华日报》的权利，并准备在南京筹备出版。根据当时国共谈判中关于释放政治犯的条款，一些被捕的中共党员获得了自由。经周恩来点名推荐，并经毛泽东批准，刚出狱不久的潘梓年（潘汉年堂兄）出任新华日报社社长，负责报社全面工作，从苏州反省院获得自由的华岗、章汉夫等也成为报社骨干。

国民党虽然口头上保证言论出版自由，同意共产党在国统区办报，暗地里却做手脚，百般阻拦。不久，日军逼近南京，国民政府西迁武汉和重庆。11月20日，李克农和叶剑英由南京电告毛泽东和张闻天称：《新华日报》在南京已不可能开办，报社人员均先赴武汉，到武汉后，即继续办理合法手续；但估计国民党还要采取"拖延态度"，故潘梓年和章汉夫可先去武汉从事文化活动。

南京沦陷后，武汉成为全国的抗战中心，中国共产党继续为《新华日报》的创刊而努力。而此时国民党采用的手段是让湖北省政府出面阻拦，不让《新华日报》在湖北省境内出版。潘梓年了解到，汉口市政府对中国共产党申办杂志控制较松，于是他决定先申办《群众》周刊。申办杂志的注册费昂贵，好在汉口市政府经办注册的是一位同情共产党的青年，他主动提出以后补交费用，先给办理注册。当时报社囊中羞涩，连置办办公家具的钱也筹不齐，也是得到一位同情共产党的商店业主的帮助，租了一批家具让报社临时使用。

这段时间，中国共产党上层一直在为出版报纸与国民党方面交涉。经过周恩来等与蒋介石的谈判，终于得到了蒋的同意。1938 年 1 月 9 日，周恩来为即将出版的《新华日报》题词："坚持长期抗战，争取最后胜利。"周恩来还指出《新华日报》是党在国民党统治区坚持抗战、坚持团结、坚持进步的一面旗帜。1 月 11 日，《新华日报》迎来了历史性时刻，汉口府西一路 149 号（今汉口大陆里 4—9 号）报馆门前举行了隆重的创刊仪式，时任汉口市市长吴国桢应邀赴会。报社还在《大公报》《武汉日报》显要位置刊登广告，宣称《新华日报》是"非常时期人人必读的报纸"。至此，《新华日报》成为在国民党统治区公开宣传中国共产党抗日主张、鼓舞全国人民抗日斗志的全国性报纸，发行部就设在大陆里临街的平房内。

创刊号奏响"鼓励前进的号角"

《新华日报》于错综复杂的社会背景下诞生，在波澜壮阔的抗战史中成长。在抗战时期，它一直顽强地战斗在国民党统治的心脏地区，成为中国共产党在国统区发声的重要武器。今天，武汉大学图书馆文献部收藏有民国时期影印版《新华日报》。翻阅当年的老报纸，历史的硝烟，时局的险恶，民族的存亡，仿佛近在眼前。

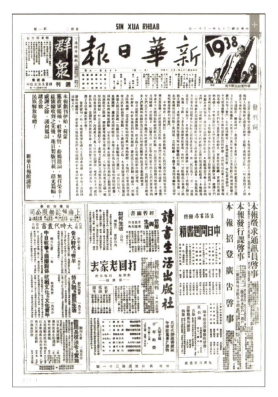

《新华日报》创刊号

《新华日报》在发刊词中旗帜鲜明地表明了自己的抗战救国立场和办报宗旨："本报愿在争取民族生存独立的伟大的战斗中作一个鼓励前进的号角。为完成这个神圣的使命，本报愿为前方将士在浴血的苦斗中，一切可歌可泣的伟大的史迹之忠实的报道者记载者；本报愿为一切受残暴的寇贼蹂躏践踏的同胞之痛苦的呼吁者描述者；本报愿为后方民众支持抗战参加抗战之鼓动者倡导者……本报愿将自己变成一切抗日的个人、集团团体、党派的共同的喉舌。"今天重读当年的发刊词，剑气箫心可感，精神风骨仍存！

整份报纸只有一大张，每日出版对开四版。每版通长52厘米，通宽37厘米。报头由周恩来邀请国民党元老、国民政府监察院院长于右任题写，充分展现了中国共产党诚邀国民党共同抗日的决心，是第二次国共合作团结抗日的友好象征。头版报眼部位刊登了漫画家胡考的一幅木刻版画，一名军人在振臂高呼，标题为"巩固团结，抗战到底"。报纸设有社论、文摘、国内要闻、国际新闻、"团结"副刊和读者信箱等内容板块，刊登消息、通讯、来信等，揭露日寇暴行，激发广大人民群众的抗日斗志；报道后方民众踊跃支援前线的事实，鼓舞人民的抗战热情；报道青年救国团等抗日救亡群众团体的活动，促进抗日救亡活动的发展。

号召保卫大武汉，坚持持久战

为了保卫武汉这个抗战重镇，《新华日报》在创刊后第三天即发表社论《怎样保卫大武汉？》，对日寇进攻我国的第二期作战计划作了周详分析。

1938年1月18日，《新华日报》刊登了董必武的题词："拥护抗战到底，为实现民族独立、民主自由、民生幸福的新中国而奋斗。"号召全国人民不分党派、不分阶层团结起来，共同抗战，组成抗击日本侵略的坚强统一战线。

此后，《新华日报》不遗余力地吹奏起保卫武汉的号角，连续发表了《保卫大武汉》《武汉——已经临到紧急关头》《抢救武汉必须真正动员民众》等社论近30篇。其中，《共产党员在保卫武汉中的责任》一文中写道："……愈是困难的时候，共产党员应当愈加表现他一个共产党员应有的坚定、勇敢、艰苦的工作精神，不仅使他自己成为保卫武汉工作中一个最勇敢坚决艰苦的战斗员，而且以自己的热忱毅力和信心来推动和影响他周围的群众。"

1938年10月7日至9日，周恩来为《新华日报》撰写了连载3天的长篇社论，题为《论目前抗战形势》，详细阐述了毛泽东在《论持久战》中提出的抗日战争的战略、战术等观点，指出只有坚持长期抗战，才能争取中华民族解放战争的最后胜利。这篇文章发表后，许多人从惶惑中看清前途，更加坚定了持久抗战的信念。

在战火纷飞，交通、通信条件都极为恶劣的条件下，《新华日报》克服重重困难，依然能够做到每天采集、编辑、刊登国内国际战事新闻，确保新闻的畅通和时效性，让广大读者第一时间掌握最新消息，实属不易。那些经

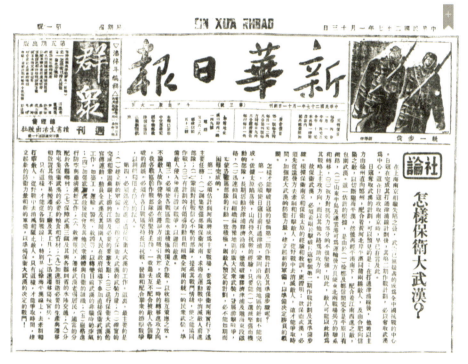

1938 年 1 月 13 日《新华日报》社论《怎样保卫大武汉？》

典名篇，穿越历史风云，光辉不减。毛泽东曾赞誉《新华日报》是八路军、新四军以外的另一重要方面军。它在动乱时局中不断发声，传递胜利的希望。

第 287 期：炮火中坚持战斗到最后一刻

　　1938 年 10 月，随着日军逐渐包围武汉，各级机关、工厂、学校纷纷西迁，武汉各报于当月 20 日左右都停刊了，只有《新华日报》还在出版。它是当时武汉人民能看到的唯一一份报纸，在危急关头仍保持着战斗的力量。

　　10 月 22 日，报馆大部分人员撤离汉口，只留下章汉夫、朱世纶、林肖硖等 7 人继续坚持工作，另有武汉地下党组织派来的 9 名工人帮助印刷。由

新华日报社旧址

于敌机日夜轰炸，报馆已经停止供电，只能用人力来摇动印刷机。八路军武汉办事处留下的警卫人员也一起帮着摇，每摇一次都大汗淋漓。汉口最后几天的报纸，就是靠这样的苦干才得以坚持出版。

10月24日夜，汉口秋雨淅沥，周恩来不顾个人安危，毅然来到报馆。他先询问最后撤退的准备情况，接着口述25日要发表的社论，由秘书陈家康笔录，完成了《新华日报》在武汉的最后一篇社论《告别武汉父老兄弟》。周恩来的口述犹如洪钟落地："我们只是暂时离开武汉，我们一定要回来的，武汉终究要回到中国人民的手中！"这一篇口述社论编排出来后，周恩来还逐字逐句校正了一遍。25日凌晨1时，当报纸正在印刷之时，日军已经进入市郊的消息突然从电话中传来。周恩来命令报社其他人员立即撤退，他自己在安排报社最后一批人员撤退并检查了政治部对敌宣传科的工作后，才同叶剑英等撤离武汉。

10月25日武汉沦陷，在第287期报纸上，报馆的地址已经变更为重庆苍坪街。事实上，在这一天武汉和重庆出了两份内容不同的第287期《新华日报》。可惜的是，在汉口最后编印的这份报纸至今没有找到。而迁往陪都重庆的《新华日报》，则继续行使着它的历史使命。《新华日报》在武汉出刊发行虽然仅仅10个月，却成为国人了解时局的重要窗口。它像长夜中的一盏明灯，照亮了中国人民抗日斗争的前进道路。

如今，深藏于汉口老里分的新华日报社旧址，虽然在城市变迁中失去了往昔的光鲜，早期的纪念碑文也已有了被光阴侵蚀的痕迹，但它承载着昨日的辉煌，在岁月的风雨中依然能够穿透时空，打动人心。读着当年的报纸，仿佛能看到新华报人在炮火声中奋笔疾书、以笔作剑的峥嵘岁月。在伟大抗战史上，《新华日报》无疑留下了浓墨重彩的一笔。它奏响坚持抗战、坚持团结的嘹亮号角，激励着无数中华儿女向着胜利奋勇前进！

（作者：谢若扬）

"国共合作抗日小客厅"

——武汉大学周恩来旧居

在郁郁葱葱的珞珈山东南麓，有一片古朴典雅的英式建筑楼群，如星斗般散落在山腰，这就是武汉大学著名的珞珈山"十八栋"。其中"一区 27 号"（现 19 号楼）即是周恩来旧居。1938 年 5 月至 9 月，周恩来寓居此地，为国共合作、抗日救亡做了大量工作。秀美珞珈山，留下了他的声音和足迹。

物外桃源："十八栋"迎新住户

1928 年 11 月，国立武汉大学在东湖、珞珈山一带建设新校区。为延揽人才，学校在珞珈山东南面修建十八栋别墅，即"教职员住宅第一区"（简称"一区"）。第一期工程于 1930 年 11 月开工，1931 年 9 月竣工，1932 年年初正式投入使用。建筑面积 7067 平方米，包括 8 个单栋和 10 个双栋，

1932 年初落成于珞珈山东南麓的国立武汉大学教职员住宅第一区

可住 28 户。1933 年第二期工程，续建 1 个双栋和 2 个单栋，扩充为 21 栋 32 户，但习惯上仍被称为"十八栋"。

"十八栋"背山临湖，风景秀美，居住条件舒适优越。洋楼在青山绿水间若隐若现，似与儒家"智者乐水，仁者乐山"的理念相合。每一户都是假四层楼，一楼是厨房和佣人室，二楼是饭厅、客厅和书房，三楼是卧室、洗手间，四楼是储藏室。电话、冰柜、热水管、抽水马桶等一应俱全。"十八栋"最初的住户多是名震一时的学者，一般为校长、教务长、院长、系主任和知名教授。

全面抗战爆发后，国共两党实现了第二次合作。1937 年 12 月南京沦陷后，武汉逐渐成为战时首都。武汉大学西迁四川乐山，珞珈山校舍成为国共两党合作抗日的重要场所。1938 年 2 月，国民政府军事委员会政治部成立，

修缮一新的武汉大学周恩来旧居

陈诚任部长，周恩来、黄琪翔任副部长。政治部下设四厅，郭沫若任第三厅厅长，负责抗战宣传动员工作。此时，因学校西迁而一度空置的"十八栋"迎来了新的住户，成为国共两党要员办公和休息的场所。4月底，郭沫若、于立群夫妇从汉口太和街搬进武汉大学，入住一区20号（现12栋二单元）。不久，黄琪翔、郭秀仪夫妇搬入一区19号（现12栋一单元），与郭沫若夫妇成为同一栋楼的邻居。5月底，周恩来、邓颖超夫妇也从汉口八路军武汉办事处搬出，住进一区27号（现19栋一单元）。

"宏敞的校舍在珞珈山上，全部是西式建筑的白垩宫殿。山上有葱茏的林木，遍地有畅茂的花草，山下更有一个浩渺的东湖。湖水清深，山气凉爽，而临湖又还有浴场的设备。离城也不远，坐汽车只消二十分钟左右。太平时分在这里读书，尤其教书的人，是有福了。"郭沫若在回忆录《洪波曲》一书中，盛赞此地是武汉三镇的"物外桃源"。

同事芳邻：珞珈山上的统一战线

周恩来搬至珞珈山后，其住所很快就成为接待中外友人的中心，各界人士来往不断。他在此为积极推动国共合作、实现全民族抗日，开展了大量的革命宣传和统战工作，因而这栋小楼又有"国共合作抗日小客厅"的美誉。

1938 年，武汉成为全国抗战中心，蒋介石、汪精卫、冯玉祥、孔祥熙、何应钦、陈诚、白崇禧、张群等国民党要人都暂住武汉，不少人来到珞珈山，在此指挥抗战。春夏之际，国民政府在珞珈山上召开了中国国民党临时全国代表大会，开办了两期军官训练团。蒋介石居住的半山庐（即单身教授宿舍，现武汉大学董事会、校友会办公地；一说在听松庐，现武汉大学珞珈山庄一带）与周恩来的住所仅隔一道山坡。据周恩来当年随行工作人员童小鹏回忆："那时周恩来和蒋介石都住在武汉大学珞珈山上，经常会在散步时遇到。在抗战前途、民族命运等问题上，两人总是相谈甚洽。"7 月，李宗仁因疗伤，在东湖疗养院暂住。周恩来曾设宴款待他，与其畅谈团结抗战的道理。

周恩来还经常在珞珈山寓所同各界爱国民主人士、武大进步师生促膝谈心，宣传党的统一战线主张，共商抗日救国大计。他曾与张澜、沈钧儒、史良、邹韬奋、李公朴、张君劢、左舜生、黄炎培、梁漱溟、罗文干、罗隆基等知名人士聚商国是，不少人从他这里开始认识共产党、相信共产党，看到了抗战胜利与民族未来的希望。周恩来还在此接待了许多国际友人，争取各国友好人士和进步团体支援中国抗战。1938 年 6 月，周恩来、邓颖超夫妇在珞珈山寓所接见了美国记者埃德加·斯诺。周恩来一再称赞斯诺所写的《西行

周恩来、郭沫若与"三厅"部分工作人员在珞珈山合影

漫记》，使广大读者了解了中国共产党和红军的真实情况，希望他继续向世界介绍中国人民抗日战争的真实情况。会谈后他们还共进午餐并合影留念。

同一时期，周恩来、郭沫若还依托政治部第三厅，组织、领导了抗日宣传文化教育工作，使第三厅成为在中国共产党实际领导下的抗日民族统一战线的战斗堡垒。在他们的带领下，"三厅"开展了"抗日宣传周""七七献金""火炬游行"等宣传活动。"七七献金"当日，周恩来带领队伍早早来到活动地点，在他的鼓舞感召下，献金台前拿着布袋、钱包、储蓄罐的人络绎不绝。大家捐献的有纸币、银元、铜板、银元宝，还有耳环、手镯、珠宝等金银首饰。周恩来把他本月在政治部当副部长的薪金全部捐出，毛泽东闻讯也捐出了他的国民参政员月薪。献金活动持续 5 天，武汉各界民众 50 余万人参与，献金总额超过百万元。"火炬游行"亦是声势浩大，据郭沫若《洪波曲》所载："参加火炬游行的，通合武汉三镇，怕有四五十万人。特别是在武昌的黄鹤楼下，被人众拥挤得水泄不通，轮渡的乘客无法下船，火炬照红了长江两岸。唱歌声、爆竹声、高呼口号声，仿佛要把整个空间炸破。武汉三镇的确是复活了！"

因同住珞珈山，加上工作的关系，周恩来、郭沫若和国民党爱国将领黄琪翔结下了深厚的情谊。黄琪翔夫人郭秀仪曾回忆道："琪翔和恩来、沫若两同志不仅是同事，而且是芳邻，更便于彼此往来。颖超和恩来同志经常对抗战的形势和前途进行分析和讨论；琪翔亦力图与周恩来同志密切合作，扩大团结抗战的影响。还经常和大革命时期的老友叶剑英、叶挺、郭沫若来往，对时局交换意见。"

播撒火种：周恩来在武大的演讲

寓居珞珈山期间，周恩来十分关心武汉大学师生的成长与发展，他曾先后3次发表演讲，动员青年同志积极投身抗日洪流，宣传党的抗日政策及毛泽东的抗战思想。在他的教育和鼓舞下，不少师生投笔从戎，奔赴前线抗日救国。

1937年12月31日，当时还住在汉口八路军武汉办事处的周恩来，应武汉大学师生的邀请，来到樱园学生饭厅二楼临时礼堂（现樱顶大学生俱乐部）发表演讲。是日风雨交加、寒风刺骨，周恩来乘坐清晨第一班轮渡，在江中颠簸近1个小时才抵达武昌中华门码头。随后，他同警卫员乘小车直奔武大。途中遇见了一位因张贴抗日救国标语而被流氓打伤的中年人，周恩来立即让小车送伤者前往医院，自己和警卫员冒雨跑步赶到武大，以"现阶段

1938 年夏，周恩来在武汉大学操场作抗战演讲时给学生留下的签名

青年运动的性质与任务"为题进行演讲。在这次演讲中，周恩来阐释了中国青年运动的性质和任务，要求青年人不仅要在救亡的事业中复兴民族，还要在未来担负起新中国成立的重任；号召青年人到军队里去、到战地服务区去、到被敌人占领了的地方去，从事救亡运动。

1938 年夏，时值武汉会战的关键时期，周恩来在学校工学院（现行政大楼）前的大操场上进行了第二次演讲。由于白天要参加政治部的重要会议，演讲改在晚上举行。讲台设在工学院门前的石砌平台上，武大师生、军官训练团成员、中学教师等听众站在操场上。周恩来主要讲解了抗日形势和统战政策两个问题，反复阐述了毛泽东的军事思想，号召广大青年为抗日新中国成立的伟大事业作出贡献，在斗争中使自己成为一个真正的革命者。其间有学生提出请周恩来介绍延安的情况。他高兴地说：延安是党中央、毛主席的所在地，是党领导抗日的模范根据地。那里没有贪官污吏，也没有剥削压迫和苛捐杂税。演讲过程中，有敌机来袭，周恩来毫无惊慌之色，在躲避轰炸时为学生签名。有位学生带了一本《俄语一月通》，周恩来就在该书扉页上签下了自己的名字。如今，这本小册子一直珍藏在学校档案馆，成为留给武大师生的珍贵纪念品。

1938 年秋，周恩来又在樱园进行了第三次演讲。由于日军迫近，许多人已先期撤离，故此次演讲的规模略小，演讲的内容大体相同。周恩来在武大的演讲，产生了深远的影响。一时间，"到前线去，到延安去"成了青年抗日运动的口号。仅 1938 年 5—9 月，经武汉、西安等地八路军办事处介绍到延安的革命青年就达 2000 多人。郭佩珊、谢文耀等一批武大进步青年学生，纷纷奔赴抗日前线，后来都成为抗日的骨干分子。

旧居新颜：纪念馆的修缮与开放

武汉沦陷后，武汉大学被日寇占领，珞珈山校舍成为日军的司令部、后方医院，"十八栋"成为日军高级军官的住所。1945 年日本投降后，随着学校复校，"十八栋"也恢复了往日的风采。新中国成立后，教授们大多搬出"十八栋"，改由讲师、助教合住。"文革"期间，老教授们再次被安排合住"十八栋"，"文革"后又大多主动搬出。改革开放后，学校根据资历和工作年限，仍将"十八栋"分配给教师居住。随着山下住宿条件的改善，教师们大多选择搬离，山上的房子被闲置下来。

1983 年，武汉大学周恩来旧居被武汉市人民政府列为武汉市文物保护单位。2001 年，周恩来旧居、郭沫若旧居等"十八栋"早期建筑被国务院列为第五批全国重点文物保护单位。2013 年 11 月，周恩来旧居被修缮改造为周恩来旧居纪念馆，正式对外开放。2018 年，湖北省人民政府将包括周恩来旧居在内的"武汉大学历史文化教育基地"等 22 家单位，正式列为第四批湖北省爱国主义教育基地。当年 5 月，学校将周恩来旧居的日常管理与

武汉大学周恩来旧居纪念馆内景

展陈升级工作交给档案馆负责。自 2019 年 4 月起，档案馆开始对周恩来旧居进行全面改陈。历经 1 年多的反复完善，终于在 2020 年年初试展运行，4月 28 日正式对外开放。

此次改陈后的武汉大学周恩来旧居纪念馆，主体部分包括序厅、抗日救亡、周公莅汉、"八办"时光、风云际会、寓居珞珈、劫后重光、永志不忘8 个展厅，另有 4 个专题展厅。展览以生动丰富的图片、珍贵翔实的资料、真实感人的故事，全景展现了 1937—1938 年周恩来在武汉广泛团结社会各界人士、努力推动国共合作抗战、感召和动员青年学生积极投身抗日救亡运动的光辉历史，进一步凸显了旧居的历史价值、文化价值、社会价值，充分发挥了纪念馆传承武大精神、弘扬优秀文化以及开展党史学习教育的功能。

历经 80 余年风云变幻，如今的"十八栋一区 27 号"已成为武汉大学师生开展爱国主义教育的重要基地。无数学子、游人慕名前来，寻访周恩来在珞珈山上走过的足迹，追思那段波澜壮阔的历史。周恩来对党和国家的赤胆忠心，对理想信念的矢志不渝，对青年学子的深沉热爱，永远铭记在武大学子的心中，永远闪耀着不朽的光芒。

（作者：赵天鹭）

百年风云话名舰

——武汉中山舰博物馆

长江之滨，金口古镇。牛头山、金鸡山、槐山三山环抱下的金鸡湖碧波荡漾，绿树葱茏。一座极具现代感的博物馆就坐落在山下湖畔，它独特的外形犹如一艘英姿飒爽的战舰蓄势待发，这里就是中山舰博物馆。自2011年正式对外开放以来，每年都有很多海内外的炎黄子孙远道而来，瞻仰中山舰，祭奠在武汉保卫战中英勇殉难的烈士，缅怀中华民族那一段可歌可泣的历史。

中山舰是20世纪前期中国历史的重要见证。从1913年到1938年，服役25年，其间它作为正义进步的力量，亲历了护国运动、护法运动、孙中山广州蒙难、两次东征、武汉会战等一系列重大历史事件，建立了卓越功勋。

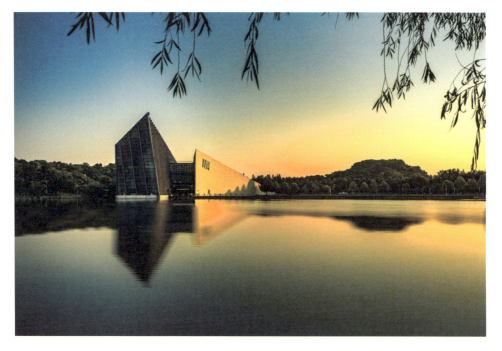

中山舰博物馆外景

亮"舰"革命

1894 年中日甲午战争，李鸿章经营的北洋水师全军覆没，惨痛的教训让清政府明白了什么是先进的海军。1910 年，海军大臣载洵和北洋水师统制萨镇冰从日本三菱长崎造船所和川崎造船所订购了两艘钢木结构军舰。1913 年，两艘军舰开抵上海，被编入北洋政府海军第一舰队，分别命名为"永丰"和"永翔"。

永丰舰舰长 62.1 米，宽 8.9 米，型深 4.5 米，吃水 2.4 米，排水量 780 吨，功率 1350 马力，时速 13.5 海里。舰上可装煤 150 吨、淡水 16 吨，舰员为 108—140 人。在同型炮舰中，永丰舰性能较先进，火力较强。自服役以来，这艘军舰亲历并见证了中国反帝反封建斗争的一系列重大事件。

孙中山先生是伟大的民族英雄，中国民主革命的伟大先驱，三民主义的倡导者。他首举彻底反封建的旗帜，"起共和而终两千年封建帝制"。1915年，袁世凯企图复辟帝制，孙中山立即发布《讨袁檄文》，李鼎新、曾兆麟等率领永丰、海新等主力舰在上海起义，加入孙中山领导的护国军行列。

1917年，段祺瑞执掌北京政权，宣布废除《临时约法》和国会，程璧光率永丰等 10 艘军舰，参加孙中山领导的护法战争。不久，广州护法军政府成立，孙中山就任大元帅。次年，程璧光率领永丰等舰配合陆军歼灭了龙济光军队。1922 年，第二次护法战争期间，粤军总司令陈炯明部下围攻总统府，孙中山、宋庆龄登上永丰舰。从 6 月 16 日到 8 月 9 日，孙中山在舰上发令指挥平叛。

1925 年 3 月 12 日，孙中山先生病逝。广州革命政府为了纪念孙中山，由广东省省长胡汉民下令，将"永丰舰"改名为"中山舰"。更名后的第 2 年，就发生了著名的"中山舰事件"。

1926 年 3 月 18 日，权势逐渐壮大的蒋介石实施了一个"一箭双雕"的阴谋：命令海军代理局长李之龙（共产党员）将中山舰开到黄埔候用。翌日，中山舰听命驶进黄埔后，蒋介石却反咬一口，说中山舰擅自行动，是共产党别有用心。蒋介石随即命令逮捕李之龙，扣押中山舰，驱逐黄埔军校及国民革命军中以周恩来为首的一批共产党员。这一事件不仅打击了汪精卫及国民党左派，同时排挤了共产党人，夺取了国民革命军第一军的指挥权，成为大革命时期国共关系发展中的一个转折点。

喋血金口

1937 年抗日战争全面爆发后，中山舰等 49 艘军舰被调入长江，护卫南京国民政府。上海、南京相继沦陷后，国民政府西迁重庆，但政府机关大部和军事统帅部却在武汉，武汉实际上成为当时全国军事、政治、经济的中心。蒋介石、陈诚等国民党军政首脑在武汉组织战防；共产党领导人周恩来、董必武、叶剑英等也来到武汉，扩大以国共两党合作为基础的抗日民族统一战线，百万军民投身武汉保卫战。

战斗打到哪里，中山舰就驶向哪里。为打破日军的长江跃进战略，中山舰与"永绩""楚观""楚谦"等舰船，在海军部长陈绍宽的指挥下，在长江中游执行空防、巡逻、布雷等任务。1938 年 10 月，日军已逼近武汉外围，中国海军司令部迁至岳阳，中山舰往返于武汉、岳

中山舰血染大江雕塑

阳之间，护运军政要员和战略物资，负责警戒金口至嘉鱼、新堤沿江一带。当时，为了支援武汉外围防空火力，中山舰主、副炮已被拆下，补充在沿岸几个防御工事上。

1938 年 10 月 24 日上午，中山舰在金口江面巡逻，一架日军侦察机在军舰上空盘旋。当日机进入火力射程时，舰长萨师俊下令开炮，敌机飞离。战斗即将来临，萨师俊立即进行作战部署。下午 3 点，6 架敌机排成一字鱼贯式轰炸队形，向着中山舰俯冲而下。攻击中山舰的是日本海军第十五航空

队水上轻型轰炸机群，这场海空大战进行了 1 小时 15 分钟，敌机轮番在较高空域对中山舰投弹轰炸，江面上水柱冲天而起，浪花四溅。中山舰在浪头上起伏，舰首、舰尾和左右两舷火炮齐发，向敌机反击。敌机为避开炮击，只在高空投弹，不敢低飞俯冲，未能命中舰体。舰上火炮也因敌机飞行过高，没有击中目标。

正激战间，中山舰舰首高射炮发生卡壳，左右两舷机关炮也发生故障，致命危机到来。敌机立即变高空飞行为轮番俯冲，低空投掷炸弹。第 1 颗炸弹于舰尾左舷水下爆炸，船壳破裂进水，舵机损坏，转动失灵。第 2 颗炸弹落于右舷水中爆炸，紧接着是第 3 颗、第 4 颗。大约 3 分钟后，军舰进水漫过 4 尺，动力操作失灵，舰体开始左倾。更糟的是，第 5 颗炸弹在舰首爆炸，驾驶台被穿透，甲板、前望台均被炸翻，8 名炮手当场牺牲。弹药箱随即爆炸，大火弥漫，海图室、舵房被炸起火。舰长萨师俊右腿被炸飞，左腿和右臂同时被炸成重伤。

血肉模糊的萨师俊奋不顾身，仍然敦嘱官兵抗敌护舰。然而，中山舰已经失去动力，又多处漏水，大量江水急剧涌入舱室，舰体完全失控。副舰长吕叔奋和枪炮长魏振基、电讯官张嵩龄抢至萨师俊身边，只见萨师俊忍痛坐在血泊中，顽强地指挥官兵将舰靠岸搁浅，以防沉没，但中山舰已无法驶向搁浅处。萨师俊命令受伤官兵尽快离舰："诸人尽可离舰就医，唯我身任舰长，职资所在，应与舰共存亡。"几分钟后，日机再一次结队而来，萨师俊与多名官兵中弹落水，中山舰一声巨响，轰然沉入江中……

打捞与修复

1986 年，在纪念辛亥革命 75 周年之际，一批参加武汉纪念活动的专家和名人首次提议打捞中山舰。谁也没想到，这一提议立刻引发滔滔"巨浪"，

中山舰打捞出水仪式

首先是江苏，随后广东也参加进来，一场长达 10 年的中山舰打捞、陈列权之争在湖北、江苏和广东 3 省之间展开，牵动了无数华夏子孙的心。1995年 11 月 24 日，国务院授权国家文物局正式批复，同意由湖北省打捞、保护中山舰。

1997 年 1 月 28 日上午 10 时，武汉金口大军山江面，冬云低垂，寒风凛冽，海内外各界人士近万人面对波涛迎风肃立。这是一个庄严而凝重的历史时刻：沉没于江底 59 年的中山舰即将出水。这场打捞工作自 1996 年 11 月 12日正式启动，历时 78 天，一代名舰终于重见天日。

随后，中山舰被运到湖北造船厂（现南华公司）。根据国家文物局批复的《中山舰修复方案》，将中山舰"恢复到 1925 年前的状态，保留 1938 年沉没时的右舷弹孔"的要求，湖北造船厂对中山舰进行整体修复，包括舰体修复，舰体及舰载设备文物（机械部分）除锈保护，舱室复原，整体涂装、保护等四大部分。由于缺少原始资料，加之毁坏严重，要做到"修旧如旧"十分困难，许多工艺都是在极其困难的条件下，完全靠工人们的惊人毅力和智慧才得以完成的。为了更换中山舰左侧甲板，工人们抢起 18 磅重的大锤，在炎热的天气里，将 1.5 厘米厚的钢板一锤一锤敲打成标准的舰体曲线。

舰上文物的保护更是重中之重。中山舰上的每一个物件，甚至一小块地板都是珍贵文物。一位工人在为主机舱清除锈蚀时发现一块铜牌，第一时间交给文物工作组组长，这就是"中山舰身份证"——永丰舰的出厂标牌，上面刻有"1912 年日本长崎三菱造船所"等重要铭文。正是根据这块标牌，才确定永丰舰为日本长崎造船所制造，这件文物被定为一级文物。经过清理保护，共搜集、整理出与中山舰同时出水的文物 5938 件，内容涉及政治、军事、经济、文化、艺术等。出水文物中有一级文物 51 件（套）、二级文物 24 件、三级文物 49 件，使中山舰博物馆成为武汉市一级文物最多的文博单位。

2001 年 9 月，中山舰舰体修复保护工程竣工，恢复了 1925 年永丰舰的历史原貌，保留了 1938 年武汉保卫战中被敌机炸沉的历史痕迹：战斗中留下的巨大弹洞一个在右舷，一个在前甲板上。

名舰流芳

一艘战舰，几乎浓缩了半部中国近代史。它既是革命先驱探索救国救民出路留下的宝贵遗产，也是海内外炎黄子孙共同拥有的精神财富。为国宝安家，成为海峡两岸人民共同的心愿、共同的情结。

1999 年 5 月，湖北省委、省政府决定将中山舰项目整体移交武汉市。

中山舰博物馆内景

2004 年 8 月，武汉市人民政府按照"史以地近"的原则，决定将中山舰陈列于金口，确定了采用固定陈列的方案，在金口长江堤内金鸡湖畔，为中山舰建造博物馆。2011 年 9 月 26 日，中山舰旅游区正式对外开放，按照舰不离水的原则，中山舰停驻在金鸡湖上的船形陈列馆内。

中山舰旅游区是武汉第一座主题公园式博物馆，分为五大区域：英烈缅怀纪念区，位于牛头山上，由 25 烈士纪念碑、中山舰抗日阵亡将士墓和观江平台组成；武汉会战纪念区，包括陆战区、海战区、空战区、人民抗战区和胜利广场，它以实体景观记录了中山舰的风雨历程及武汉会战等重大事件；中山舰纪念区，简洁的几何体块穿插与组合，雄浑刚劲，气势恢宏，勾勒出中山舰博物馆的形象，给人以强烈的震撼力和视觉冲击力；和平家园区，绿树掩映，蜿蜒的湖岸线形成自然湿地；商业服务配套区，为游客提供周到、便捷的休闲服务。

牛头山上，25 根擎天立柱，仿佛昂首挺立的 25 名殉难英烈，深情召唤着名舰再次起航。金鸡湖湖畔环湖行道旁，《血染大江》《全民抗战》《万家岭大捷》《中山公园受降》等大型雕塑，栩栩如生地再现了当年军民奋勇抗日的恢弘场景。中山舰博物馆圆形天井处是巨幅写实油画《一代名舰》，由著名画家唐小禾创作，画长 16 米、高 4 米，孙中山在中山舰指挥平叛、中山舰与日机鏖战、修复后的中山舰上岸进馆的场景历历在目。陈列馆内，数千件珍贵文物静默无声，《金口血战》声光电场景通过应用半景画、仿真雕塑、三维动画、舞台灯光音响及多媒体融合技术等综合展示手段，多角度、全方位地展示了当年中山舰在金口水域与日机浴血奋战的真实场面……

三山静默，长江无语，历史的脚步奔腾不息！也许，再没有第二艘战舰能像中山舰这样让华夏儿女魂牵梦萦，也很难找出第二件实体文物像中山舰这样承载着中华儿女曾经的伤痛和悲壮、牺牲与梦想。今天，中山舰以饱经沧桑的身姿，沐浴着新世纪的晨曦，呼吸着新时代的气息，以挚热的民族情怀与伟大的爱国主义精神，为中华民族的复兴梦想引吭高歌。

（作者：祁金刚）

武汉上空的鹰

——苏联空军志愿队烈士墓

苏联空军志愿队烈士墓坐落在汉口解放公园东北隅，位居朝梅、夕桂两岭之间，总面积17900平方米。墓左右有台阶20级，墓穴内置长方形红漆木棺，安葬着15位烈士遗骸。墓前壁正中嵌有烈士碑29块，刻有烈士姓名及生卒年月。墓前广场有纪念碑，高10米，碑身正面镌刻"苏联空军志愿队烈士墓"，背面用中俄两种文字铭刻"中国人民抗日战争中牺牲的苏联空军志愿队烈士永垂不朽"，金黄色的大字在阳光下熠熠生辉。碑座四面镌刻着中苏两国国徽浮雕，碑前有宽阔的墓道，两旁松柏成行。

全面抗战爆发后，苏联从国际主义出发，在人力、物力上给予中华民族解放事业大力支援。苏联空军志愿队与中国人民并肩作战，英勇抵御日军的侵略，建立了不朽的功勋。烈士墓铭记着苏联空军志愿队将士在中国抛头颅、洒热血的英雄壮举，值得后人纪念、传承和发扬。

苏联空军志愿队烈士墓

苏联空军志愿队来华

　　苏联是 1937 年七七事变后第一个公开援助中国的国家。苏联依据当年 8 月 21 日签订的《中苏互不侵犯条约》,决定向中国提供经济贷款和军事援助,派遣军事专家和空军志愿队参加中国的抗日战争。1937—1940 年,苏联先后分批派遣了以总军事顾问德拉特文、卡恰诺夫、切列帕诺夫为首的各军兵种军事专家 3665 人,其中有空军高级顾问日加列夫、雷恰戈夫、阿尼西莫夫、波雷宁、特霍尔、赫留金、布拉戈维申斯基等人。

　　1937 年 11 月,苏联空军志愿队正式成立,共有 5 个航空队(2 个驱逐队、2 个轻轰队和 1 个重轰队),主要机型是伊 –15、伊 –16、CB–2、CB–3,共有飞行员 256 人、轰炸员 120 人、机械员 280 人、通信员 86 人、仪表员 6 人。为不引起日军注意，苏联首批援华轰炸机全部由苏联空勤组驾驶，或从阿拉木图起飞，经伊宁、迪化（今乌鲁木齐）、哈密抵达兰州；或从伊尔库茨克起飞，经蒙古人民共和国飞抵兰州。战斗机则是先在苏联境内全部分解，由汽车运至新疆，经机械师重新装配后，再由中苏飞行员驾驶飞抵兰州。与飞机一同前来的苏联机械师和飞行员，先在兰州训练中国飞行员，帮助其掌握苏联飞机的性能和驾驶技术。随后，这些飞机陆续飞往南京、南昌、汉口等地参加抗战。苏联专家还在新疆和甘肃建立了航空供应站和飞机修配厂，开办航空教导队航空学校和训练基地，为训练中国飞行员起到了特殊作用。此后数年，苏联又陆续向中国派遣了几批飞机和飞行员，最多时达 8 个大队。苏联援华飞机近 1000 架，空军志愿者达 2000 多人，占当时所有援华飞机和空军志愿者的 95% 以上。

在兰州成批组装中的苏联伊 -15、伊 -16 战机

抗日战争爆发后，国民政府曾将空军编为 9 个大队、1 个直属队和 1 个暂编大队，共 35 个中队。中国空军虽然数量可观，但由于从法、德等国购买的飞机质量不一、性能较差，作战能力极为有限。在淞沪空战和南京空战中，中国空军几乎损失殆尽。中国制空权的丧失，使日军更加肆无忌惮地轰炸中国军民。苏联的援助及时增强了中国空军的作战能力，打击了日本侵略者的气焰。至 1939 年 12 月，以苏联空军志愿队为主力的中国空军共消灭日军飞机 986 架，毁伤日军舰船 120 余艘，炸毁地面日机 220 架和不少机场场站等地面设施。以库里申科、拉赫曼诺夫为代表的 236 名苏联空军志愿队飞行员，为中国人民抗日救国事业献出了自己的生命。1941 年初，随着纳粹德国在欧洲战场上的步步进逼，苏联的国土安全受到了严重威胁。苏联空军志愿队奉命全部撤离回国，将武器装备移交给中国空军，结束了持续 3 年多的援华行动。

中国战场上的苏维埃雄鹰

1937 年 12 月，日本侵略者攻陷南京，日军航空兵团加紧对武汉实施轰炸。1938 年，日军飞机先后侵犯湖北共 497 架次，轰炸 44 次，投弹 1572 枚，给武汉人民带来了深重的灾难。1938 年 1 月，苏联空军志愿队陆续抵达武汉，加入中国空军作战。2 月至 9 月，他们在武汉重创了不可一世的日本空军精锐部队，并以此为基地轰炸长江上的日军战舰、远征台北等地，取得了巨大的战果。

1938 年 2 月 18 日，日军 12 架重型轰炸机和 26 架战斗机从南京、芜湖等地起飞，企图对武汉进行大规模空袭。苏联空军志愿队与中国空军第四大队并肩迎敌，击毁日机 12 架，取得武汉空战中的首次大捷。4 月 29 日，日军为庆祝天长节（日本天皇生日），派出海军航空兵精锐佐世保第十二航空

大队 18 架轰炸机和 21 架战斗机空袭武
汉。苏联空军志愿队与中国两个航空大
队经过 30 分钟的联合战斗，击落日机
21 架。5 月 31 日，日军再次派出 36 架
战斗机和 18 架轰炸机空袭武汉，见中
国空军早有准备，只得掉头东逃。苏联
空军志愿队与中国空军大队奋起追击，
击落日机 14 架。历经 3 次武汉空战，
日军的空中优势受到了极大的削弱。日
军轰炸机的基地原先都设在距前线 50
公里以内的地方，此后不得不退到距前
线 500—600 公里的后方。5—8 月，在
持续 3 个月的武汉保卫战中，苏联空军

苏联空军志愿队轰炸机大队长库里申科

志愿队与中国空军并肩作战 9 次，击落敌机 62 架。日本侵略者一度自吹自
擂的所谓"空中武士""四大天王"和木更津、佐世保等"霸王"机队，均
受到了毁灭性的打击。南昌、武汉、孝感沦陷后，苏联空军志愿队分驻重庆、
成都、桂林、柳州等地，仍然是中国空中作战的重要力量。

　　从 1937 年 11 月到 1941 年初，苏联空军志愿队在中国英勇作战，为中
国抗日战争的胜利作出了卓越的贡献。他们中有的人成为战斗英雄荣归故
里，有的人则血洒战场客死异乡。然而不论生死，他们的英名与事迹，永远
留存在中国人民的心中。在 1938 年"二一八"武汉空战中，大队长拉赫曼
诺夫率队升空迎敌。经过惨烈厮杀，日军的轰炸机群仓皇逃跑，但拉赫曼诺
夫和几名苏联志愿队员却献出了生命。苏联空军少尉古边科在"五三一"武
汉空战爆发时，匆忙中驾驶只有 1 挺机枪的飞机升空作战。在子弹耗尽之后，

他开足马力，用螺旋桨对准日机机翼猛撞。日机一头栽向地面，他却安全返回，由此获得了中国政府颁发的金质奖章，回国后也被苏联政府授予"苏联英雄"称号。库里申科出生于乌克兰，1939 年来华作战，他曾动情地说："我像体验我的祖国的灾难一样，体验着中国劳动人民正在遭受的灾难。"1939年 10 月 14 日，库里申科率领轰炸机大队空袭已被日军占领的武汉。在返航途中，他们遭遇了日军机群的攻击。库里申科沉着指挥队员突围，但他的飞机却被击中，飞至重庆万县（今万州区）时坠入长江江面。其他机组成员成功获救，库里申科则不幸被江流卷走而牺牲。

友谊之树枝繁叶茂

中国人民向来崇敬、爱戴英雄烈士。对苏联空军志愿队将士，中国人民给予了最崇高的礼赞和最真挚的谢意。武汉"二一八"空战后，广大市民奔走相告，热烈欢迎将士凯旋。为纪念在武汉"二一八""五三一"空战中牺牲的将士，武汉各界曾两次举行隆重的公祭仪式，蒋介石、陈诚等国民党军政首脑亲临致祭，共产党领导人毛泽东、朱德、周恩来及各党派、各团体人士，也纷纷敬献花圈、挽联、锦旗，表示沉痛的哀悼。

在 1938 年的武汉空战中，有 29 名苏联空军志愿队将士牺牲。国民政府将烈士骸骨安葬于汉口万国公墓。在当时的万国公墓中，还埋葬着许多战争中的死难者（士兵、市民、难民）。1956 年夏，为纪念苏联空军志愿队烈士的英勇事迹和伟大的国际主义精神，武汉市人民政府决定将原葬在万国公墓的烈士遗骸迁葬到新建的解放公园内。经过仔细搜寻，最终辨认出了 15具苏军烈士遗骸，同时还找到了烈士们的日记、信件、勋章等私人物品，全部移交给武汉市民政局保管。同年 11 月 15 日，湖北省人民委员会公布"苏联空军烈士墓"为湖北省文物保护单位。

苏联空军志愿队烈士墓

　　1958 年国庆前夕，中国红十字会代表中国政府邀请库里申科的遗孀和女儿参加国庆典礼。周恩来总理在国庆招待会上热情地握着她们的手说："中国人民永远不会忘记格里戈里·库里申科！"国庆之夜，毛泽东主席在天安门城楼上亲切会见了库里申科的妻女，和她们一同观看焰火表演。1985 年，76 岁高龄的布拉戈维申斯基中将率领一批苏联老志愿队队员来中国参加纪念抗战胜利 40 周年的纪念活动。当他们到达武汉苏联空军烈士墓时，这些老战士都流下了泪水，表示这血与火的友谊永存于两国人民之间。

　　2013 年 3 月，习近平主席访问俄罗斯，在莫斯科国际关系学院进行了演讲。他特别提到了库里申科的英雄壮举与一对中国母子为其守陵半个世纪的故事。此后，中俄两国掀起了寻访苏联空军志愿队烈士与亲属的热潮。《长江日报》策划组织了大型跨国寻访报道"武汉上空的鹰——寻访苏联空军志愿队烈士"，引起国内外关注。2015 年，俄罗斯国防部驻华军事纪念工作代表处在对俄罗斯国家军事档案馆存放的文件进行研究的过程中，额外确定了 14 名牺牲在武汉的苏联空军志愿队烈士的身份，他们的名字随后被补刻在新的纪念铭牌上。

如今的苏联空军志愿队烈士墓园，纪念碑与墓中间有广场，碑前有大花坛，并辟有宽阔的混凝土墓道，道旁植有龙柏、雪松。墓碑前的主道两侧建有两条带状花坛，两座休息廊，墓碑出口处跨河筑有"落虹桥"。整个墓园青松环抱，庄严肃穆。在清明节、抗战纪念日有组织的纪念活动从未间断，平时来这里凭吊、祭拜的人群同样络绎不绝。

（作者：翟一博）

谱写敌后抗战的壮美乐章

——姚家山新四军第五师机关旧址

姚家山村位于黄陂区蔡店街道，距武汉中心城区 90 公里，群山起伏、地势险要，是抗日战争时期著名的"红色堡垒"。1940—1946 年，新四军鄂豫挺进纵队、第五师司政两部，以及鄂豫边区党委机关曾在此驻扎，与当地村民共同谱写了一曲曲抗战乐章。村内至今仍保留着新四军第五师司政机关大礼堂、参谋处、后勤部、医务室、被服厂、印刷厂、枪械所、李先念旧居等 10 余处革命遗址和一批革命历史文物，享有"武汉抗战第一村"的美誉。

逐鹿中原：新四军挺进豫鄂边区

1937 年卢沟桥事变爆发后，抗日战争进入新的阶段。同年 10 月，国共

李先念率部南下，挺进武汉外围

两党经谈判达成协议，南方湘、赣、闽、粤、浙、鄂、豫、皖 8 省边界 13 个地区的红军游击队改编为国民革命军陆军新编第四军，简称"新四军"。

1938 年 10 月，武汉及周边各县被日军占领后，豫鄂边广大民众在共产党的领导下揭竿而起，创建抗日游击队，点燃了武装抗日的烽火。11 月，中共六届六中全会后，决定组建一支部队挺进武汉外围敌后，以迅速打开周围地区的抗战局面。是年冬，党中央派李先念率领一部分干部由延安向华中进发，于 1939 年 1 月抵达河南竹沟镇。他们同豫鄂边区党委一起，以竹沟留守处的两个中队为主体，组建新四军豫鄂独立游击大队。独立游击大队随即离开竹沟，向鄂中地区进发。6 月，李先念率部与陈少敏率领的信阳挺进队在安陆赵家棚会合，随后成立了新四军豫鄂游击独立支队。1940 年 1 月，根据中原局的指示，豫南、鄂东、鄂中地区的部队统一整编为新四军鄂豫挺进纵队，李先念任司令员，朱理治、刘少卿、任质斌分别担任政治委员、参谋长、政治部主任。部队整编后，迅速开展了敌后游击战争，创建了鄂豫边抗日根据地。皖南事变后，鄂豫挺进纵队改编为新四军第五师。中共中央军委任命李先念为师长兼政治委员，刘少卿为参谋长，任质斌为政治部主任。

新四军第五师是在抗日战争进入相持阶段的艰难时刻，创建、发展起来的一支英雄部队。以李先念为代表的共产党人高举抗日大旗，大胆深入到日军"兵力密度之最"的武汉外围敌后地区，动员和依靠边区民众，独立自主地开展游击战争。新四军第五师在长期孤悬敌后的情况下顽强奋战，在广袤的中原敌后战场上筑起了抗日的坚强壁垒。至 1945 年 8 月，建立起拥有 5 万余正规军和 30 余万民兵的武装力量，先后作战 1260 余次，歼灭日、伪军

4.3 万余人，抗击了 15 万日军和 8 万多伪军的进攻；创建了一块横跨鄂豫皖湘赣 5 省边界的根据地，拥有 9 万多平方公里土地和 1300 多万人民，建立了 8 个专区和 66 个党政军组织齐全的县级政权，实现了对武汉的战略包围，为夺取抗战的最后胜利作出了不可磨灭的贡献，在中华民族的抗战史上写下了不朽的篇章。

新四军第五师对日、伪军作战主要战绩统计表

时间	作战次数（次）	歼灭敌伪军兵力（人）					主要缴获物资			
		毙	伤	俘	投诚反正	合计	各种炮（架）	掷弹筒（具）	轻重机枪（挺）	长短枪（支）
1939 年春—1940 年 7 月	281	2624	8046	1271	2650	14591	11	32	140	5944
1940 年 8 月—1941 年 7 月	146	1012	4272	1729	2592	9605	—	7	57	1001
1941 年 8 月—1942 年 12 月	355	732	931	1157	127	2947	8	8	41	1236
1943 年 1 月—1943 年 12 月	224	531	1296	751	2718	5296	—	9	41	2522
1944 年 1 月—1944 年 12 月	187	538	421	1542	1200	3701	12	9	22	1268
1945 年 1 月—1945 年 8 月	69	475	1260	3562	2335	7632	12	6	43	3513
总计	1262	5912	16226	10012	11622	43772	43	71	344	15484

（资料来源：《新四军第五师抗日战争史稿》，湖北人民出版社 1989 年版）

新四军第五师司政机关大礼堂旧址

红色堡垒：新四军第五师进驻姚家山村

在大悟县与黄陂区之间有两片山峦，中间由一条花园至夏店的公路隔开。公路以北是大悟山，以南是小悟山，又名姚家山。开辟大小悟山根据地，不仅可以对武汉形成战略包围，也可以作为向东发展与新四军其他部队相连接的前进阵地。新四军鄂豫挺进纵队完成创建后，随即根据中共中央和中原局的指示，制定了坚守鄂中、开创鄂东、东进大小悟山的战略部署。

1940年1月，李先念、刘少卿率鄂豫挺进纵队第一二三团队主力，从安陆赵家棚出发，跨越平汉线，进击大小悟山。此时在姚家山一带驻有顽固反共的国民党第十九游击纵队第四挺进支队刘梅溪部，以及伪独立第二十一师杨希超部等几千人，是挺进纵队东进创建敌后抗日根据地的重要障碍。4月18日，大小悟山最后两个重要地点歪歪寨和望府山被新四军攻下，纵队指挥部机关和边区党委进入大小悟山，姚家山成为部队和地方党委的指挥中心。以大小悟山为中心的（黄）陂孝（感）礼（山）根据地，与中共鄂东地方委员会开辟的黄陂、黄安南地区连成一片，毛泽东给予高度评价。6月2日，国民党桂系第七军两个团及国民党鄂东游击第十六、第十九纵队共1万余人分数路反扑大小悟山，在予以还击后，边区党委和挺进纵队全部转移到平汉路西。

1941年2月，为接援皖南事变中突围的新四军部队，李先念派第一团、第二团东进，配合鄂东独立团，打击鄂东反动武装。2月17日收复大小悟

李先念、陈少敏旧居

山根据地，姚家山第 2 次成为边区首脑机关的指挥阵地。9 月，李先念率新四军第五师第十三旅、第十四旅全歼灭国民党军保一旅旅部和保一旅第二团、第三团各一部以及黄安的自卫队，第 3 次进驻姚家山。10 月后，新四军第五师的军政首长离开姚家山，但此地依然是稳固的后方基地。新四军第五师司政两部经常来姚家山驻扎，昼伏夜动，仅 1943 年就常驻半年之久。

边区党委和新四军第五师领导机关进驻姚家山后，在这里修建礼堂，开办抗日军政大学第十分校，设立鄂豫工农银行以及边区印刷厂、医院、枪械所、被服厂、卷烟厂、榨油厂等，建立起良好的军民关系。李先念、陈少敏等领导同志待人和蔼，与民众亲密无间。各驻地连队每到农忙季节就帮助民众抢收抢种，对缺衣少食的贫苦农民、干部，或捐献衣物，或让他们同部队一起就餐。民众患病，也可到部队卫生所免费就诊。辛巳年大荒，姚家山颗粒无收，百姓挖葛根充饥。李先念从边区拨一批救济款和粮食，发给民众度荒。每逢节日，部队还会邀请民众做客，军民欢聚，鱼水情深。

姚家山人民在战争年代，义无反顾地投入到抗日救亡运动之中。1942年阴历八月间，国民党桂系军队进攻边区，新四军第五师司政两部决定转移，需炒米粉作行军口粮。民众在得知部队库存粮食不足的内情后，主动将碾好的几千斤白米借给部队。新四军第五师返回后，立即还清了所借粮食。部队每次转移时，村里的青壮年都争相报名，自愿组织起来帮助部队运输物资。他们同新四军将士一道跋山涉水，有的人坚持运送两个月才返回村庄。部队不便携带的笨重物品，则由民众分散收藏。"顽军"侵入后，发现村内都是老弱妇孺，便抓住村民严刑拷问。见村民拒不回答，"顽军"气急败坏，窜入农户家中翻箱倒柜，将财物洗劫一空。同年 12 月，日军集结第三师团全部以及第八师团、第四十三联队和伪第十一师一部，共计 12000 余人，兵分13 路向大小悟山逼近。新四军第五师向敌后穿插，实行战略转移，民众空

姚家山村内街景

室清野。在敌人实行的"扫荡"中，姚家山被轰炸和烧毁的民房达90%以上。新四军第五师再返根据地后，全力帮助村民重建家园，向遇害村民的家庭发放了抚恤金。抗战时期，姚家山村及周边地区的人民积极参军参战，付出了巨大的牺牲。据黄陂区民政局提供的资料，仅在册的烈士就达40人。

老区新貌：打造国家级旅游景区

新中国成立后，李先念一直对老区人民系念关怀。他曾多次过问姚家山的建设和发展，曾派湖北省副省长夏世厚、武汉市委书记王群亲临姚家山，为当地修建水库和农田设施，极大地改善了老区人民的生产生活条件。1978年，姚家山人民为表达对李先念的眷念和感激，特地精选了一些自种的土特产寄往北京。不久，一封盖有国务院公章的信函寄到姚家山。信中写道："你们寄来的姚家山的特产白木耳和云雾茶，李先念同志收到了。他委托我们感激姚家山人民，并代为问好！根据党中央关于不接受任何礼物的规定，先念同志要我们将原物如数退还。希姚家山人民在'四化'建设中作出新的贡献！"

为弘扬老区精神、传承革命光荣传统，武汉市人民政府在 20 世纪 80 年代初，先后将新四军第五师司政两部机关旧址、李先念和陈少敏同志旧居等列为市文物重点保护单位和青少年革命传统教育基地。2012 年，蔡店街道积极探索"红 + 绿"致富之路，依托红色文化打造"武汉抗战第一村"，依托绿色资源打造"武汉湿地风情第一谷"香溪谷，姚家山的建设和发展由此进入新的阶段。4 月 15 日，姚家山旅游发展有限公司挂牌成立，集老区扶贫、景区开发、新农村建设于一体的综合旅游项目正式启动。外出务工的村民闻讯纷纷返乡，开始筹办"农家乐"，或开展种植养殖。

2015 年，历时 3 年、投资 8 亿元，按国家 4A 级旅游景区标准建造的姚家山风景区首次对外开放。在恢复、修缮新四军第五师机关旧址群的基础上，还兴建了新四军第五师历史陈列馆。陈列馆总建筑面积 2400 平方米，分为 3 层，设有 1 个序厅、6 个基本陈列展厅、1 个临时展厅和 1 个多功能厅。陈列馆的主题为"砥柱中原"，以大量历史图片和珍贵文物为基础，结合现代技术手段，采用"以人述事、以事述史"的方式，彰显了新四军第五师在抗战期间独立支撑武汉外围敌后抗战的百折不挠、骁勇善战的革命英雄主义精神。周边的东谷茶禅文化体验区、西谷农耕湿地观赏区、南谷森林越野区、北谷休闲农业观光区和源泉村温泉休闲生活区 5 个景区，也在随后几年陆续开放，形成了"红 + 绿"旅游模式的经典范本。

目前，姚家山全村下辖 4 个自然湾，村内共计 200 多户、850 人，经营"农家乐"的村民 20 余户。村内传统建筑复现了明清徽派建筑风格：石头墙基，白墙黑瓦，屋檐陡峭；前厅后院，中间天井，巷道深远。老宅门前多为青石板路，随处可见石墩、石磨、石舂、石臼等古老农具，散发着古色古香的气息。

依托红色文化和绿色资源，全村 2018 年实现脱贫，2020 年人均收入达到 1.6 万元。景区年游客量在 30 万人次以上，带动百余名村民就业，同时村民享有景区年终分红，真正从红色旅游资源的开发中得到实惠。鲜明的革命红、醉人的生态绿，为姚家山村打开了绿水青山和金山银山之间的转化通道，一幅"产业兴、农民富、农村美"的乡村振兴画卷正徐徐展开。

（作者：赵天鹭）

威震鄂豫边，堪比平型关

——武汉侏儒山战役博物馆

威震襄南敌伪顽，轻装挺进汉江间。

不辜父老来相望，千里洪湖指日还。

——张执一《饮马长江》

武汉侏儒山战役博物馆暨侏儒山抗战纪念馆，位于武汉市蔡甸区侏儒山街阳湾村傅家山特 1 号，临近汉宜高速公路和 318 国道，是目前全市唯一一座展示新四军第五师中原抗战光辉历史的综合性纪念场馆。侏儒山战役是新四军第五师在抗战时期最辉煌的一次战役，始于 1941 年 12 月，终于 1942 年 2 月，历经大小战斗 14 次，取得了重大的军事胜利。经此一役，新四军形成了对武汉的包围之势，保障了我军来自江汉平原粮棉产区的物资供应，牵制了参加第三次长沙会战的日军兵力，对新四军在敌后的发展壮大起到了关键的作用。

雄师出征：新四军第五师三打侏儒山

1941 年 9 月，日军从武汉周边抽调重兵，向长沙进犯。日军在武汉地

武汉侏儒山战役博物馆暨侏儒山抗战纪念馆

区兵力空虚，新四军第五师随即根据中共中央的指示和实际情况，做出了深入武汉近郊、开辟川汉沔地区（即汉川、汉阳、沔阳）抗战新局面的决定。川汉沔地区位于长江、汉水交汇处的三角地带，开辟这块地区，既能直接形成对武汉的战略包围，又能建立向襄南发展的桥头堡。

　　侏儒山是江汉平原通往武汉的要道。周围山峦起伏，水陆交织，易守难攻，是历代兵家必争之地。日寇自踏入华中地区以来，一直对侏儒山地区虎视眈眈，苦心经营多年后，该地敌伪据点密布，日、伪之间既相互利用又相互防范，关系错综复杂。日军大部兵力南下后，主要依靠境内实力最强的伪定国军刘国钧部守备，该部下辖两个师和一个直属教导团。伪第一师汪步青

新四军第五师首战侏儒山时，被俘伪军之一部

部拥有三个团、一个机炮营和一个教导大队，共 5000 人，盘踞在汉阳侏儒山一带，并设有兵工厂；伪第二师李太平部盘踞在沔阳沙湖一带。另有小股伪军熊剑东、王维哲等部，盘踞在汉川系马口和汉阳黄陵矶等地。

1941 年 12 月 7 日，新四军第五师第十五旅第四十四团第三营和天汉支队两个连，从汉阳肖家集、索河出发，分两路连夜向侏儒山、南河渡奔袭，直扑侏儒山东南的伪第三团团部，不费一枪一弹俘获官兵 100 余人，缴获迫击炮 2 门、各类枪支 100 余支，首战告捷。12 月 23 日，新四军第五师发起了对侏儒山的第 2 次进攻。第十五旅旅长王海山亲率第四十四团第三营及第二营的两个连、天汉支队一个大队，向侏儒山、将军岭和南河渡一线进攻；第十五旅副旅长兼第四十三团团长、政治委员朱立文则率该团一营及二营一个连，向桐山头、永安堡一线进攻。次日拂晓，第四十四团攻占将军岭，全歼伪机炮营；第四十三团俘获伪军一个连，击溃伪新兵连。汪步青部连遭打击，退守九沟至周家帮一线。

1942 年 1 月 7 日，新四军第五师第三次向侏儒山发起进攻，第四十四团一举攻占侏儒山，追击逃敌至九沟，缴获了伪兵工厂的大量军用物资；第四十三团向驻扎在周家帮、九沟一带的伪第一师展开猛攻，伪师部及其主力一部向王家场、余家场一线溃退。10 日，第四十三团击溃来犯的伪定国军 1000 余人及日军一部，毙伤日军 20 余人，俘虏伪军官兵 400 余人，缴获步枪、轻重机枪 4000 余支及大批军用物资，粉碎了敌人的反扑。28 日，新四军第五师第十三、第十五旅发起对汪步青伪残部的进攻，此役歼敌 1500 余人，汪步青本人仅率亲信数十人逃脱，伪第一师土崩瓦解。2 月 2 日，数百名日、伪军向沔阳胡家台扑来，第十三旅第三十七、第三十八团奉命出击，围歼敌寇。4 日，战役结束。

侏儒山战役历时近两个月，新四军第五师共歼伪军 5000 余人，其中俘虏伪军 950 余人，毙伤日寇 200 余人，控制了侏儒山及其附近地区，扩大了豫鄂边区抗日根据地，为尔后进军襄河以南地区创造了有利条件。侏儒山战役是新四军第五师建军后，在三年游击战的基础上，第一次开展的带游击性的运动战，在新四军军史上具有重要地位。

不朽丰碑：侏儒山战役英雄谱

侏儒山战役是新四军第五师在抗战时期规模最大、战果最丰的战役，充分体现了党的领导与党员优良作风的巨大力量，是我军政治工作和军事斗争巧妙结合的典型代表。在战役发动前，李先念、任质斌、陈少敏等领导人对敌情进行了充分的调研，对敌方的兵力部署和内部关系开展了细致的摸排。我军严格遵守党和军队的纪律，执行党的优俘政策，而伪军人心涣散、士气低落，开战以来不断有小股部队向我方投诚。我军坚定执行群众纪律，赢得了人民的支持，有力推动了战役胜果的扩大。这场战役所产生的英雄事迹和战斗精神，成为武汉这座城市的宝贵财富，永远值得后人追忆和记取。

第十五旅侦查参谋、手枪队队长傅玉和是侏儒山战役前期情报工作的关键人物，他的传奇故事时至今日仍在当地广为流传。1941年秋，侏儒山战役总指挥、第十五旅政治部主任张执一决定先拿驻守在东至山一带的伪第一师第三团开刀，命令傅玉和设法将伪第三团的口令搞到手。傅玉和曾在汪步青部工作，与伪第一师传令排长朱月堂有私交。朱母六十大寿时，傅玉和决定冒险前去祝寿，以获取口令。当他出现时，朱月堂大惊："你怎么这大的胆子？现在司令部都知道你是新四军的人，师部有命令务必捉拿你。"傅玉和镇定地说明来意后，朱月堂更加紧张起来："如果我暴露了，那我和家人怎么办？"傅说："拿了口令我军并不一定打，司令部也未必知道口令是从你这里出来的。你放心，我会保密的，万一有情况，我会把大嫂和孩子接到根据地，到时你离开汪部也方便。"朱月堂终于从公文包里拿出了口令，誊写一份给傅玉和："口令：打破；回令：进行；特别口令：恶劣环境。"傅玉和连夜将口令交到张执一手中。这份口令为我军奇袭伪第三团、打响侏儒山战役第一枪奠定了基础。

在1941年12月第二次攻打侏儒山的战斗中，第十五旅副旅长兼第四十三团团长朱立文为掩护战友撤退英勇牺牲，他也是新四军第五师在抗战中牺牲的职务最高的指挥员。23日夜间，旅长王海山和朱立文各率一支队伍从两路进攻侏儒山，战斗持续到翌日拂晓。由于敌军增援部队赶到，朱立文率部向索子长河（今索河镇一带）撤退，撤到河边时，身后两公里内已无任何屏障。朱立文随即命令第四十三团宣传股长马焰和一连指导员李毅带两个排循上游找船渡河，他本人带领一个排在岸边掩护。日军渐渐逼近，朱立

新四军第五师某部行军前动员

文带领的掩护小部队已无法过河，只好沿索子长河向下游退却至麻雀岭。朱立文命令排长带领战士隐蔽在芦苇丛中，自己带领通讯班的几名战士上了河中一条放鸭船，吸引敌人注意。日军集中火力向小船疯狂射击，船被打翻，朱立文中弹牺牲，年仅32岁。1942年11月16日，新四军第五师在朱立文牺牲的地方竖立起"殉国烈士纪念碑"，以表达对他的缅怀。1966年，经湖北省人民政府批准，朱立文烈士的遗体迁葬于嵩阳林场。2014年9月，朱立文名列国家民政部公布的第一批300名著名抗日英烈和英雄群体名录。

1942年1月汪步青伪军第一师被全歼后，日寇迅速纠集兵力，企图将新四军逐出川汉沔地区。2月初，新四军第五师第十三旅在返回防区、途经胡家台宿营时，遭到了日、伪军的猛烈攻击。3日中午，第十三旅截获了日军空投的食品、饮用水、子弹和手雷，并将日军围困在胡家台祠堂内。日军在粮尽水绝的情况下，以祠堂为掩体，凭借精良的武器装备负隅顽抗。新四军久攻不克，战斗陷入胶着状态。当晚，胡家台胡姓族长向旅长周志坚献"火攻"计,并代表全村村民表示,愿意牺牲所有家产,帮助新四军消灭顽敌。周志坚听后大为感动,随即命令战士在火力掩护下搬运柴草堆积在祠堂四周,泼上煤油点燃。一时间,胡家台陷入一片火海之中,50 多户房屋全部被毁,日军被烧得皮焦肉烂,横七竖八地躺在废墟上,指挥官剖腹自杀。在得知胡家台战斗胜利后,蒋介石下令重庆中央电台连续两天向全世界播送消息。鄂豫边区党委机关报《七七报》还发表了《庆祝襄南大捷》的社论。

赓续血脉:后人筹建纪念场馆

侏儒山战役是抗战时期江汉平原最具影响力之战,与平型关战役、百团大战、黄桥战役等被列为中国共产党领导的敌后抗日游击战争中最著名的十六大战役之一。然而遗憾的是,由于宣传不足等原因,这场战役许久以来鲜为人知。

为了让更多的人了解这段历史,傅玉和之子傅建桥在傅家山上投资修建了侏儒山战役博物馆。该馆于 2013 年 4 月正式落成并对外免费开放,主体建筑庄严肃穆,展出的文物贴切反映了新四军第五师中原抗战的主题。2014—2019 年,该博物馆先后获评武汉市国防教育基地、蔡甸区爱国主义教育基地、长江大学大学生思想政治教育实践基地、蔡甸区侏儒山中学教育实践基地等称号。博物馆共分 3 个区域:前厅为侏儒山战役的文字、图片和实物展,馆中保留着当时战争中的珍贵资料,包括整个战役的行军及突围路线示意图、重点战斗过程示意图等;中厅为汉阳县抗战历史及著名抗战人物展,主要呈现了李先念、张执一、傅玉和等人的英雄事迹;后厅为荆楚版筑文史馆,馆内供奉着殷商时期著名的政治家、思想家傅说公之像,此外还陈列着香案、八仙桌、太师椅等文物。

博物馆身后是侏儒山战役战场遗址,山上有战壕留存,如今已草木丛生。

傅玉和之墓

另有傅氏家族陵墓，万年青和松柏掩映其间，埋葬着傅玉和与他的第一任妻子张环芝等革命先辈。山下还坐落着傅玉和故居，低矮的民房稍显破旧，屋内陈设较为简单：厅堂悬挂着多幅老照片、新闻报道和书法作品，集中展示了傅玉和及其家人的生平；厢房有床铺、桌椅等陈设，桌上摆有傅玉和照片、镜子、油灯等物品。通过与傅氏后人的交流，我们更加清晰地了解了傅玉和全家投身革命、满门忠烈的事迹，无不深受震撼与感动，对革命先辈的敬佩之情油然而生。

弘扬革命精神，赓续红色血脉。侏儒山战役博物馆的修建与使用，正是为了铭记中华民族历经磨难、浴火重生的抗战历史，缅怀革命先辈共赴国难、携手奋进的品格与气概。我们牢记历史，就是要弘扬以爱国主义为核心的民族精神，自觉传承革命先辈的遗志，为中华民族的伟大复兴、为世界和平与全人类的进步奋斗不已。

（作者：赵天鹭）

人间正道

　　抗战胜利后，国民党悍然发动全面内战，中国革命迎来两种命运、两个前途的决战时刻。1947年，刘伯承、邓小平率军千里跃进大别山，挺进中原地区作战。10月，刘邓大军进入武汉东北近郊的新洲县，在三店镇坨坑村徐王湾王氏宗祠内设立临时司令部，指挥了麻城岐亭、新洲李家集、皖西张家店三场战事，对扭转全国战局发挥了关键作用。

　　这一时期，在武汉地下党组织的领导下，国统区的爱国民主运动日渐高涨。1947年6月，国民党军警突袭武汉大学，搜捕进步师生，酿成六一惨案。国民党武力镇压学生运动的企图不仅未能实现，反而为党组织在学校的快速发展提供了机遇。

　　新中国成立后，湖北省人民政府在九峰山兴建革命烈士陵园，集中安置了革命战争时期以来离世的革命先烈、党政军领导和各界知名人士。他们为党和人民所作出的牺牲与贡献，永远值得后人铭记。

战略进攻中的指挥中心

——新洲刘邓大军司令部旧址

对于解放战争来说，1947 年是一个转折的年份。就在这一年的下半年，刘伯承、邓小平率晋冀鲁豫野战军 12 万人强渡黄河，转战鲁西南，随后千里跃进大别山，这是中国人民解放军由战略防御走向战略进攻的关键。新洲区刘邓大军司令部旧址，即武汉市新洲区三店镇坨坑村徐王湾的王氏宗祠，是这一段历史的重要见证。

千里跃进大别山，落脚王氏宗祠

千里跃进大别山，在解放战争史和中国人民解放军的历史上，被誉为"神来之笔"。解放战争爆发后的一年时间里，解放区遭受国民党军队的进攻和破坏，损失严重，兵员补充和粮食供应出现困难。如何破局解困？毛泽东和

刘邓大军司令部旧址（王氏宗祠）

中共中央军委从战略全局高度发出"以主力打到外线去，将战争引向国民党区域，在外线大量歼敌"的指示。刘邓大军则是执行这一指示的尖兵利刃。

1947年6月底，刘邓大军夜渡黄河，开辟鲁西南战场。7月29日，毛泽东在给刘伯承、邓小平的电报中，急切地提出千里跃进大别山、挺进中原战略的作用："现陕北情况甚为困难（已面告陈赓），如陈谢及刘邓不能在两个月内以自己有效行动调动胡军一部，协助陕北打开局面，致陕北不能支持，则两个月后胡军主力可能东调，你们困难亦将增加。"大别山地处鄂、豫、皖3省交界，临近南京、武汉，战略位置独特，"中原战略地位非常重要，正当敌人的大门，其中大别山是大门边"。蒋介石以绝大部分兵力部署进攻解放区，尤其重点进攻山东和陕北解放区，造成以大别山为核心地带的中原兵力空虚，这也给了共产党和解放军扭转局势的重要机会和有利条件。

1947年8月11日至9月初，刘邓大军以"下决心不要后方"的勇气，长驱直入，跨越陇海路，经过黄泛区，渡过沙河、涡河等，击破国民党军队的围追堵截，到达大别山。10月初，刘邓大军总部和中共中央中原局机关进驻黄安（今红安）的七里坪，第二纵队主力和第一纵队一部迅速控制了黄陂、麻城一带，不仅将战场扩大到国统区，甚至打到武汉近郊，形成了直逼武汉的态势。新洲县（今新洲区）便是地处武汉东北近郊的战略要地。作为武汉通往鄂东、大别山南下的必经之地，新洲县成为国共双方激烈争夺的最前沿。10月初，刘邓大军自黄安、麻城进入新洲县境内。为了及时掌握战场形势、就近指挥战斗，10月8日至10日，刘伯承、邓小平将司令部设在新洲县三店镇坨坑村徐王湾的王氏宗祠。短暂的三天两夜，王氏宗祠成为刘邓大军走向战略进攻的指挥中心。

在王氏宗祠指挥的三场战事

在这个短暂的临时司令部，刘伯承、邓小平指挥了进入大别山地区后的三场战事——麻城岐亭之战、新洲李家集之战、皖西张家店战斗。

麻城岐亭之战。面对刘邓大军千里跃进、转战鄂豫皖的军事行动，国民党急令整编第五十六师新七旅派一个团的兵力，赴岐亭、柳子港设防、增援。刘邓大军司令部进驻徐王湾王氏宗祠的10月8日当晚，即下令解放军对驻扎在岐亭西北的国民党军队发起进攻，全歼国民党军一个营。驻守岐亭的国民党守军闻风向柳子港逃窜。刘邓指挥解放军乘胜追击，在柳子港将国民党一个团和先期逃出的新十七旅旅部大部歼灭。

新洲李家集之战。李家集是一处城堡式集镇，距离三店镇仅有十几公里，国民党桂系五十二师九十九团一营驻守在此。还是10月8日这一天，刘邓同时指挥解放军对李家集发动进攻。激烈的战斗在李家集城墙的东南角打响。桂系营长杜小进率部凭借碉堡式城墙，依城而守、负隅顽抗。解放军面对劣势地形，战斗不利，伤亡很大。刘伯承、邓小平指示直接作战的六旅，深入群众找出敌人薄弱环节，重新调整作战方案。在当地民众建议下，确定东南角为李家集城墙最薄弱处。9日夜晚，刘邓军队以迫击炮轰垮东门，双方展开激战。李家集战斗持续三天三夜，打得异常惨烈，最终全歼国民党一个营的守军。李家集战斗的胜利，使得国民党设置的（黄）陂麻（城）防线全线崩溃。

皖西张家店战斗。张家店是一个有着200余户居民和一些商店的小集镇，位于霍山县东北30公里处。10月8日至9日，国民党军第八十八师师部、第六十二旅旅部，驻扎在张家店。9日下午，野战军三纵主力对张家店实施围攻。黄昏时分，在纵队炮火的掩护下，担负主攻任务的九旅各部交替掩护，经过1小时的激战，扫清了国民党军第八十八师、第六十二旅的外围据点，逼近张家店前沿阵地。晚10时，总攻开始。纵队集中炮火，首先摧毁了国民党军第八十八师的指挥部，副师长张世光带领十多人抢先逃窜。此时张家店国民党军队群龙无首，失去指挥，整营整营地放下武器投降，毫无士气和战斗力。10日凌晨4时，国民党第八十八师师部和第六十二旅旅部被我野战军三纵主力全部歼灭，共毙伤国民党军队900多人，俘虏国民党少将副旅长唐家楫及以下官兵4700多人，缴获山炮3门及枪支数千支。

10月12日中共中央得知刘邓大军战况后发专电祝贺："祝贺你们在张家店、岐亭、李家集等处歼敌两个旅之大胜利……创造了我军在今后大量歼敌的条件。"

在此基础上，至11月，刘邓大军完成了大别山区的战略展开，站稳了脚跟，建立起鄂豫、皖西两个解放区。从某种意义上说，刘邓在徐王湾"王氏宗祠"指挥三次战事、逼近武汉的军事行动，是 10 月 10 日中共中央、中央军委颁布《中国人民解放军宣言》，向全国发出"打倒蒋介石、解放全中国"口号的重要底气。

发现"王氏宗祠"：刘邓大军司令部旧址

新洲区三店镇坨坑村的徐王湾是一个自然村落，村民以徐姓、王姓为主，故村名为徐王湾。"王氏宗祠"是村中王氏家族议事和祭祀的厅房，始建于民国初期（一说 1904 年），原本是前后三进院，中间有一个天井，院中有一棵百年老槐树。

在武汉市革命博物馆近现代史部分第三展厅，有一张刘伯承、邓小平的珍贵合影，照片文字说明："1947 年 10 月，刘伯承、邓小平率晋冀鲁豫野战军司令部曾驻扎新洲县三店镇。"徐王湾村的老人回忆说："（'王氏宗祠'）门口站有哨兵，两位首长一高一矮，他们床铺就搭在祠堂主殿右厢。"这些都印证了刘邓二人率司令部驻扎徐王湾"王氏宗祠"的历史事实。

"马不踏青草，人不占民房"，是多年来徐王湾村民津津乐道的往事。据徐王湾的老人回忆，解放军进村的只有 100 多人，其他部队驻扎在村子附近。"王氏宗祠"算得上是村中比较大的房子，因为平时并不住人，所以被借用作为司令部。驻扎在村子里的解放军，以骑兵为主，有的战马啃了树皮，战士们马上用麻袋包扎受伤的树干并向老乡道歉。细微的小节，显示出刘邓大军身为人民解放军不扰民、不影响老百姓正常生活的作风和纪律。

新中国成立后，刘邓大军司令部旧址"王氏宗祠"一度被用作生产队的仓库。"文革"时期，前院一进房屋被拆除，正殿得以完好保存。但多年以来，这段历史只在徐王湾村民中口口相传，历史文献却少见记载，以致有了一段不短的被历史遮蔽的时期。2010 年，全国党史系统全面开展革命遗址遗迹普查工作。同年 8 月，刘邓大军司令部旧址（王氏宗祠）被新洲区党史部门发现。

如今的刘邓大军司令部旧址（王氏宗祠），青砖黑瓦，虽典雅古朴，却难掩岁月的痕迹，显得有些破旧。祠堂门口

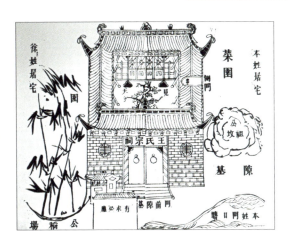

刘邓大军作战指挥部原址简易图

有一块黄色的标牌，是武汉市"新青年下乡——扫码新洲红色行"对三店镇徐王湾刘邓大军司令部旧址的简介。祠堂里面，除王氏家族的祖先牌位、王氏宗谱、功德榜等祠堂原有的布置外，还专门做了刘邓大军旧址陈列，包括"刘邓大军晋冀鲁豫野战军司令部旧址"简介、"刘伯承、邓小平在这里指挥的三场战事"、"新洲发现'刘邓大军指挥部'"报道、"历史的声音（当地附近老人徐文芹、王少阶的口述回忆）"等内容。

（作者：李从娜）

黎明前的血祭

——武汉大学六一惨案纪念亭

> 惊现戈矛逼讲筵,青山碧血夜如年。
> 何须文字方成狱,始信头颅不值钱。
> 愁偶语,泣残篇,难从故纸觅桃源。
> 无端留命供刀俎,真悔懵腾盼凯旋。
>
> ——沈祖棻《鹧鸪天》

在武汉大学文理学部第四教学楼门前,有一座六角飞檐、碧瓦熠熠、六根朱红圆柱支撑的纪念亭,这就是六一惨案纪念亭。亭高约7米,上部攒尖顶为木质结构,下部红圆柱用水泥筑成。亭中立有一块石碑,碑面刻六一纪念亭碑记,碑阴刻有"死难三生传"。环亭四周,冬青围护,亭后民族样式的教四楼作为背衬,二者在建筑风格和整体布局上协调一致,融为一体,凸显出纪念亭质朴、肃穆的氛围。亭为六角,柱为六根。六,即是"六月"的意思。

临危受命,李健章先生书《死难三生传》

六一惨案纪念亭于1948年建成。亭内纪念碑正面碑文和背面三生传由

六一惨案纪念亭全貌

当年中文系年轻讲师、35 岁的李健章先生撰写。惨案发生时，李健章在安徽大学任教。得知母校发生惨案，他深感愤慨。1947 年 8 月间，李健章突然接到母校文学院院长、他的老师刘永济教授来信，召他速回武大执教。回到母校后，同事和他谈起惨案发生的详细情况，被捕教授向他讲述亲身经历。李健章也曾亲自去看过学生宿舍阶梯上的斑斑血迹和累累弹痕，还去被枪杀的 3 位同学的墓地凭吊，对惨案的经过有了更多的了解，对事件的本质也有了更深的认识。

　　一天，刘永济着一身长夹袍，拄着拐杖来到李健章住的房间，交代了学校下达的紧急任务，要他写一篇《六一纪念亭碑记》。刘特意带来一份《武大"六一"事件特刊》，以供其参考。

　　李健章采用文言文撰写碑记。碑文后的议论和引用的孟子的话，充溢着悲愤之情，又暗示人们应该如何去做"守常者"。刘永济先生看了碑文后，连连称赞："写得好，写得好！"碑记拿到校务会议上传阅，稍作修改即获通过。纪念碑正面记述事件经过，背后书写三生传略。言简意赅，情感深沉，意味深长。当年武大事务组瞿扶民先生擅长书道，字有功力，于是由他书写。

《死难三生传》

碑记用八分书（隶书）书写，三生传用楷书写成。1948年6月1日，六一惨案纪念亭内竖起纪念碑，其碑记曰：

> 民国三十六年六月一日昧旦，武汉军警千余人突入珞珈山，围扰本大学。黉舍之内，遽尔骚然。以事出人意外，师生举仓卒不知所为，一任其排闼执讯而已。天既明，而枪声骤起，移时，始解去。计鞭箠劫束，挟以同走者二十余人；创而呻吟於室者，十有九人；肝脑涂地饮弹毕命者，则黄生鸣岗、王生志德、陈生如丰三人也。事既震惊海内外，而枢府旋亦绳始祸者以法。其后，劫走者皆幸免归；伤者亦渐以起；而赍恨於地下者，则将忍此焉终古，非甚可痛念者耶？於是众议作亭，以志斯难。鸠工庀材，数月而成。因命之曰："六一纪念亭"，取以事系日例也。夫"士以忠信为甲胄，礼义为干橹"，此特为守常者言耳。孟子曰："如有一朝之患，则君子不患矣。"然乎，否耶？亭有碑，不可无记。故书其事，备来者观焉。

新中国成立后，学校在重修六一惨案纪念亭时，李健章建议将碑记中"事既震惊海内外，而枢府旋亦绳始祸者以法"两句删去，文字更加简练紧凑。学校同意了他的意见。

震惊中外的珞珈山六一惨案

自1946年12月起，国统区广大学生的爱国民主运动日益高涨。至1947年5月，由于内战升级、物价飞涨，学生对现状普遍不满。各地学生运动风起云涌，对国民党的统治秩序构成了强烈冲击。1947年5月20日，南京、上海、苏州、杭州地区16所大专院校的6000名学生在南京组成请愿团，提出挽救教育危机等5项要求，举行示威游行，遭到国民党军警镇压，造成

六一惨案遗址

震惊全国的"五二〇"惨案。武汉大学学生在发起举行声援南京学生的示威游行后，决定响应华北学联提出的于6月2日举行全国学生反内战总罢课运动。为防止各地学生响应华北学联的罢课示威活动，国民党最高当局密令各地从6月1日开始进行全国性的大逮捕。武汉警备司令部为阻止武大师生的爱国行动，多次召开秘密会议、审定逮捕名单，企图将进步师生一网打尽。

6月1日凌晨3时，国民党武汉行辕和警备司令部纠集第七十一旅、第八十二旅、宪兵十二团、汉口警察总署、武昌警察总署以及武汉警备司令部稽察一处的军警宪特数千人，全副武装包围了珞珈山。一部分兵力在街道口、杨家湾、洪山、农学院、黄家湾等要道路口秘密布防，另一部分兵力直接包围武大男女学生宿舍和教员住宅，并在制高点架设机关枪、迫击炮。武装军警在蒙着面纱的特务学生带领下，逐室搜捕进步师生。梦中惊醒的学生们见男生宿舍门前的马路上装有形同重囚的被捕学生的汽车正待开走，怒不可遏。天、地、元、黄斋舍的学生带头冲出铁门，有的与军警展开说理斗争，有的拿水泼向他们，有的钻进车底破坏汽车，有的砸破玻璃跳上囚车抢下被捆绑的同学。

突然，一颗信号弹升起，遍布宿舍楼上下的军警，一齐用轻重机枪、步枪、手榴弹、迫击炮等武器，血腥屠杀手无寸铁的学生。顿时，珞珈山上硝烟弥漫，老斋舍里弹痕累累，血流成河，惨不忍睹。3名一年级学生——历史系学生黄鸣岗（湖北枝江人）、土木系学生王志德（江苏武进人）、政治系学生陈如丰（台湾台南人）身中国际上早已禁用的达姆枪弹，当场死亡。另有3名学生重伤，16名学生轻伤。哲学系教授金克木、历史系教授梁园东、机械系主任刘颖、外文系教授缪朗山与朱君允等20余人遭逮捕。这就是震惊中外的六一惨案。

不屈不挠　誓死力争

事后，国民政府武汉当局采取断绝交通、封锁新闻等手段，企图掩盖事实真相。他们捏造证据，歪曲事实，竟诬蔑武大学生私藏军火，企图暴动。六一惨案发生后，武大师生进行了不屈不挠的斗争。

武大代理代校长刘秉麟会同6名教授赶到武昌阅马场湖北省参议会，向正在参加会议的国民党武汉行辕主任程潜严正交涉。武大全体学生在宋卿体育馆集会，决定成立武汉大学六一惨案处理委员会(简称"六一"处委会)，自即日起开始无限期罢课，派代表进京请愿，向社会各界说明事实真相。随后，"六一"处委会印制了《"六一"屠杀惨案真相》，并组织了武汉大学赴京控诉代表团，通过各种渠道，将惨案真相传遍全国。国立武汉大学教授会举行大会，决定罢教一周，并提出成立宣言起草委员会和营救委员会等要求。武大教授会、讲师助教会、学生自治会分别发表宣言，提出了严惩凶手、立即释放被捕师生工友、公葬死难学生、抚恤死难学生家属、赔偿受伤学生物质及精神之损失、切实保障人权、保证以后绝不派遣军警或特务进入学校非法捕人等要求。惨案发生时，校长周鲠生正在南京参加参政会议，闻讯后立即赶回珞珈山，到灵堂向死者致哀。他看到惨死的学生，悲愤地说："我决心全力争取惨案的合理解决，被捕师生立即释放！"

周鲠生和武大教授会约集 18 名教授，齐赴国民党武汉行辕保释被捕师生，并抗议国民党中央社发出的歪曲事实真相的报道，要求追究责任。面对周鲠生校长的交涉，程潜仍坚持不释放被捕师生。周鲠生向程潜喝道："限你二十四小时内，全部交还我被捕师生。否则，我即组织五千人的队伍，披麻戴孝抬着三副棺材、二十副伤员担架在武汉三镇游行示威。所造成的一切后果，由你程潜一人负责！"正是迫于周鲠生"最后通牒"式的强硬表态，程潜才勉强同意释放全体被捕师生。当日下午 4 时，被捕师生保释返校。

得知六一惨案的消息后，北平、南京、上海、苏州、广州、长沙、成都以及东北等地的校友分会纷纷来电、来函慰问，对母校发生的不幸事件极为关注，对死难学生表示沉痛哀悼。全国各地高校纷纷慰问和声援。华北学联为声援武大决定罢课 3 天；北大、清华两校反饥饿、反内战委员会组织罢课，并设祭坛遥祭武大三同学；中央大学、金陵大学等校举行了追悼会；北平交大、唐山交大、南京中大、同济大学、暨南大学、社教学院、上海医学院、武大上海校友会、武大台湾同学会、武大自贡校友会等发来声援函电。

六一惨案发生后，面对武大师生的悲愤呼吁和社会各界的大力声援，国民党当局不得不重视起来。蒋介石电令程潜秉公处理，对伤亡学生代为抚恤。行政院院长张群指派政务次长杭立武前往武汉大学，查明事件原因并依法处理。国民党武汉行辕在武大师生的强烈要求下，对警备司令部稽查处处长胡孝扬、科长陈肇鸿等人"依军法审判，从严惩治"。蒋介石命令对武汉警备区司令彭善"着即撤职查办"。

为中国共产党在高校中的壮大提供机遇

发生在武汉大学的六一惨案是五二〇运动的延续，武大师生在国家命运抉择的重要关头，在极端艰难的环境中团结一致、众志成城，在武大校史上写下了浓墨重彩的一笔。在斗争中，起主力作用的是武汉大学二三百名左翼学生。国民党反动派企图以武力镇压学生运动，结果却将大量中间阵营学生推向左翼阵营，为中国共产党在高校中的壮大提供了难得的机遇。

六一惨案发生前，武汉地下党通过内线了解到国民党当局正在策划镇压学生运动的阴谋后，于1947年5月29日派徐远赶到武汉大学，找到核心小组成员夏玉亭，建议取消游行或改期举行。夏玉亭随即将消息转告给核心小组负责人王尔杰。但因此时群众运动已经发动起来，于是决定对一线积极分子采取一些保护措施。惨案发生后，武汉地下党负责人刘实、陈克东等人当天就突破了国民党反动派的封锁，到武汉大学了解情况，随即提出了对敌斗争的6条意见。此后武大核心小组成员参与组织了"六一"处委会，处理善后事宜。

1947年8月，陈克东召集王尔杰、童式一、余际云开会，宣布成立武汉地下党的秘密外围组织"全国学联武汉工作组"（简称"学工组"），王尔杰任组长，童式一、余际云分别领导中学和大学的学工组工作。学工组既是学生运动的先锋队和骨干力量，又是党组织的后备军。同年8—9月，武汉大学发展了第一批地下党员。10月，自1941年武大党组织在乐山被破坏，武大党支部时隔6年以后得以重建，成为复员后武汉的第一个党支部。12月，中共地下党员崔明三当选为武大学生自治会主席，我党一举掌握了对武汉大学学生运动的领导权。到新中国成立前夕，武大发展党员近90人，成为武汉地区党员最多、民主势力最强的堡垒，被誉为武汉的"小解放区"。联想到复员武昌后至六一惨案前，武大仅有两名地下党员，其间变化之迅猛，不禁令人惊叹。

为了纪念在六一惨案中遇难的三位同学，武大将樱园老斋舍的三个拱门分别改为如丰门、志德门和鸣岗门，并在体育馆南面三位死难同学初次下葬的地方修建了一座六一惨案纪念亭。1983年4月，武汉市人民政府将六一惨案遗址列为武汉市文物保护单位。2001年6月，六一惨案纪念亭被国务院列为第五批全国重点文物保护单位。2016年9月，樱园老斋舍修缮完毕，新配置了中央空调、智能用电系统等设备，并对年久失修的楼梯、门窗等进行更新修复。如今，被称为"樱花城堡"的樱园老斋舍，有近480间寝室，可容纳近千名学生入住。

（作者：段施雯）

九峰青山留忠骨，同铸丰碑颂英魂

——九峰山革命烈士陵园

> 出武昌城东 50 里，有宝盖、钵盂、狮子、黄柏、象鼻等九峰
> 环峙耸立，是为九峰山。九峰山重峦叠嶂，群峰巍峨，四季松青柏翠，
> 涧溪潺潺，其秀美的山光水色，自盛唐以来，就被视为风水宝地。
>
> ——《武汉市志》

在风景秀丽、群峰叠翠的九峰山，有一座意义非比寻常的山峰，名曰狮子峰。在这狮子峰上有一片土地，长眠着武汉地区自革命年代以来牺牲的数千名英烈，这就是被誉为"武汉八宝山"的九峰山革命烈士陵园。走进陵园大门，只见宽宽的长廊两旁长着许多苍翠的松柏，它们象征着烈士们永垂不朽的革命精神。微风吹过，松柏随风摇动，似乎在为烈士们默哀，又好像在为他们守护，一切都显得那么庄严而肃穆。

陵园长廊

风水宝地：九峰青山留忠骨

　　1949 年 5 月 16 日，武汉解放。这座流淌着革命血液的城市自此走上崭新的光明大道，走向充满希望的未来。为了新中国用血肉之躯铸造光明大道的无数英烈，不会因和平的到来而被遗忘。1956 年春，就任湖北省省长不久的张体学提出："武汉有着光荣的革命传统，不少革命志士牺牲于此，他们中间好多人在战争年代被草草埋葬，许多经过战争洗礼的老干部离世，也得有一个安葬的地方，能不能在东湖周边找一个幽静的地方，建一个革命公墓，便于集中安葬那些逝去的有功之臣。"对此，武汉市领导高度重视，相关部门即派人在东湖周边数公里的范围内选址。

　　选址人员来到九峰山一带，在秀美的群峰之间，发现了一座寺庙的废墟。找来老乡一问，方知此处原为明代高僧无念禅师所建的正觉寺。不幸的是，清末民初的一场大火将寺庙化为乌有。选址人员火速赶回机关，将实地考察的情况逐级汇报。得知找到了一个山清水秀的好地方，张体学决定亲往察看。不久后的一个周末，张体学来到九峰山，并饶有兴致地登上山顶。下山后，他对随行的武汉市有关领导说："这里建公墓很合适，周围不是有九座山峰吗？我看就叫九峰山革命公墓。"

九峰山革命烈士纪念碑

　　1956年8月，湖北省人民政府批准并拨款在九峰山兴建革命公墓，后更名为九峰山革命烈士陵园，用来集中安葬为革命作出贡献的有功之臣。数十年来，在这里安葬或寄存遗骨的革命烈士、革命前辈、党政军领导及各界知名人士达5000余人。这些长眠者中，有40余位开国将军、400多位红军老战士、200余位烈士、100余位省市党政军领导、100余位卓有建树的专家学者等。

英雄辈出：革命代代如潮涌

　　习近平总书记说："武汉不愧为英雄的城市，湖北人民和武汉人民不愧为英雄的人民。"英雄的城市英雄辈出，英雄的城市敬仰英雄。九峰山革命烈士陵园纪念馆就展出了不少在武汉的革命斗争各个历史阶段涌现出的可

群英广场

歌可泣的仁人志士和革命英烈。

他们中，有鞠躬尽瘁、甘为公仆的党政干部，如原湖北省省长张体学，原中共武汉市委书记、市长刘惠农，原武汉市市长、中共武汉市委第一书记、湖北省委书记宋侃夫等；有戎马一生、功勋卓越的共和国将军，如原中国人民解放军第三十一军军长、"铁匠将军"周志坚中将，原武汉军区副政治委员姚醒吾少将，原中国人民解放军工程兵副司令员、武汉军区副司令员李迎希少将等；有为国为民、奉献终身的革命英烈，如抗日英雄钱远镜，解放战争时期的空中传奇邓仲卿，万山海战的战斗英雄李德心等；有淡泊名利、献身人民的仁人志士，如武昌城区近现代建设功臣卢立群，为党的新闻出版事业而奔走的李鉴秋，一生爱国的武昌首富刘梅生等。

这些安葬在九峰山革命烈士陵园的烈士们，他们身处不同年代、不同环境，见证了从五四运动到大革命、土地革命、抗日战争和解放战争的艰苦岁月，终于迎来了解放、迎来了光明的武汉！他们的事迹与贡献各不相同，但他们都有一个共同点：对祖国一片忠诚，对人民一腔挚爱，有着高尚的道德情操及非凡的人格魅力，这些值得我们永远铭记。

驰骋疆场戎马一生的共和国将军——周志坚

1917 年出生于湖北大悟的周志坚将军，是地地道道从放牛娃成长起来的一员猛将。南征北战多年，周将军冲锋陷阵、英勇杀敌，善打恶仗硬仗，因为他作战勇猛、性格刚烈，战士们和老百姓都亲切地称他为"铁将"。

1944 年，当新四军第五师在大悟山区对日伪军开展反"扫荡"作战时，国民党顽军不仅不抗日，反而不断进攻新四军第五师抗日根据地。2—8 月，顽军曾三次大举进攻大悟山区，企图抢夺新四军第五师指挥阵地。新四军第五师将士和地方革命武装奋起反击，史称"大悟山保卫战"。在这场战役中，

周志坚中将

周志坚的部队遭遇敌军反扑，刚夺回来的大包子阵地又陷入敌人手中。同时，敌军又向七里岗、大山寺进攻，新四军第五师的整个防线都在敌人巨大的压力之下。周志坚经过侦察，决定在黄昏前组织一次反击。顽军腹背受击，且惧怕新四军第五师的夜战，遂撤离大悟山区。在大半年的时间里，周志坚以一个旅的兵力抗击敌人两个正规师和两个地方游击纵队共1万余人的多次进攻，取得了歼敌200余人的战绩。大悟山保卫战的胜利，保卫和巩固了新四军第五师抗日根据地，粉碎了国民党顽军对鄂豫边区发动的第三次反共高潮，打出了周志坚所率领的十三旅的军威！

周志坚先后参与了大悟山保卫战、中原突围、淮海战役、东山岛保卫战等重大战役战斗，战绩显赫。新中国成立后，他还时刻挂念着他的家乡湖北大悟，为家乡建设殚精竭虑、往返奔波，为乡亲们早日致富而不断努力。

"红色家庭"走出来的抗日英雄——钱远镜

钱远镜1919年出生于湖北咸宁，他的父亲钱亦石是著名的"红色教育家"和社会活动家，哥哥钱远铎、姐姐钱韵玲、姐夫冼星海均是爱国民主运动的积极参加者。钱远镜在家庭环境的熏陶下，造就了热爱祖国、不畏牺牲的刚毅性格。

1938年钱远镜从延安抗日军政大学毕业后，回湖北开辟抗日根据地，任中共鄂南特委宣传部部长、军事部部长、组织部部长等职务，积极协助何功伟等同志恢复和发展党组织，仅历时半年就将鄂南地区的党员数量发展到500余人。咸宁沦陷后，钱远镜又带领共产党所领导的抗日武装咸宁第二大队和日寇汉奸打游击战，捉拿并处决了多个罪行累累的汉奸，多次指挥游击队安全转移。双枪不离手的钱远镜，是远近闻名的"神枪手"。一次，钱远镜路遇当地一个汉奸，远远一枪打掉了他的帽子，对方吓得落荒而逃。从此，日寇听到钱远镜的名字便闻风丧胆。为了除掉这个心腹大患，日本人买通了钱远镜的通讯员，钱远镜不幸被日寇抓捕。日寇和汉奸使用严刑拷打也没能让钱远镜屈服，又放出军犬将他咬得遍体鳞伤。1941年8月13日，年仅22

　　1938年，冼星海（后排右一）与钱韵玲（前排右二）结婚时合影（后排左一为钱远镜、左二为钱远铎，前排左二为他们的母亲）

岁的钱远镜在鄂城樊口被杀害，敌人将他的遗体抛入长江中。

新中国成立后，咸宁市为钱远镜修建了烈士墓。钱远镜的哥哥钱远铎是1933年入党的革命前辈，生前曾任湖北省文化局副局长，1996年病逝后安葬在九峰山革命烈士陵园。2011年清明节前，钱远铎的子女在九峰山革命烈士陵园为钱远镜烈士立墓，完成了让已逝的父亲与叔父兄弟相守的夙愿。

投身北伐、建设武昌的爱国志士——卢立群

1904年出生于湖北红安书香门第的卢立群，早年师从董必武的父亲董采臣、叔父董素怀以及著名的国学大师黄侃（季刚）先生，常年寄住董家。"五四"以后，爱国学生运动风起云涌，卢立群是其中的活跃人物。他参加了董必武组织的共产主义研究小组，后考取庚款官费，赴日本东京工业大学学习工程建筑学科。

1926年6月，卢立群回国。面对满目疮痍的祖国，他满怀忧愤，登上黄鹄矶头，写下《黄鹤楼头·登临有感》一诗："中国的命运是泰还是否？人们的心儿是欲还是理？望前头茫无际，抓心头只是一把辛酸泪。休怪浦上杨花巧做临风媚，嘲笑隔岸青桑空作可怜低。"作为一名向往光明的爱国知识分子，他受命于董必武，投笔从戎参加北伐。但

卢立群

在七一五反革命政变和桂系军阀胡宗铎、陶军大屠杀的白色恐怖下，卢立群不得已流亡上海与日本。此时的卢立群继续学习研究建筑美学、翻译艺术理论，译有《马克思艺术论·建筑学部分》《产业革命史》等作品，为其今后建设武昌奠定了坚实的知识基础。

20世纪30年代，时任湖北省建设厅总工程师兼园林处主任的卢立群策划了老武昌的大规模旧城改造运动。他领导建设了蛇山首义公园，筹备重建黄鹤楼，规划建设了省立图书馆，修建了多条宽阔的城市主干道……为武昌的现代化建设做了开拓性的工作，奠立了武昌中心城区的格局。抗日战争爆发后，卢立群受董必武的委托开办汤池合作事业指导员训练班，抗战胜利后一直致力于实业建设。1976年，卢立群病逝于武昌，被安葬在九峰山革命烈士陵园。

精神传承：同铸丰碑颂英魂

2009年，在新中国成立及武汉解放60周年之际，为缅怀革命先烈、弘扬爱国主义精神，武汉市民政局拨出专款，兴建九峰山革命烈士陵园纪念馆。纪念馆共分党史厅、烈士厅、红星厅、名人厅4个展厅，展出人数达400余人，展出照片及各种物品达2000余幅(件)，是目前武汉地区规模较大的烈士和名人综合纪念场馆。

其中，党史厅展现了中国共产党在武汉的革命斗争活动，讲述了老一辈无产阶级革命家在武汉的光辉岁月，歌颂了武汉地区的广大党员和人民群众为中国革命事业作出的巨大贡献与牺牲；烈士厅收录和展出100多位为国家强盛和人民安康献出宝贵生命的烈士照片、实物、事迹及生平；红星厅收录和展出了长眠九峰山的20多位共和国将军、数十位部队首长，以及100多位红军老战士的照片、生平、生前物品及战斗故事等；名人厅介绍和展出了数十位鞠躬尽瘁、屡建功勋的原省市领导、知名专家教授以及社会各界 100余名仁人义士的生平事迹、生前物品、珍贵史料和照片等。

随着时代的发展，人们纪念英烈的方式也更加多元化、现代化。2009年九峰山革命烈士陵园创办了"丰碑在线"网站。祭扫者不仅可以在这里模拟动画祭扫，还可以观看九峰山烈士陵园纪念馆 4 个展厅的内容。作为武汉市爱国主义教育基地，九峰山革命烈士陵园纪念馆每年都会接待为数众多的祭拜、参观人员，通过宣传介绍革命先辈的英雄事迹，让民众进一步加深了对党史、新中国史的了解，更加珍惜今天的幸福生活。

（作者：刘馨雨）

主要参考文献

图书：

1. 吴炳权、吴时壮：《董必武与武汉中学》，武汉理工大学出版社 2004 年版。

2.《董必武选集》，人民出版社 1985 年版。

3. 胡传章、哈经雄：《董必武传记》，湖北人民出版社 2006 年版。

4. 冯家兴：《劳工神圣：武汉二七纪念馆》，中国大百科全书出版社 2012 年版。

5. 中华人民共和国民政部：《中华著名烈士》第 1 卷，中央文献出版社 2000 年版。

6. 刘荣盛、桑赋桂：《大律师施洋》，武汉出版社 2001 年版。

7. 李良明：《施洋》，中国工人出版社 2014 年版。

8. 罗维扬、王义富：《施洋行状》，武汉出版社 2016 年版。

9. 李良明：《项英评传》，经济日报出版社 1993 年版。

10. 曹荣：《项英传》，江苏人民出版社 2016 年版。

11. 范忠程：《北伐战争史稿》，湖南人民出版社 1986 年版。

12. 朱汉国等：《中华民国专题史·第四卷：国民革命与北伐战争》，南京大学出版社 2015 年版。

13. 申晓云：《图说北伐》，东方出版社 2017 年版。

14. 卓子训：《记北伐第四军独立团攻城阵亡官兵公墓》，选自中国人民政治协商会议武汉市洪山区委员会文史资料委员会编：《洪山文史》第 2 辑，湖北人民出版社 1990 年版。

15.《北伐第四军独立团攻城阵亡官兵公墓》，选自武汉大学学报编辑部编：《武汉革命遗迹》，武汉大学学报编辑部 1987 年版。

16. 韩浚：《我所知道的叶挺独立团》，选自中国人民政治协商会议湖北省委员会文史资料研究委员会编：《湖北文史资料》第1辑，湖北人民出版社1980年版。

17. 尚明轩等：《宋庆龄年谱》，中国社会科学出版1986年版。

18. 尚明轩：《宋庆龄年谱长编：1893—1981》，社会科学文献出版社2009年版。

19. 刘素平：《宋庆龄全传》，团结出版社2016年版。

20. 陈风：《民国风云：黄埔军校完全档案》，九州出版社2011年版。

21. 湖北日报社、湖北省档案馆：《档案解密》，中国和平出版社2014年版。

22. 谢冰莹：《女兵自传》，四川文艺出版社1985年版。

23. 杨朝伟：《红色武昌》，武汉出版社2004年版。

24. 王永均：《黄埔军校三百名将传》，广西人民出版社1989年版。

25. 瞿秋白：《中国革命与共产党——关于一九二五年至一九二七年中国革命的报告》，选自中共中央党史研究室、中央档案馆编：《中国共产党第六次全国代表大会档案文献选编》（上），中共党史出版社2015年版。

26. 中央档案馆：《中共中央文件选集》第2册，中共中央党校出版社1989年版。

27. 邓蕴奇：《武汉中共中央机关旧址保护研究》，湖北人民出版社2016年版。

28. 武汉地方志编纂委员会：《武汉市志·政党志》，武汉大学出版社1998年版。

29. 聂荣臻：《聂荣臻回忆录》，解放军出版社2007年版。

30. 金冲及：《周恩来传》，中央文献出版社2008年版。

31. 武汉地方志编纂委员会：《武汉市志·文物志》，武汉大学出版社1990年版。

32. 谷安林：《中国共产党历史组织机构辞典》，中共党史出版社、党建读物出版社2019年版。

33. 中共湖北省委组织部等：《中国共产党湖北省组织史资料》，湖北人民出版社1991年版。

34. 叶笃初：《中央农民运动讲习所》，上海人民出版社1979年版。

35. 周斌、全国正：《农民革命的课堂：中央农民运动讲习所旧址纪念馆》，中国大百科全书出版社1998年版。

36. 杨庆旺：《毛泽东旧居考察记》（上），中央文献出版社2011年版。

37. 湖北省文物局：《让文物"活"起来》，长江出版社2018年版。

38. 王健英：《中国共产党组织史资料汇编：领导机构沿革和成员名录》，红旗出版社1983年版。

39. 王永玺：《中国工会史》，中共党史出版社1992年版。

40. 湖北省总工会：《湖北工运大事记（1863年—1949年）》，湖北人民出版社1993年版。

41. 湖北省总工会：《湖北工运人物传（1863—1949）》，湖北人民出版社1996年版。

42. 湖北省总工会：《湖北工人运动史（1863—1949）》，湖北人民出版社1996年版。

43. 武汉市总工会工运史研究室：《武汉工运史研究资料》第3辑，1984年（内部资料）。

44. 中华全国总工会中国工人运动史研究室：《中国工运史料》，工人出版社1982年版。

45. 中共湖北省委党史研究室：《中国共产党湖北历史》，湖北人民出版社1999年版。

46. 中共湖北省委党史资料征集编研委员会：《中国共产党湖北历史大事记》，湖北人民出版社1992年版。

47. 中共中央党史和文献研究院：《刘少奇年谱增订本》，中央文献出版社2018年版。

48. 中国中共党史人物研究会：《中共党史人物传：精选本·领袖卷》，中共党史出版社2010年版。

49. 中共中央党史研究室：《中国共产党历史·第一卷（1921—1949）》，中共党史出版社2011年版。

50. 瞿秋白：《瞿秋白文集：政治理论编》第3卷，人民出版社2013年版。

51. 王铁仙：《瞿秋白传》，人民出版社2011年版。

52. 李维汉：《回忆与研究》（上），中共党史出版社2013年版。

53. 蔡和森：《蔡和森文集》（下），人民出版社 2013 年版。

54. 中共中央党史研究室：《中国共产党的九十年》，中共党史出版社、党建读物出版社 2016 年版。

55. 中共中央党史资料征集委员会：《中共党史资料》第 25 辑，中共党史资料出版社 1988 版。

56. 中央档案馆：《中共中央文件选集》第 3 册，中共中央党校出版社 1989 年版。

57. 李良明：《罗亦农》，中国工人出版社 2016 年版。

58. 中国中共党史人物研究会：《中共党史人物传》第 8 卷，中国人民大学出版社 2017 年版。

59. 张二牧：《贺锦斋烈士传略》，湖南人民出版社 1979 年版。

60. 戴绪恭：《向警予传》，人民出版社 1981 年版。

61. 舒新宇：《向警予》，中国工人出版社 2017 年版。

62. 中国中共党史人物研究会：《中共党史人物传》第 6 卷，中国人民大学出版社 2017 年版。

63. 向警予：《向警予文集》，人民出版社 2011 年版。

64. 武汉地方志编纂委员会办公室：《武汉国民政府史料》，武汉出版社 2005 年版。

65. 翟学超等：《湖北革命历史文件汇集（湖北暴动问题）1927 年—1928 年》，中央档案馆、湖北省档案馆 1984 年版。

66. 《中国工农红军第四方面军战史》编辑委员会：《中国工农红军第四方面军战史》，解放军出版社 1989 年版。

67. 《鄂豫皖革命根据地》编委会：《鄂豫皖革命根据地》，河南人民出版社 1989 年版。

68. 中国人民解放军历史资料丛书编审委员会：《八路军新四军驻各地办事机构》（4），解放军出版社 1999 年版。

69. 八路军武汉办事处纪念馆：《抗战初期国共合作武汉大事记（1937 年 7 月—1938 年 10 月）》，八路军武汉办事处纪念馆 1985 年版。

70. 八路军武汉办事处旧址纪念馆：《八路军武汉办事处旧址纪念馆》，文物出版社 2008 年版。

71. 童志强：《关于新四军》，上海科学技术文献出版社 2005 年版。

72. 卢权、禤倩红：《叶挺》，广东人民出版社 1994 年版。

73. 郭沫若：《洪波曲》，人民文学出版社 1979 年版。

74. 周恩来：《周恩来书信选集》，中央文献出版社 1988 年版。

75. 许颖、马志亮：《武昌老建筑》，武汉出版社 2019 年版。

76. 杨学文：《永不褪色的记忆——武汉城市足迹调研寻访资料汇编》，武汉出
版社 2020 年版。

77. 中国人民政治协商会议湖北省委员会文史资料委员会：《湖北文史集萃》，
湖北人民出版社 1999 年版。

78. 潘梓年等：《新华日报的回忆》，重庆人民出版社 1959 年版。

79. 四川人民出版社：《新华日报的回忆》，四川人民出版社 1979 年版。

80. 廖永祥：《新华日报史新编》，重庆出版社 1998 年版。

81. 谢红星：《武汉大学校史新编（1893—2013）》，武汉大学出版社 2013 年版。

82. 涂上飙：《武汉大学历史探究》第 1 辑，湖北美术出版社 2014 年版。

83. 涂上飙：《武汉大学史话》，社会科学文献出版社 2016 年版。

84. 涂上飙：《珞珈风云：武汉大学校园史迹探微》，武汉大学出版社 2017 年版。

85. 涂上飙：《珞珈风云：寻找十八栋别墅里的名人名师》，武汉大学出版社
2020 年版。

86. 皮明庥：《中山舰史话》，武汉出版社 2011 年版。

87. 张卫国、刘志辉：《中山舰与武汉会战》，武汉出版社 2011 年版。

88. 李军：《前进！中山舰——中山舰纪念区建设纪实》，武汉出版社 2013 年版。

89. 武汉市中山舰博物馆：《名舰传奇 孙中山和中山舰的故事》，中国和平出
版社 2016 年版。

90. 长江日报编辑部：《武汉上空的鹰》，武汉出版社 2015 年版。

91. 张青松：《中国上空的鹰：苏联援华航空志愿队战史 1937—1941》，中国
致公出版社 2018 年版。

92. 鄂豫边区革命史编辑部：《新四军第五师抗日战争史稿》，湖北人民出版社1989年版。

93.《新四军战史》编委会：《新四军战史》，解放军出版社2007年版。

94. 陈炳章：《武汉抗战第一村：姚家山革命故事选》，武汉出版社2013年版。

95. 中共黄陂区委党史办公室：《红色姚家山》，武汉出版社2015年版。

96. 武汉市蔡甸区政协文史资料委员会、武汉市蔡甸区侏儒镇：《蔡甸区文史资料第五辑·侏儒山风采》，1997年版。

97. 中共武汉市委党史研究室等：《侏儒山战役》，武汉出版社2007年版。

98. 政协武汉市蔡甸区委员会：《侏儒山忆往》，武汉出版社2018年版。

99. 王中兴、刘立勤：《二野档案》，国防大学出版社1998年版。

100. 刘统：《解放军史鉴·解放军史（1945—1949）》，青岛出版社2013年版。

101. 武汉大学校史编辑研究室：《武汉大学校史简编》，武汉大学出版社1983年版。

102. 吴贻谷：《武汉大学校史1893—1993》，武汉大学出版社1993年版。

103. 中共武汉市委党史研究室：《中国共产党武汉史（1919—1949）》，湖北人民出版社1999年版。

104. 赵海：《永恒的记忆》，武汉出版社2014年版。

期刊：

1. 邓中夏：《京汉铁路大罢工与"二七"惨案》，《武汉文史资料》2003年第1期。

2. 任虹：《武汉国民政府旧址（南洋大楼）的历史沿革及其附楼的维修保护》，《江汉考古》2012年第1期。

3. 徐莉君：《简氏兄弟与汉口南洋大楼》，《武汉文史资料》2005年第1期。

4. 贺渊：《从"孙夫人"到"孙宋庆龄"——以武汉国民政府时期宋庆龄人际关系的角度》，《广东社会科学》2020年第1期。

5. 周见非：《武汉中央军事政治学校生活回忆》，《湖北文史》2007年第1期。

6. 赵晓琳：《武汉中共中央机关旧址纪念馆筹建亲历记》，《武汉文史资料》

2021 年第 4 期。

7. 唐惠虎：《武汉中共中央机关旧址纪念馆筹建纪略》，《武汉文史资料》2016 年第 7 期。

8. 赵晓琳：《1927 年中央军委在武汉》，《武汉文史资料》2016 年第 8 期。

9. 韩瑾行：《毛泽东与杨开慧》（连载五、连载六），《毛泽东思想研究》1995 年第 3、4 期。

10. 赵晓琳：《毛泽东的武汉情结》，《中国纪念馆研究》2013 年第 1 期。

11. 李桂芳：《1927 年刘少奇在武汉》，《党史文苑》2018 年第 2 期。

12. 罗建华：《江城有一张"红色传播地图"》，《档案记忆》2021 年第 7 期。

13. 赵晓琳：《1927 年中共中央宣传部在武汉》，《百年潮》2015 年第 2 期。

14. 郑自来、郑自斌：《中共五大及中共五大会址纪念馆的建设》，《武汉文史资料》2016 年第 7 期。

15. 周斌：《中共五大会址纪念馆建馆始末》，《武汉文史资料》2010 年第 1 期。

16. 王凤霞等：《中共"五大"在汉口黄陂会馆召开的史实》，《武汉文史资料》2019 年第 5 期。

17. 吴华：《中共五大"历史回眸"》，《档案记忆》2021 年第 2 期。

18. 郑自来：《不断发展完善的八七会议会址纪念馆》，《武汉文史资料》2016 年第 7 期。

19. 胡平原：《中华全国文艺界抗敌协会成立过程》，《湖北文史》2019 年第 2 期。

20. 徐志福：《中华全国文艺界抗敌协会——抗战时期最广泛的统一战线组织》，《文史杂志》2005 年第 5 期。

21. 邓涛：《武汉时期的＜新华日报＞述略》，《武汉文史资料》2019 年第 12 期。

22. 李鉴：《苏联援华空军志愿队》，《武汉文史资料》2015 年第 Z2 期。

23. 张杰：《新四军五师：中原抗战的中流砥柱》，《湖北档案》2015 年 Z1 期。

24. 章世森：《威震豫鄂边的侏儒山战役》，《炎黄春秋》2019 年第 7 期。

25. 李森林：《"刘邓晋冀鲁豫野战军司令部"旧址寻踪》，《武汉文史资料》2012 年第 2 期。

26. 萧雅文等：《转折在1947：刘邓大军浴血大别山》，《文史博览》2017年第2期。

其他：

1. 詹才芳：《回忆1927年黄麻起义：震撼武汉、南京！》，《人民日报》1991年11月17日第5版。

2. 中共中央党史和文献研究院：《矢志革命 奋斗一生——纪念项英同志诞辰120周年》，《人民日报》2018年5月14日第6版。

3. 曾宪松、李娟：《为武汉国民政府旧址列入"红色旅游资源"正名》，选自福建省革命历史纪念馆等：《"红色文化论坛"论文集——中国博物馆协会纪念馆专业委员会2012年年会》，中共党史出版社2012年版。

4. 习近平：《在庆祝中国共产党成立100周年大会上的讲话》，《人民日报》2021年7月2日第2版。

5.《83年前，他们在武汉用笔墨抗战》，《楚天都市报》2021年3月25日第A10版。

后 记

党的十八大以来，习近平总书记在地方考察调研时多次到访革命纪念地，瞻仰革命历史纪念场所，反复强调要用好红色资源，传承好红色基因，把红色江山世世代代传下去。2021 年 6 月 25 日，在庆祝中国共产党成立100 周年之际，中共中央政治局就"用好红色资源、赓续红色血脉"进行集体学习。习近平总书记在主持学习时指出，红色资源是我们党艰辛而辉煌奋斗历程的见证，是最宝贵的精神财富。红色血脉是中国共产党政治本色的集中体现，是新时代中国共产党人的精神力量源泉。

作为近代中国革命史上具有特殊地位和光荣传统的历史名城，武汉见证了中国共产党百年辉煌和艰辛奋斗的历程，留下了许多珍贵的革命历史文化遗产，并在此基础上建设了一批极具文化底蕴与地方特色的红色场馆。值此党的百年华诞之际，为充分利用武汉红色文化资源的独特优势，更好地开展党史学习教育，为城市发展提供强大的精神动力，武汉市政协文化文史和学习委员会组织编撰出版本书，精心打造"品读武汉系列"丛书的建党百年献礼之作。

本书选取了 35 处在中共党史和中国革命史上具有代表性的武汉红色场馆，内容和主题涵盖了建党初期、大革命、土地革命、抗日战争和解放战争不同历史时期，与武汉密切相关的、具有标志性的历史事件、历史遗迹、英雄人物、革命故事、革命精神等。我们希望本书能够带领读者走进历史现场，还原历史情境，体察遗迹旧址，品味初心真义。通过对武汉红色场馆的品读，探寻武汉红色密码，追寻革命足迹，弘扬爱国主义精神。

本书在武汉市政协领导的关心和支持下得以完成。杨智主席亲自确定选题。文化文史和学习委员会主任张明权，副主任陈国方、朱向梅，以及武汉出版社总编辑邹德清等同志，对本书的编写给予了许多具体指导。专委会工作处丁星火同志参与了本书的组稿、统稿和定稿工作。在场馆调研和书稿撰写过程中，市委党史研究室、市文化和旅游局、市退役军人事务局，以及各个场馆的相关领导和工作人员，均给予了大力协助与支持。在寻访红色场馆的过程中，为我们热情讲述"红色故事"的志愿者、街坊和村民们，为本书的写作提供了丰富的素材和独特视角。此外，本书主编、湖北省中共党史学会副会长、武汉大学马克思主义学院教授宋俭提供了全过程、全方位的顾问指导。谨向所有为本书提供支持和帮助的单位和个人深表谢意！

本书的撰写在借鉴前辈资料和已有成果的基础上，依靠集体劳动与智慧完成。撰写团队包括武汉大学马克思主义学院的教师周迪、赵天鹭，访问学者李从娜、方巍巍、余皓洁，博士研究生胡显、谢若扬、栗荣、潘婷，硕士研究生段施雯、杨汝博、刘馨雨；江夏区文体局副局长祁金刚、江夏区文联副主席刘桂英、中共武汉市委党校党史党建教研部主任翟一博、武汉中学工会主席刘中华、武汉市第二十一（警予）中学党总支书记肖旻、武汉国民政府旧址纪念馆许丹等。在写作过程中，各位作者通过实地走访、文献查阅、座谈研讨等方式，收集、整理图文资料，对红色场馆的历史变迁及背后的历史事件、人物故事进行深度挖掘，进而开展场馆品读和推介工作。

需要说明的是，武汉红色场馆数量十分丰富，由于时间关系及篇幅所限，本书难以将其全方位、全景式呈现。我们在选定场馆的工作中，力求兼顾历史脉络的完整性与红色场馆的代表性，做到重大事件、重要场馆不遗漏。在取舍详略之间，难免考虑不周。无论是全书整体结构的把控、重大事件的选择、文献资料的取舍，还是品读的深度和文笔的把握等方面，仍有较大的改进空间。虽然我们努力想编写出一部兼具知识性、思想性和可读性的书，但由于理论功底和学识水平所限，书中仍有许多不尽如人意的地方，也必然存在一些错漏和不当之处，敬请读者不吝批评斧正。

编　者

2021 年 9 月 12 日